図解で早わかり

最新 会社の倒産しくみと手続き

弁護士
森 公任
弁護士
森元みのり 監修

本書の3大特色

清算型（破産）から再建型（民事再生）まで「会社の終わらせ方」と倒産法の実務ポイントがわかる

合併、事業譲渡などのM&Aや解散・清算のしくみと手続きがわかる

倒産防止のための助成金や最新の給付金などのサポート制度も解説

三修社

本書に関するお問い合わせについて

本書の記述の正誤に関するお問い合わせにつきましては、お手数ですが、小社あてに郵便・ファックス・メールでお願いします。大変恐縮ですが、お電話でのお問い合わせはお受けしておりません。内容によっては、お問い合わせをお受けしてから回答をご送付するまでに１週間から２週間程度を要する場合があります。

なお、本書でとりあげていない事項についてのご質問、個別の案件についてのご相談、監修者紹介の可否については回答をさせていただくことができません。あらかじめご了承ください。

はじめに

社会情勢の変化や業績の悪化により、会社が経営不振に陥ることがあります。経営不振が続くと会社は事業を続けることが困難になります。このとき経営者は、事業をどのように終わらせるかという判断をしなければなりません。会社が債務の支払不能に陥ったり、経済活動を続けることができなくなることを一般的に「倒産」といいます。倒産の手続きには、事業の再建を図ることを目的とした再建型と、債務の弁済を目的とした清算型という大きく２つの種類があります。どのような手続きを選択するか、経営者は慎重に判断をしなければなりません。なぜなら、判断を誤ってしまうと、多額の債務が残ってしまったり、取引先企業や債権者に多大な迷惑がかかってしまうおそれがあるからです。そうならないためには、経営者自身が万が一に備えて、倒産や債務整理に関する法律について理解しておくことが重要です。一般に「倒産法」とは、会社更生法、民事再生法、破産法、会社法など、経済的に破綻した企業や個人について、財産の清算や経済活動の再建を目的とする法律の総称です。倒産法は倒産した会社をどのように処理するかという点だけでなく、取引先や関係者の保護についても規定しています。

本書は、会社の倒産・債務整理に関して、経営者が知っておくべき基本的な知識と手続きについて解説をしています。複雑な倒産処理手続きについては、具体例や図を多く用いることで、初学者でも無理なく理解できるよう心がけています。また、事業不振による倒産だけでなく、M&Aのような発展的な会社の終わらせ方についても、その内容や手続きについてとりあげています。関係法令については、いずれも現時点で最新の法令に対応しています。

本書を広く、皆様のお役に立てていただければ幸いです。

監修者　弁護士　森公任　弁護士　森元みのり

CONTENTS

PART 3　私的整理・特定調停のしくみと手続き

PART 4　民事再生のしくみと手続き

PART 5　会社更生のしくみと手続き

PART 6　破産のしくみと手続き

PART 7　M＆Aのしくみ

PART 8　解散・清算のしくみと手続き

PART 9　倒産防止のための助成金・給付金などのサポート制度

PART 1

事業の終わらせ方の基本

PART1
1

事業の終わらせ方の基本

事業の終わらせ方①

前向きな終わらせ方と後向きな終わらせ方がある

■ 終わらせ方にもいろいろある

事業の終わらせ方には、いろいろありますが、考え方としては、大きく分けると前向き・発展的な終わらせ方と、後向き・衰退的な終わらせ方があります。前向き・発展的な終わらせ方とは、事業の拡大を図ることを目的として、会社のあり方を変えるものです。M&Aが典型といえるでしょう。具体的な方法としては、会社の合併・会社分割、会社の売却（株式売却）などがあります。

一方、後向き・衰退的な終わらせ方の典型として、事業不振による会社の倒産が挙げられます。具体的には、破産、清算、株式の売却（会社売却）などがあります。株式の売却は、複数の子会社を有する親会社が、事業不振の子会社を整理することを目的として行うなど、後向き・衰退的な終わらせ方として使用される場合もあります。

これらは、「事業が不振であるため会社を存続できない」という点で共通しているわけですが、それ以外の理由でやむを得ず事業を終わらせる場合もあります。「業績は堅調だが、いろいろな理由から次の経営者が見つからず、廃業する」という場合が典型だといえるでしょう。

M&A
合併と企業買収を意味する言葉で、Mergers And Acquisitionsの略称である。

合併
会社を他の会社といっしょにすること。

会社分割
会社の事業の一部を独立させたり、他の会社といっしょにしたりすること。

■ 法人と個人では手続きが違う

事業を終わらせると言っても、法人と個人とでは、終わらせ方が違います。法人には、法律によって法人格という人格が与えられています。法人自体に法律上の権利や義務があるわけで

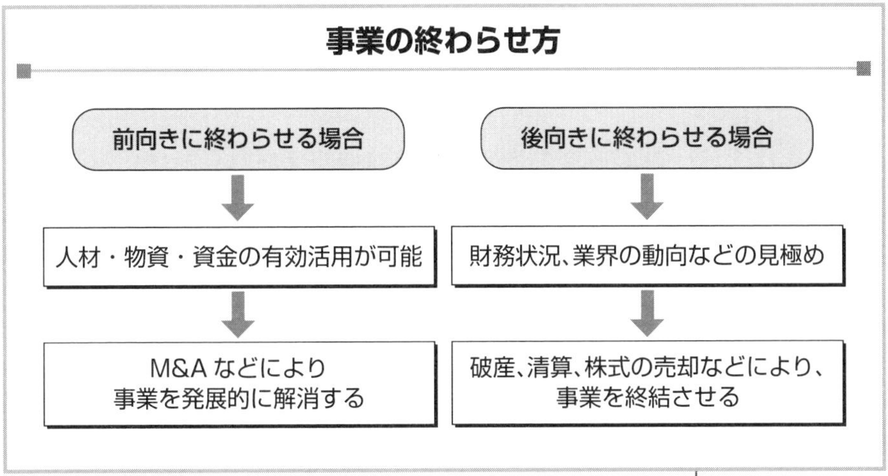

す。一方、事業を営んでいても、個人事業には、事業そのものに法律上の権利や義務が与えられるわけではありません。この大きな違いが会社や事業を終わらせる場合に大きく影響します。

ここで言う法人とは、会社法上の法人、つまり、株式会社、合同会社、合名会社、合資会社を指します。これらは、事業を終わらせる場合にも、会社の設立時と同じように複雑な手続きが必要です。一方、個人事業の場合は、そのような複雑な手続きは不要です。事業主が終わらせようと決めれば、それで終わりになるのが基本です。税務上の処理も違います。法人の場合は法人税法に基づき、個人事業の場合は所得税法に基づき、それぞれ処理が行われます。つまり、税率、課税の範囲などが違ってきます。

■ 会社を終わらせる場合に検討する要素

事業を終わらせる場合のうち、特に後向き・衰退的な方向で会社を終わらせる場合には、まず会社に関して、①財務状況、②キャッシュフロー状況、③会社内部の状況、④外部環境、といった事項を検討することになります。

会社を終わらせる際に検討する要素

①財務状況では、赤字の大きさや期間が判断基準となる。財務状況がまだ良好な状態でも、「資金繰り」が大変という場合もある。黒字倒産という例もあるため、②キャッシュフロー状況も十分に吟味しなければならない。③会社内部の状況では、社員の士気、経営陣のやる気の見極めをはじめ、経営資源の見直しを行う。④外部環境では、業界の動向、取引先の反応などの見極めを行う必要がある。

PART1
2

事業の終わらせ方②

事業の終わらせ方の基本

3期連続の赤字、債務超過が大きな分岐点になる

■ 終わらせるかどうかの判断となるのはどの時期か

前向き・発展的な終わらせ方をする場合は、経営者自身が比較的慎重に、時間もかけて判断することが可能です。

一方、後向き・衰退的な終わらせ方をする場合では、経営者に冷静な判断を行う余裕が時間的にも精神的にもない場合が少なくありません。また、判断時期を誤ると、多額の借金が残ったり、ステークホルダー（取引先や債権者）に多大な迷惑をかけたりする場合があります。

後向き・衰退的な方向で終わらせる場合の判断時期については、まず、赤字になったときが考えられます。しかし、１年度だけの赤字（単年度赤字）であれば、すぐに会社を終わらせるという必要まではないでしょう。１年赤字になってもすぐにどうなるものではありません。さらにつけ加えれば、日本では、中小企業の大半が赤字企業なのが現実です。これらの現実からも、単年度赤字になった場合では、冷静に建て直し策を検討する方を優先すべきでしょう。

では、どの程度連続して赤字になると、会社を終わらせることを考えた方がよいのでしょうか。一応の目安としては３年連続といわれています。３年連続で赤字となった場合は、銀行から融資を受けることが難しくなるため、さすがに抜本的な事業再建をするか、会社を終わらせることを考えなければならないでしょう。

そして、特に会社を終わらせるかどうかの決断を否が応でも大急ぎでしなければならないのは、債務超過になった時です。

負債の倒産処理への影響

債務超過になったので、事業を終わらせようと決断しても、特に会社の場合は負債が多すぎて、会社を倒産させる費用さえ調達できないというケースもよくある。また、中小企業の場合、たいてい、金融機関の借入れには、経営者やその家族などが個人的に連帯保証人になっている。したがって、会社を倒産させることによって、経営者やその家族などの個人が破産に追い込まれることが多い。

事業を終わらせるかどうかの判断

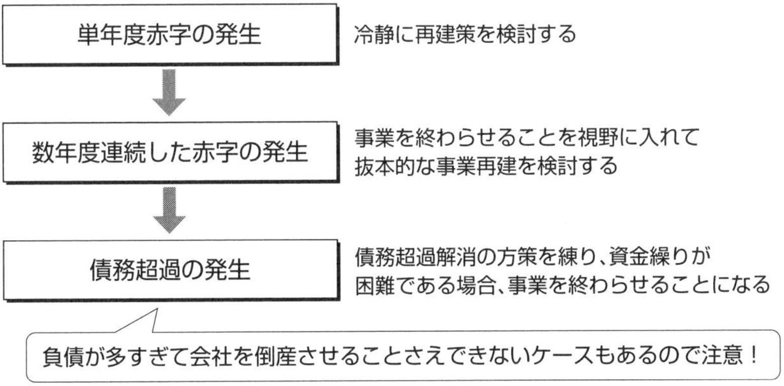

債務超過とは、貸借対照表の「純資産の部」がマイナスになった状態をいいます。つまり、この時点で会社を清算すると、借金が残るという状況のことです。このような状況の下では、会社としての信用はガタ落ちになります。銀行は融資の引き揚げに動くでしょう。取引先も手を引く可能性が非常に高くなります。証券取引所には、債務超過が１年以内に解消しない（2020年新型コロナウイルスの影響に起因する場合は原則２年以内）ときは上場廃止になるという規定さえあります。

会社の債務超過を解消するには、会社を終わらせる以外では、大がかりなリストラをする、新しい出資先を探す、政府の補助金などを申請するといった債務超過を解消するための方策を早急に練る以外にありません。ただ、これらの方策を実施するには、債務超過が解消されれば、会社が存続できることを明確にしなければなりません。債務超過になった場合は、会社を終わらせることも十分に考慮に入れた上で、少なくとも、最初に自社の経営資源を分析し直し、今後も事業を進めていけるかどうかを慎重に判断することが必要になります。

会社を終わらせる判断はいつまでにする？

会社を終わらせる判断ができるのは、経営者自身か、お金を貸している取引先や債権者のどちらかしかいない。取引先や債権者から会社を終わらせる判断をされた場合は、最悪の事態に陥ってしまう。会社を終わらせる判断は、まだ資金繰りができている間に行うことが必要である。

倒産手続きの分類

倒産処理にも私的整理と法的整理がある

■ 倒産手続きはどのように分類できるのか

倒産手続きと言ってもさまざまなものがあり、法的整理についてまとめると次ページ図のようになります。

まず、倒産手続きは、再建型と清算型に分類できます。

再建型とは、会社の事業の再建を図ることを目的とした手続きです。民事再生や会社更生は再建型の倒産手続きに該当します。清算型とは、会社の財産によって債務を弁済することを目的とする手続きです。破産や特別清算は清算型の倒産手続きに該当します。

再建型と清算型の他に、管理型とDIP型という分類方法もあります。管理型の手続きとは、債務者が会社の経営権を失い、第三者が会社の経営や財産の管理を行うという形態の倒産手続きです。破産と会社更生は管理型の倒産手続きに該当します。DIP型の手続きとは、債務者が会社の経営を続ける中で会社の再生を図っている手続きです。民事再生や特別清算はDIP型の手続きに該当します。

■ 法的整理と私的整理について

会社や個人（個人事業主）が倒産状態であれば、何らかの手立てを考えなければなりません。そのための倒産処理手続きについて見ておくことにしましょう。

倒産処理手続きにもいろいろあります。まず、裁判所の関与を求め、法の規制に従った手続を法的整理、それ以外の手続を私的整理といいます。また、危機に瀕した会社や個人を立ち直

倒産

簡単に言えば、経営が成り立たなくなること。実際にはどの段階で倒産に至るのかは、必ずしも定かではない。たとえば、資産よりも負債の方が多くなっていたとしても、それが一時的なものであれば倒産とはいえない。逆に負債を上回る資産があるにもかかわらず支払いができない状況になれば倒産してしまう。
そこで、「会社や個人が経済的に破たんして債務の支払いが困難になった状態」という程度に緩やかに理解しておくのがよい。

法的整理のしくみ

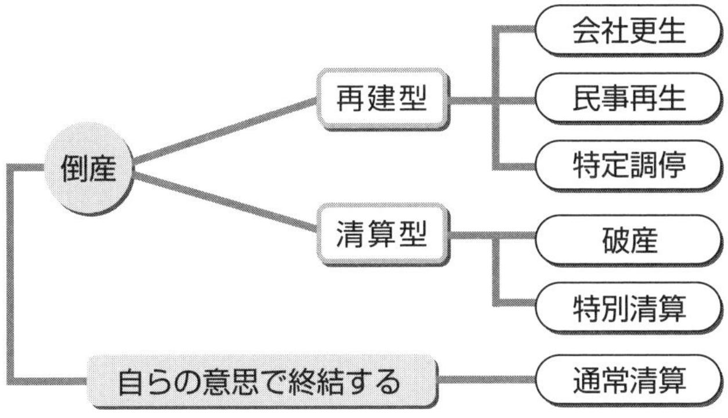

らせる方向に向かわせる再建型の手続きもあれば、最終的に消滅させる方向に向かわせる清算型の手続きもあります。

再建型の手続きとしては、民事再生、会社更生があります。民事再生は会社も個人も対象ですが、会社更生は株式会社のみが対象であるため、その他の会社や個人は会社更生の対象外です。

また、清算型の手続きの代表として破産があります。さらに、自らの意思で事業を終結させる手続きとして通常清算もあります。破産は会社も個人も対象となりますが、通常清算は株式会社を対象とするものです。株式会社の場合、どの手続きを選択するかは、株式会社が置かれている状況と経営者の意思にかかっているといえます。

この他、倒産に至る前の段階で簡易裁判所が間に入り、話合いによって解決を図る特定調停という手続きもあります。

私的整理は任意整理とも呼ばれます。この手続きは裁判所を通さない、あくまでも関係者の同意に基づくソフトな手続きですから、ロスも少なく柔軟な対応が可能です。再建型としても清算型としても、どちらにも利用可能な方法です。

法定清算

株式会社以外の会社が解散したときも清算手続きを行わなければならない。この手続きは法定清算と呼ばれることが多い。

PART1
4

事業の終わらせ方の基本

会社の再建と清算の判断ポイント

営業利益が出ているかがポイント

■ 再建をめざせるかどうかを判断する７つの基準

会社の再建か清算かという選択の前に、「会社を再建できる可能性があるならば、会社経営者として再建を選択するべきである」という考え方があります。

清算を考えるのは、以下のチェック事項をクリアすることが難しいという判断を下してからでよいでしょう。

check 1　倒産処理の手続申立ての費用を用意できるか

法的整理で必要となる手続申立費用とは、裁判所に納める予納金と弁護士費用です。予納金は数百万円単位の高額になるケースもあります。少なくとも100万円以上持っていなければ倒産処理はできないと考えておいた方がよいでしょう。

check 2　３か月程度の運転資金が確保でき、借入金の額が売上高と同程度以内に収まっているか

会社が倒産状態になれば、どこからも借入れはできません。再建にあたっては、仕入代金や給与などを含め、当面の運転資金は会社が保有している財産から調達しなければなりません。

check 3　取引先が今後も取引を続けてくれるか

販売先などの取引先がなくなってしまえば、事業を継続することはできません。今後も同様な取引関係を継続していけるかということは、大切な要素です。

check 4　事業に必要不可欠な設備に抵当権などを設定している債権者が担保権を実行しないこと

本社、工場などに抵当権を有している債権者は、そのほとんどが金融機関です。本社はともかく工場などの商品を生みだし

再建か清算かの判断

まず、営業利益が出ているかどうかを検討する必要がある。営業利益が出ているようであれば、事業を再建するという方向で考えを進めてみるとよい。これらの点を検討した上で、なお事業を再建することは難しいと考えるようであれば、次にはどんな形で事業を清算するかを考える。一口に事業を清算するといっても、それにはさまざまなやり方があり、必ずしも「事業の清算＝倒産」というわけではないのでよく検討する必要がある。

仕入先・下請先の確保

再建を選択するのであれば、商品の供給を継続してもらえるのかどうかが大きな要素となる。仕入先ばかりではなく、下請先などの協力も不可欠である。

再建・清算を判断するチェックポイント

倒産処理のための資金繰り	手続申立費用の用意（check 1） リストラ資金の調達（check 7）
債権者との関係	必要な設備への担保権の実行を防ぐ（check 4） 債権者の同意の確保（check 6）
今後の運営のメド	運転資金や借入金の調整（check 2） 今後の取引継続の見込み（check 3） 事業計画・弁済計画の立案・提示（check 5）

check 1～7 のクリアが難しい場合、再建ではなく清算を検討する！

たり、サービスを提供する場がなくなってしまえば、事業を継続することは不可能になってしまいます。

check 5 事業計画、弁済計画が立てられるか

会社が今後どんな事業展開を行うのかという事業計画を立てることで、年間の売上と利益が予測でき、それに従って弁済計画を立てることができます。弁済計画が立てられなければ、弁済条件を提示することはできません。

check 6 債権者の同意が得られるか

たとえば、民事再生法により再生計画案を可決するためには、債権者集会に出席した者の過半数であって、議決権を行使することができる再生債権者の議決権総額の２分の１以上の賛成が必要です。

check 7 リストラ資金が調達できるか

リストラといえば、何も従業員への退職金だけを確保すればよいというわけではありません。たとえば本社、工場などの売却を行う場合には、それに伴う本社、工場などの移転費用も必要になります。

債権者の同意が必要

再建型・清算型の法的整理では債権者一覧表を提出する。手続きにあたっては、債権者から弁済計画への同意を得ることが必要である。同意と認められるための割合は会社更生法や民事再生法などの法律で定められている。

リストラするときの注意点

再建型手続きを始めても、実際に再建が完了するまでには大変な時間がかかる。それを経営者が先頭に立って乗り越えていかなくてはならない。リストラは避けて通れないので、従業員や労働組合に協力してもらう事も重要な要素である。特に希望退職を募る場合、優秀な従業員が希望退職してしまうことが多々ある。

不採算部門の切り離しや第二会社方式による再建

事業廃止か事業譲渡によって会社を再生させることもできる

■ 回復のために不採算部門を切り離す

会社を継続させるための方法として「不採算部門を切り離す」という方策もあります。切り離しの方法は２通りあります。１つは、切り離した事業部門をそのまま廃止する事業の廃止、もう１つは、切り離した事業を別の会社や個人（個人事業主）に売却する事業譲渡（208ページ）です。

①　事業の廃止

事業の廃止は、不採算部門と言う悪い部分を切り取ることによって、会社が再生する（＝健康になる）と考えられます。しかし、廃止する事業部門の従業員を解雇しなければならないといった痛みを伴うこともあります。

②　事業譲渡

事業譲渡の場合は、従業員ごと相手に引き取ってもらえれば、経営者として心が痛むことがありませんし、譲渡に伴い、いくらかでも対価を期待できる可能性もあります。

しかし、自分たちが撤退したいと思っている事業を喜んで引き取ってくれる相手を探すのが大変です。可能性としては、自社の不採算事業が引き取り先にとっては事業の相乗効果を認められる場合が考えられます。よい引き取り先を見つけるためにも、譲渡する事業部門の資産を分析し直して、少しでも優位な面を見つけ出す作業が必要です。それがうまくできれば、期待以上の好条件で譲渡できる可能性もあります。

事業譲渡

事業譲渡は、会社の事業の一部または全部を他の会社や個人（個人事業主）に譲ること。

事業の切り離しの見極め

不採算部門を切り離せば、会社の業績が回復すると見込まれることが大前提になる。それを見極めるためには、会社全体を再生するためのプロジェクトを実施する必要がある。
具体的には、まず、会社の業績不振の原因を明確にする。次に、それを分析し、対応策を作成する。そして、対応策を実行する。このサイクルを繰り返し実行することが必要である。

不採算部門の切り離し

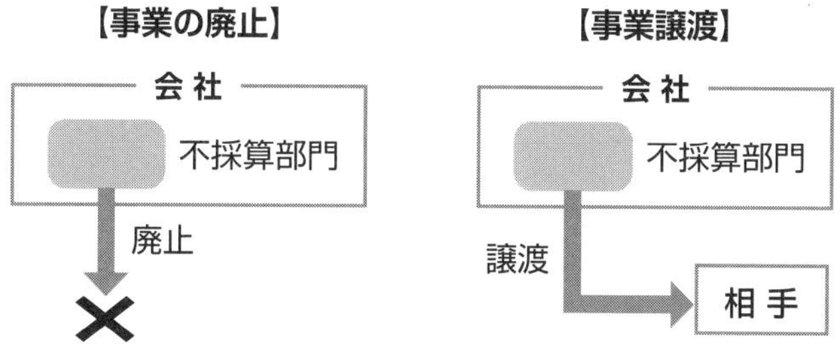

■ 第二会社方式による再建

会社の不採算部門を切り離して会社を再生させる方法に、収益性のある部門を第二会社に移転させる第二会社方式の再建があります。第二会社方式は、主に中小企業を対象とした事業再生の手法です。

第二会社方式では、会社の事業のうち、収益性のあるものを会社分割や事業譲渡により、他の会社（第二会社）に引き継ぎます。そして、不採算の事業（債務を含む）は旧会社に残し、旧会社を特別清算や破産によって消滅させることで債務整理を行います。これらは旧会社の債務整理に対して裁判所が関与するという法的整理にあたります。そのため、仮に債権者が同意しなくても、債務整理の手続きを進行させることができるという特徴をもっています。また、会社分割と事業譲渡とでは、新会社へ財産等を引き継ぐ際の課税の有無や債権者・労働者の保護手続の有無に違いがあるため、再建スキームを実行する際に何を重視するかによっていずれにすべきか選択します。

なお、第二会社方式による再建計画について国から認定を受けることで、一定の支援を受けることのできる「中小企業承継事業再生計画」は、2018年３月末日で受付を終了しています。

特別清算

224ページ参照。

破産

146ページ参照。

企業再生税制の終了

中小企業の再建に関する「事業再生ファンドに係る企業再生税制の特例」は、2019年３月末をもって終了している。

PART1
6

事業の終わらせ方の基本

新会社設立による事業の継続

「会社」という名前を捨て、「事業継続」という実をとる

■ 会社の継続ではなく事業の継続を選択する

「新たなスタートのために会社を終わらせる」というケースは、大きく２種類に分けることができます。①会社が今まで以上に発展すると期待できるケースと、②会社を終わらせることによって今までの借入金など、負の資産をすべて清算して、新しく会社を立ち上げて再スタートするケースです。いずれのケースも、基本的に会社は消滅しますが、「事業は残る」という意味で、「名（会社）を捨て、実（事業継続）をとる」考え方といえます。

①はＭ＆Ａが代表例です。産業構造や競争環境などの変化によって、他の会社に吸収あるいは買収された方が、将来さらに発展できる可能性が高い場合に行われます。吸収あるいは買収されると会社は消滅しますが（企業買収のときは買収先の会社の子会社となる場合もあり得ます）、吸収・買収先の会社には事業価値が引き継がれ、その後も事業は継続します。

M&A
合併と企業買収を意味する言葉で、Mergers And Acquisitionsの略称である。

②は、たとえば、現在の事業の収益性は高いが、過去の負債が多額に上り、なかなか返済できない状況で見られます。過去の負債のせいで新規の借入れや、設備投資などを行えず、現在の会社の事業運営にも影響を与えている場合です。この場合、会社を終わらせて、過去の負債をゼロにした上で、同じ事業を新しい会社で再スタートさせるという選択肢が考えられるわけです。

■ 判断要素は何か

会社を終わらせて、事業の継続を選択する場合の判断要素は、

事業の継続を選択する場合の判断要素

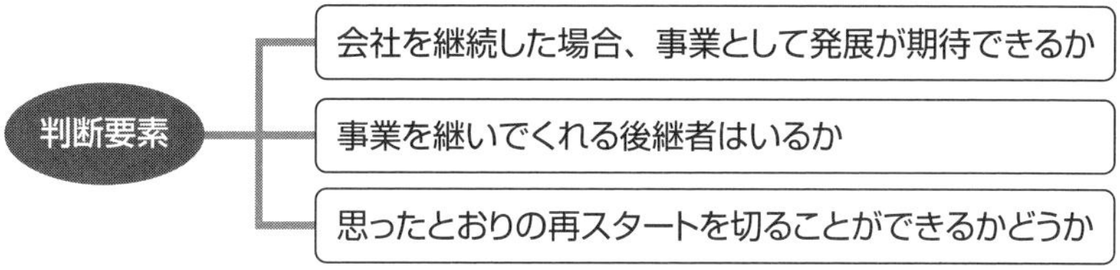

以下のようになります。

まず、将来の事業発展を期待するケースでは、このまま会社を継続させて事業を行った場合と、他社に吸収・買収されて事業を担ってもらった場合とで、どちらが事業として発展するかということです。吸収・買収してもらった方が事業の発展が期待できると考える場合には、そちらを選択します。

また、後継者問題という判断要素もあります。他の企業に吸収・買収してもらうことで、後継者問題を解決するという考え方です。最近は、中小企業では特に後継者不足が深刻な問題になっています。自分の親族に会社を継いでもらいたいと望む経営者が多いのは確かですが、それができない場合、廃業するか、他の経営者に託すかを真剣に考えてみることも必要でしょう。

以上に対し、②の過去の負債を清算し、新しく会社を立ち上げるケースでは、思ったとおりに再スタートできるかどうかの見極めが大切です。仮に会社を終わらせても、その影響で今までの得意先につき合ってもらえなくなるおそれがあります。金融機関も新しい会社だからと言って、簡単に融資に応じてくれるかわかりません。つまり、ステークホルダーが会社を終わらせることに納得しており、再スタート後もつき合ってもらえるのか、という点について事前に判断・確認しておかなければなりません。

吸収・買収された後の動向

簡単に言えば、経営者が事業の発展の速度を見極めることが大切である。極端な話にはなるが、吸収・買収してもらっても、事業が発展すると見込めるのは数十年先というような場合は、時間軸から考えると、今までどおりに単独で事業を進めた方がよいという選択も成り立つ。

ステークホルダー

取引先や債権者のこと。

PART1
7

事業の終わらせ方の基本

会社の自主廃業

利害関係者の数と借入金の残額がポイントになる

■ 自主廃業とはどんな場合なのか

自主廃業とは、会社を清算するのに第三者の介入もなくすんでしまうような場合のことを指します。弁護士など専門家の手を借りなくても会社を清算できるわけで、短時間のうちに、ほとんどコストをかけることなくできるメリットがあります。具体的には、個人事業主に近い小さな規模の会社や、無借金の会社で活用することができます。

事業を止めるだけですむ手続き

たとえば、債務超過に陥っているわけではないが、自らの意思で株式会社を解散して消滅させる手続きが、会社法の規定する通常清算の手続きである。また、一切の事業活動を停止させてしまって、会社としての実体をなくしてしまうという休眠会社化という方法もある。会社は、登記簿上は存在し続けるが、また活動をはじめるということはあまりない。なお、最後の登記から12年を経過している株式会社は、原則として登記官が職権で解散の登記をする点に注意したい。

自主廃業が可能な場合として、会社の経営者以外の利害関係者が少ないことが絶対条件です。会社の経営者以外の利害関係者とは、第三者と身内のことを指します。第三者には、金銭の借入先、売掛金・買掛金のある相手（取引先）、オフィスやテナントを借りている場合はオーナー（貸主）、リース物件がある場合はリース会社などが含まれます。身内は、解雇されて職を失う従業員などが含まれます。

結局、利害関係者は金銭がらみの人々があてはまるため、事実上の廃業ができるかどうかの基準として、会社にどの程度のお金があるか、廃業後に借入金が残る場合には月々どの程度の返済ができるか、ということも重要になります。未返済の多額の借金額が残っている状態では、事業を止めるだけで清算するという事実上の廃業は難しいのが現実です。

■ 会社の規模によって自主廃業が可能かどうかが変わる

利害関係者の数や借入金の額は会社の規模が大きくなればなるほど増えます。したがって、自主廃業ができるかどうかは、

会社の規模と自主廃業

小規模会社

・自宅兼事業所のような会社
・従業員が家族だけという会社
・オフィスの返還などの問題がない
・借入金の返済などについては相談

➡ 比較的簡単に自主廃業ができる

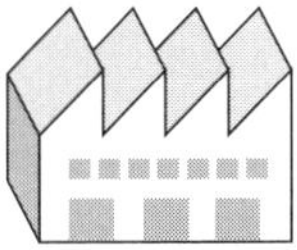

比較的規模の大きめの会社

・借入金の返済の問題
・売掛金・買掛金の清算が必要
・オフィス・テナントについての費用の処理
・会社資産の調査

➡ 規模が大きくなると自主廃業ではすまない可能性が出てくる

会社の規模によって変わります。

① 会社の規模が個人事業主と変わりないくらいに小さい場合

比較的簡単に自主廃業ができます。この場合、売掛金・買掛金は少額で、関係者も少ない場合が多いと考えられます。在庫などを徐々に減らしながら清算することは十分に可能でしょう。オフィスやテナントがなく、自宅をオフィスやテナント代わりにしている場合には、これらの返還を考える必要もありません。従業員も家族であることが多いので、大きな問題にはなりません。あえて挙げれば、借入金の問題程度です。ただ、これも借入金が多額であるケースは少ないでしょう。信用金庫などの借入先と自分で相談して、少しずつ返済していくようにすれば大きな問題にはなりません。

② 比較的規模の大きめの会社の場合

銀行などからの借入れがある場合、返済は大きな問題となるでしょう。売掛金・買掛金の清算も、取引先の数や金額が大きくなれば弁護士に交渉を依頼する必要があります。また、オフィスやテナントのオーナーに対しても、保証金の返還や未払いの家賃などの清算でトラブルが発生するおそれがあります。リース物件も同様です。従業員もそれなりの人数になれば、解雇などをめぐるトラブルが発生する可能性は否定できません。

比較的規模の大きめな会社がどの程度の規模の会社を指すのかは一概に言えませんが、前述したような問題がひとつでもある場合は、自主廃業であっても弁護士に依頼してサポートしてもらうのがよいでしょう。ただ、この場合も支払いをすべき金額が低ければ低いほど、自主廃業は簡単にすみます。

■ 自主廃業をするための手順について

会社が自主廃業をする手順は、以下のようになります。

① 事業の縮小と次の収入源の確保
② お金の借入先との折衝
③ オフィスやテナントがあれば、それを返還
④ 自主廃業の30日前までに従業員へ解雇通知をする
⑤ 売掛金・買掛金の現金決済
⑥ 仕入れの停止・在庫処分
⑦ 備品や在庫の売れ残りの処分
⑧ 清算結了の登記

ただ、これらは①～⑧の順番どおりに行っていくわけではありません。⑧清算結了の登記以外の手続きは、並行して進んでいくものと考えてください。規模の小さな会社における自主廃業の場合は、借入先との折衝程度で終わりというケースもあります。利害関係者との話合いが終わっていれば、清算結了の登記だけで終わりというケースもあります。

清算結了の登記

たとえば、株主会社の場合、①～⑦の手続きが終了したら、株主総会の承認を得る。そして、承認を得たら清算結了の登記を申請する。清算結了登記が完了すると登記簿が閉鎖され、株式会社が完全に消滅する。

■ 他の方法と併用することもある

自主廃業の手法としては、事業譲渡や会社分割を併用する

事業譲渡を活用して行う自主廃業

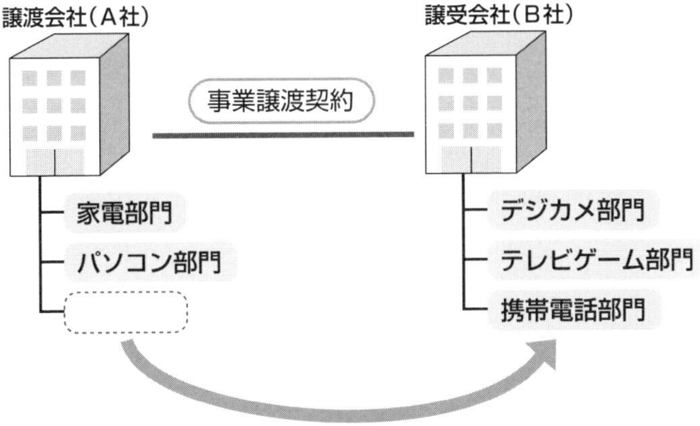

※A社からB社に「携帯電話部門」を譲渡。
その売却益を基にA社を事実上の廃業（清算）とする。

ケースがよく用いられます。会社や経営者に金銭がなく、自主廃業をするには経営者が破産を申し立てるしかない状況である場合の苦肉の策です。

事業譲渡は、事業だけを切り分けて他社に売却し、その売却益で会社を清算する方法です。会社分割は、会社を借金や不良資産だけを持つ会社と特許や優良資産だけを持つ会社とに分割し、優良資産だけを持つ会社を売却した利益によって、借金しか持っていない会社を自主廃業させる方法です。

ただ、これらの場合は事業や優良資産を持った会社を引き取ってくれる相手を見つけるのが大変というデメリットがあります。法的手続きが必要ですので、弁護士などの専門家に支援を受ける必要もあり、費用がかさみます。清算手続きよりも費用がかかることもあります。十分に考えた上での決断が必要でしょう。

PART1
8

経営者のとるべき対応

どの方法をとるかで行動や利害関係者への対応が変わる

■ 破産や民事再生を利用する場合の経営者の対応

主な会社の終わらせ方には、破産、民事再生、会社更生、清算、合併、会社分割、事業譲渡があります。どの方法をとるかによって、経営者のとるべき行動や利害関係者への対応が異なります。ここでは破産と民事再生について簡単に見ていきましょう。

破産は、債務者である会社の経営者か外部の債権者が裁判所に申し立てて、破産法に基づいて会社を清算する手続きです。経営者自身が申し立てるケースがほとんどですが、債権者が会社の存続を無理と判断した場合や、会社が債務の返済ができなくなった場合には、債権者から申し立てられることもあります。「債務の返済ができるかできないか」ということが破産を申し立てるための分岐点になります。

債務の膨張前に行う

時間がかかればかかるほど、債務は膨張するので、あまり時間をかけずに、早めに迅速な破産の手続きをする必要がある。

民事再生は、会社再生のための法的整理のひとつです。経営者が裁判所の監督の下で、経営をしながら事業の再建計画を作り、事業を再構築するという内容です。策定した再建計画について債権者から合意を得て、さらに裁判所から認可を受けると、経営者はその計画に従って再建を進めることになります。破産と同様、裁判所に申し立てることができるのは、債務者となる会社の経営者か債権者です。

民事再生は、あくまで経営者の退任を留保した状態で会社の再生をめざす手続きですので、その申立ては、会社の再生がどう見ても不可能な状況になる前に早めにかつ迅速に行う必要があります。

会社の破産・民事再生・廃業と経営者の対応

破　産 →	時間が経つほど債務が膨張する危険あり！ 経営者自身が申し立てるケースがほとんど
民事再生 →	時間の経過により再生が不可能になる危険あり！ 再建計画の下、経営者が事業の再建を進めていく
廃　業 →	ヒト、モノ、カネの整理をつける 清算すべき債務がある場合には清算を終える必要がある

いずれの手続きをとるにしても早めの対応が重要！

■ 廃業するときの経営者の対応

廃業は、経営者の意思だけによって会社を清算することです。清算すべき債務がない場合は、経営者が廃業をしようと思ったときにいつでもできます。行うことは、会社の三大構成要素であるヒト、モノ、カネの整理をつけることで、これが完了すれば、その時点で廃業となります。したがって、廃業の決断から実際の廃業まではそれほど時間はかかりません。

なお、清算すべき債務がある場合は、清算を終えないと廃業できませんので注意が必要です。ただ、債務の状況や債権者の人数によっては、前述した破産や清算といった法的整理を利用するのではなく、債権者と協議をしながら会社を廃業する選択もあります。債権者との協議とは、債務に関するもので、具体的には債務の減免や放棄を債権者に承諾してもらうという作業になります。経営者としては、債権者に納得してもらうためにも、会社の資産がなくなってしまう前に早めに決断し、実行に移すことが大切です。

Column

産活法はどう活用すべきなのか

企業の再生支援を目的とする制度のひとつに「産業活力の再生及び産業活動の革新に関する特別措置法」（産活法）による支援があります。産活法は、企業の事業再編や国際競争力強化を支援する法律です。

産活法は、民事再生や会社更生のような再建手続きを定めた法律ではなく、各種の支援制度を定めた法律です。事業再編などの計画を策定し、事業を所轄する官庁の認定を受けると、事業再編に役立つ特例が適用されます。産活法による支援（特例）には、①税制面での支援（登録免許税の軽減措置や資産評価損の損金算入など）、②会社法・民法の特例措置による支援（自社株式を対価とする公開買付けや相対取引の特例、事業譲渡に関する特例、現物出資や財産引受を行う場合の検査役等の調査を省略できる特例、略式組織再編の際における親会社の株式保有要件を緩和する特例などの支援）、③金融面での支援（長期資金調達支援、中小企業基盤整備機構の債務保証など）があります。

なお、産活法に基づき、中小企業の企業再生を支援するために各都道府県に設置された公的機関としては、中小企業再生支援協議会があります。支援対象は、事業再生に意欲があり、再生の可能性がある中小企業です。

同協議会は、各都道府県に設置されているため、経営状態の悪化に苦しむ中小企業が最初に相談するのに便利な機関です。また、同協議会は、個々の事案に最適な支援を行う他の機関・組織を相談者に紹介する役割も果たしています。

この他、独立行政法人中小企業基盤整備機構（中小機構）は、中小企業再生ファンドへの出資を通して、中小企業の事業再生と事業資金の調達を支援しています。

PART 2

倒産する前に知っておきたいこと

PART2
1

再建型と清算型

株式会社のみが選択できる手段がある

■ 再建の可能性があるかどうか

倒産手続きの活用にあたっては、「再建型と清算型のどちらが適しているか」ということを判断しなければなりません。

再建型の倒産手続きを選択する場合には、会社の事業に再建の可能性があることが必要です。

ある会社について、その事業の再建可能性があるかどうかの判断にあたっては、まずは事業の収益性について検討します。資金繰りの見通しが立つかという点も、事業の再建可能性を判断する際に検討する必要があります。関係者の協力を得ることも、事業の再建には必要です。

事業の収益性についての検討

倒産手続きをすることで当然に事業の収益が改善するわけではないので、不採算部門からの撤退といった会社の自助努力によって、事業の収益性を上げていくことが必要になる。また、収益性のある部門を重視しなければ、会社の再建に対して債権者の同意を得ることは難しい。

■ 裁判所を通した手続きを選択するか

再建型の手続きを選択した場合、次に、裁判所を通した手続きを行うか、裁判所を通さない任意整理かの選択をする必要があります。

どちらの手続きを選択するかまず考慮すべきことは、取引先に対して優先的に弁済をする必要があるかという点です。裁判所を通した法的整理では、すべての債権者に対して平等に弁済する必要があります。しかし、そのような形で弁済をしてしまうと、取引先が離れてしまう可能性が出てきます。それを防ぐためには、任意整理を選択して、取引先に対して優先的に弁済をすることを検討することも考えられます。

また、銀行などの大口債権者が任意整理に同意するかどうかという点も、手続きの選択の際に考慮する必要があります。任

再建の可能性と選択する手続きについての判断

再建の可能性の判断ポイント → 事業の収益性
資金繰りの見通し
関係者の協力

法的整理 or 任意整理の判断ポイント → 優先して弁済すべき取引先がいるか
任意整理に対する同意が得られるか
官報などで公表されることの影響

意整理を行う場合、大口債権者には債権の減免を強いることになります。そのため、大口債権者の同意がなければ、任意整理を進めることは難しいといえます。

倒産したことが世間に公表されることで、会社の事業に悪影響が出るかどうかといった点も考慮します。裁判所を通した法的整理を選択した場合、手続開始について官報などで公告されるため、倒産手続きが行われていることを隠すことはできません。しかし、任意整理であれば、大口債権者に限って債務減免の交渉をすることで、倒産手続きが行われていることを公にしないですむ可能性があります。

これらの事柄を考慮して、裁判所を通す手続きを選択するか任意整理を選択するかを決定します。

資金繰りのメドについての検討

倒産手続きを行えば、それまでの取引先は債権の回収ができなくなることを警戒する。また、銀行に預貯金がある場合でも、倒産手続きを行えば、預金債権と銀行からの借入債務が相殺されてしまう。倒産手続きを行ったとしても、資金繰りのメドをつけられるか見極めることが必要になる。

■ 民事再生か会社更生か

再建型の倒産手続きのうち法的整理を選択した場合、その次に、民事再生を行うか会社更生を行うかを選択する必要があります。

まず、会社更生は株式会社だけが利用できる手続きです。そのため、株式会社以外の合同会社、合名会社、合資会社といっ

担保権実行手続きの中止命令

民事再生の場合、再生債務者（民事再生の対象となる債務者のこと）の申立てにより、保全処分として担保権実行手続きの中止命令が発令された場合は、例外的に担保権の実行が制限される。

た形態をとっている会社や個人（個人事業主）は、民事再生を選択することになります。

担保権をどのように取り扱うかという点も、民事再生を選択するか会社更生を選択するかにおいて考慮する必要があります。民事再生を選択した場合、担保権は担保権者が原則として自由に実行できますが、会社更生を選択した場合、担保権の実行は禁止されます。株式会社の場合で、その事業に必要不可欠な財産に担保権が設定されている場合には、会社更生を選択して担保権を消滅させる道を探ることになります。

現経営陣が会社に残って事業を継続するかどうかという点も考慮します。会社更生を選択した場合には、株式会社とは関係のない第三者が、その財産の管理と経営を行うのに対し、民事再生を選択した場合には、原則としては現経営陣が残って経営に携わることができます。現経営陣が有しているノウハウが事業の遂行のために必要不可欠な場合には、民事再生を選択します。

■ 清算型を選択する場合

清算型の倒産手続きを選択した場合、その次に、破産を行うか特別清算を行うかの選択をします。

このうち特別清算は、株式会社だけが選択できる手続きです。他の形態をとっている会社や個人であれば、破産を選択するしかありません。特別清算を行うためには、株式会社を解散して清算手続きに入ることが必要です。株式会社を解散するには、株主総会での決議を行わなければならないので、株主の理解を得られなければ、特別清算に入ることができません。

破産においては、経営者が会社の財産を流出させる行為を行っていた場合に、破産管財人がその行為の効力を否認（破産手続開始決定がなされる前に破産者が行った、債権者を不利益にする行為や特定の債権者のみを有利に扱う行為の効力を否定して流出した財産を破産者の財産の中に戻すこと）する権限を

清算型と再建型

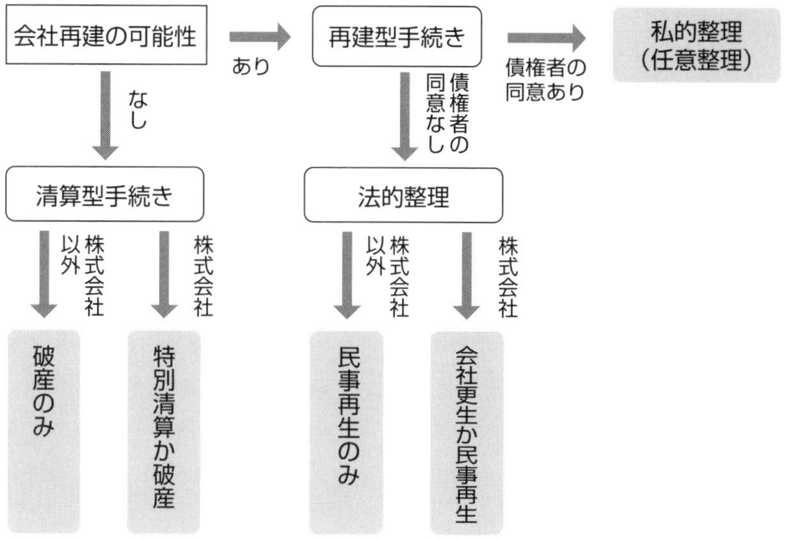

もっています。これを否認権といいます。しかし、特別清算には否認権の制度がありません。経営者が会社の財産を流出させており、その行為の効力を否認したいときは、否認権の制度がある破産を選択します。

破産は、破産者の財産を公平に債権者に分配するという手続きであり、債権者の同意が必要になる場面はそれほど生じません。これに対して、特別清算を行う場合には、債務の減免などの処理の方法について、債権者から同意を得る必要があります。そのため、債権者の同意が得られる見込みがなければ、破産を選択します。

破産または特別清算の選択ができる株式会社は、以上の事柄を考慮して、破産を選択するか特別清算を選択するかを決定します。

会社を再建させたい場合の倒産処理手続き

私的整理・民事再生がよく利用されている

■ 再建型手続きには3つある

ここでは、再建型の倒産手続きについて、①私的整理、②会社更生、③民事再生の順に簡単に見ていきましょう。

① 私的整理（任意整理）

法定の手続きに拘束されない私的整理は、もっとも頻繁に利用される方法です。費用を節約し、迅速に処理することができます。手続きは、基本的には当事者間の取り決めに従えばよいだけなので、関係者の状況に応じた柔軟な対応が可能です。

② 会社更生

窮地に陥っているが再建の見込みのある株式会社について、破産を避けて維持更生させようという手続きです。2002年に全面的に改正されて会社更生手続きが緩和され、倒産事件を迅速かつ円滑に処理できるようになりました。会社更生は大企業の再建型手続きとして最適であるといわれています。

一方、経営者は原則として会社から退陣させられてしまい、株主の権利がなくなってしまうというマイナスの面も持ち合わせています。もう少し柔軟にできる再建型手続きということで、民事再生という手続きが用意されています。

③ 民事再生

債務者の事業を再生するために裁判所の監督の下で、債権者の権利行使を制約しつつ、再生計画の成立・遂行を図る手続きです。破産や会社更生とは異なり、原則として債務者が財産の管理処分権を持ったまま民事再生手続きを行っていきます。なお、民事再生は、株式会社以外の形態の会社でも、中小企業で

私的整理

裁判所の介入なしに債務者が多数の債権者と個別に和解をし、倒産手続きを行うこと。任意整理ともいう。法的整理と異なり、任意整理について直接規定する法律はない。たとえば、各債権者との間に債務の50%を10年で返済するというような個々の合意ができたとする。そのような合意を書面にしたのが私的整理である。

民事再生

債務者が「支払不能に陥りそうなおそれがある場合」、つまり、借金の返済能力が不十分であるために、破産一歩手前の状況にある場合に申し立てる。支払不能とは、債務者が、支払能力を欠くために、その債務のうち弁済期にあるものにつき、一般的かつ継続的に弁済することができない状態のことをいう。

再建型の倒産処理手続き

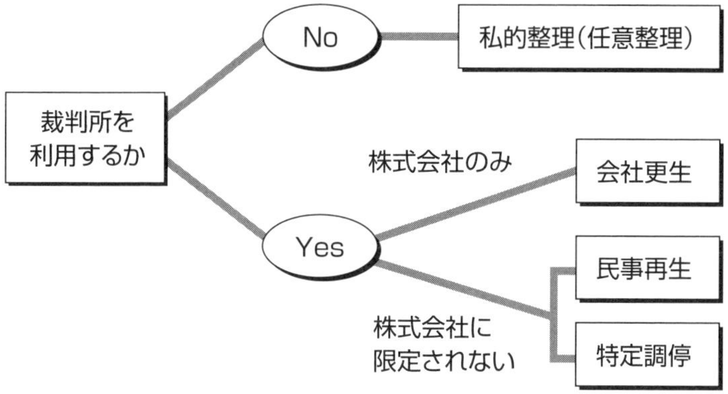

も、個人でも利用することができます。

なお、法人以外の個人を対象にした個人再生手続きもあります。個人再生手続きには、小規模個人再生、給与所得者等再生といった手続きがあります。小規模個人再生は、債務総額（住宅ローンなどを除いた無担保の借金）が5000万円を超えない個人が利用できます。

民事再生は個人も利用可

民事再生は個人も利用することができ、事業主（個人事業主）かどうかも問わない。ただ、事業主ではない個人は個人再生手続きを利用するのが一般的である。

■ 特定調停について

特定調停とは、特定調停法という法律に従って、経済的に破たんするおそれのある債務者が再生を果たせるように、債務者が負っている金銭債務に関する利害関係の調整を図ろうという手続きです。厳密にいえば倒産処理手続きではありませんが、再建に向けた話合いのできる場であることは確かです。特定調停は個人・法人（会社など）を問わず利用できます。

ただ、会社における事業の再建においては、あまり利用されていないようです。

会社を清算したい場合の倒産処理手続き

私的整理・破産・特別清算などがある

■ 清算型の手続きの全体像をつかむ

次に、清算型の倒産手続きについて、①私的整理（任意整理）、②破産、③通常清算、④特別清算、⑤休眠会社化の順にそれぞれ見ていきましょう。

① 任意整理（私的整理）

裁判所の介入なしに債務者が多数の債権者と個別に和解をし、倒産手続きを行うことです。事業を終結させて、財産関係を清算しようという場合にも、私的整理（任意整理）は利用されます。法的整理とは異なり、私的整理について直接規定する法律はありません。たとえば、各債権者との間に債務の50％を10年で返済するというような個々の合意ができたとします。そのような合意を書面にしたのが私的整理です。

支払不能／債務超過

破産手続きの中では、弁済期（支払期日）にある債務を一般的継続的に弁済できない状態のことを支払不能、債務者が自分の財産を売り払っても債務を弁済しきれない状態のことを債務超過という。債務者が支払不能や債務超過に陥っていることは、破産手続きが開始する原因になると位置付けられている。

破産財団

破産管財人の管理処分権が及ぶ破産者の財産のこと。

② 破産

破産は、支払不能や債務超過にある債務者について、会社に残っている全財産を裁判所から選任された破産管財人の手で処分し、すべての債権者に公平に配分しようという手続きです。特に、債務者自身で申立てをする破産手続きを自己破産といいます。破産管財人には弁護士が選任され、それまでの会社の経営者がその任務にあたることはありません。ただ、破産財団をすべて金銭換価するので、非常に時間がかかるというデメリットがあります。

③ 特別清算

解散後に清算手続に入った株式会社について、清算手続きを遂行していくのに著しい支障を生じさせるような事情があると

清算型の倒産処理手続き

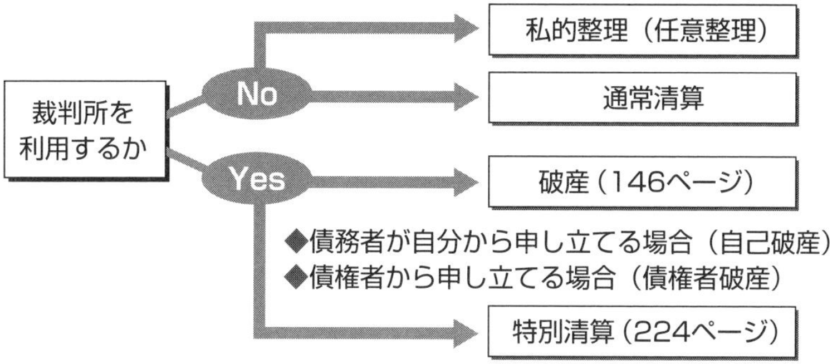

き、または債務超過の疑いがあるときには、特別清算という手続きに移行することがあります。

④　**通常清算**

会社が合併・破産以外の原因で解散した場合、解散した会社を消滅させる前に、残務処理や財産整理の手続きを行います。この手続きを清算といいます。たとえば、債務超過に陥っているわけではないが、自らの意思で解散した株式会社を消滅させる前に行う手続きが、会社法の規定する通常清算の手続きです。

⑤　**休眠会社化**

一切の事業活動を停止させてしまって、会社としての実体をなくしてしまうという方法もあります。会社は、登記簿上は存在し続けますが、目を覚ましてまた活動をはじめるということはあまりありません。なお、最後の登記から12年を経過している会社については、原則として、登記官によって職権で解散の登記が行われる点に注意が必要です。休眠会社を売買するなど、休眠会社が犯罪の手段として使用されかねない、という問題があることからの措置です。

特別清算の実情

清算型の事案が100件あるとすれば、そのうちの9割以上は破産手続きで行われ、残りの1割弱が特別清算で行われているというのが実情である。破産では、第三者の破産管財人が債務者のいわば楯となるので、清算型を選ぶ経営者としては特別清算よりも破産を選択することが多い。

支払不能

ケース・バイ・ケースで判断。支払不能の認定は難しい

■ 支払不能という要件がある

破産手続きを利用するためには「支払不能」であること、民事再生手続きを利用するためには「支払不能のおそれ」があることが必要です。借金の支払いができない状態を、広い意味で支払不能といいます。返済期限が来たのに、資金の手立てがつかなくて期限を過ぎてしまった場合も、その時点では支払不能ですが、民事再生や破産で問題になる支払不能と必ずしも同じではありません。

■ 支払不能とはどのような状態を言うのか

法的な「支払不能」というのはどのような状態のことをいうのでしょうか。自己破産を例に見てみましょう。

自己破産を申し立てるには、破産原因があることが条件のひとつです。法人のみの破産原因である債務超過が、債務者の財産状態に基づく破産原因ということができるのに対し、個人にも法人にも共通する破産原因である支払不能は、債務者の支払能力に注目した破産原因だということができます。

支払不能とは、弁済（返済）能力がなくなったために、弁済期（支払の期限）が到来した債務を一般的・継続的に弁済することができないと認められる状態です。一般的・継続的に弁済できないことが必要で、一時的に手元不如意で支払いができなかったとしても、支払不能とはいえません。

ただし、支払不能であるかどうかの判断は簡単なものではなく、さまざまな事情を総合的に判断して、ケース・バイ・ケー

個人の自己破産の支払不能の目安

事業主ではない個人（一般消費者）が破産手続きを利用する場合にも支払不能であることが要件とされている。クレジット・カードや消費者金融からの借金で破産するようなケースである。一応の目安としては、仮に分割払いにしたとしても、おおむね3年～3年半程度で債務を完済できないと思われる場合には支払不能と判断される。また、債務総額が毎月の収入の20倍を超えていることも、一応の支払不能の目安になる。

債務超過

債務者（法人）が、自らの債務につき、自ら財産で完済ができない状態をいう。なお、合名会社や合資会社については、債務超過が破産原因とならない。

支払不能の判断基準（個人の場合）

- □ 債務（負債）総額が毎月の収入の 20 倍を超える
- □ 3 年程度で完済するのが不可能
- □ 返済するには新たに高金利の債務を負担しなければならない
- □ 全財産を売却し返済に充てても返済できない
- □ 債権者との交渉で返済方法を緩和してもらっても返済できない

↓ 支払不能かどうかを判定するのは破産申立てを受けた裁判所

支払不能

支払不能になるかどうかはケース・バイ・ケースで判定される

スで判定されます。たとえば、債務者が個人の場合は、その財産・職業・給与・信用・労力・技能・年齢や性別などの事情から判断します。

債務の額はそれほどでもない場合でも、さまざまな事情で収入が極端に低い場合には支払不能とされることもあります。

また、個人が破産手続きを利用しようとする場合、現在はめぼしい財産がなかったとしても、将来的には債務を完済できるだけの給料などを稼げるようであれば、支払不能とは判定されません。逆に、現在はかなりの収入がある場合でも、病気であるなど、将来的に減収が確実な場合であれば、支払不能と判定されることもあります。

なお、破産以外の任意整理、特定調停、民事再生などの手続きについては、「支払不能になるおそれ」があるかどうかが手続き開始のポイントになっています。

PART2
5

倒産までにしておくこと

倒産する前に
知っておきたいこと

倒産も周りの人の協力なくしてはできない

■ 前もって関係者には話しておくこと

事業が思わしくなく「いよいよ倒産かも」という事態になった場合、関係者に対して事前連絡をしておくべきでしょうか。

従業員や取引先などの関係者に会社の状況を述べるとしても、どこまでの内容を述べるかは難しい問題です。債権者に完済してから会社を消滅させるときは、関係者に事前連絡をすべきところですが、資金繰りが行き詰まり、支払不能の状態であるときは、関係者に会社の実情を事前に述べると、無用な混乱を引き起こし、関係者による強引な商品の持ち出しなど、自力救済的行為を誘発します。倒産処理は密行性が要求されるのです。

ただし、再建型の倒産処理をめざすときは、やはり事前にある程度の根回しが必要になります。ここは弁護士などの専門家と相談しながら、慎重に事を進めるべきでしょう。

■ 何をしておくべきか

会社を終わらせる際に経営者としてやっておかなければならないことは、利害関係者にできる限り迷惑をかけないことと、処理作業には主体的に関わるということです。

まず、利害関係者にできる限り迷惑をかけないことは、経営者自身の再起のためにも必要なことです。もっとも、会社が株式会社である場合、株主に対しては、株主がリスクを覚悟で投資していることを前提に対応して問題ないでしょう。株主の責任は、すでに出資した金額を限度とし、会社の債権者に対して個別に弁済する責任を一切負わないからです（株主有限責任）。

関係者への報告

将来、何とか再建して、事業を継続したいときは、協力者が必要になる。再建型の倒産処理手続きをとって債務を整理するにしても、先々仕事がなければ再建はできない。また、倒産する場合には、取引先や債権者に多大な迷惑をかけることも事実であるから報告は不可欠である。

金融機関への対応

銀行などの金融機関は、貸出先の会社が支払不能となり、貸したお金が返ってこないことも、念頭に置いているはずである。借りた側としては落ち着いて、ビジネスライクに対応することになる。

その他債権者への対応

銀行などの金融機関以外の債権者に対しても、その債権の内容（債権額など）に応じて、対応を考えなければならない。先々迷惑をかけることの謝罪はもちろんだが、再建へ向けて仕事を継続していけるよう協力を取りつけることも踏まえて対応することになる。

倒産までのスケジュール

❶ 倒産スケジュールを立てる

↓ できれば手続きをする3か月前くらいから検討する。最低でも1か月は必要

❷ 倒産処理に必要な資金を準備する

↓ 会社の場合、法人の倒産費用と代表者個人の倒産費用（特に連帯保証人のとき）がかかる

❸ 関係者に倒産する旨を告知する

↓ 有力な債権者、取引先、会社内の役員や幹部社員にも事情を話しておく

Xデー

- 利害関係者にできる限り迷惑をかけない
- 処理作業に主体的に関わる

つまり、会社が倒産しても、株主は出資金の回収ができなくなるだけで、会社の債権者から支払いを求められるわけではありません。

これに対し、従業員には十分な対応が必要です。賃金や退職金の支払いには全力を尽くすべきですが、無理な時は「未払賃金立替払制度」の申請準備を代替し、利用を案内します。また、従業員の再就職のために、あらかじめ解雇通知書、源泉徴収票、雇用保険被保険者離職票なども準備するなど、できる限りの誠意を見せましょう。

処理作業に主体的に関わる覚悟も必要です。倒産処理をスムーズに行うには、法令に従って整然と行うべきですが、同時に経営者が誠実さを見せることも必要です。弁護士などの専門家に任せきりにして、経営者が表にでないようでは、債権者や従業員は納得しません。「倒産処理を行うのは、弁護士などの専門家ではなく、自分である」という覚悟が必要です。

知らせる時期や相手の選択

倒産に関して打ち明けたために、逆に態度を硬化させたり、取引を打ち切ったり、中には悪意のある関係者も出てくるかもしれない。いずれにしても、会社が置かれている状況や、これまでの取引・付き合いの程度や相手方の特質など、いろいろな事情を総合して、今後迎える事態を乗り切って行くには、どうしても協力を仰ぎたい関係者にだけ、事前に打ち明けておくのがよい。ただ、それも微妙な判断が必要であるから、じっくりと考えてみる必要がある。

PART2
6

倒産した場合の財産や生活

生活ができなくなることはまずない

■ 経営者個人の財産はどうなるのか

銀行から資金を借り入れるにあたって経営者（代表取締役などの代表者）が連帯保証人になっているケースでは、会社が倒産すると、経営者個人としての財産も失うことになるのでしょうか。これについては、自己破産と個人再生のどちらをとるかによって、経営者の個人財産の扱いも変わってきます。

まず、破産の手続きを進めるにあたり、ある程度の財産が残っている場合には、それを処分するなどして債権者間で平等に分配します。このような事件を管財事件といいます。会社などの法人の破産では、運用上は原則として管財事件となります。

管財事件

破産手続開始決定の後、管財人（破産管財人）が選任され、破産手続きが進められる場合。

会社が倒産したことと、経営者個人の財産やその家族の財産とは、基本的には関係ありません。また、同じ家にいるからといって、自分や家族の財産を会社の債務の支払いのために提供しなければならないものでもありません。ただ、会社の債務については、通常は経営者が連帯保証をしていますから、会社が自己破産するときは、経営者個人も自己破産せざるを得ないでしょう。自己破産の結果、自由財産（破産者の手元に残せる財産のこと）として認められるもの以外の財産をすべて失います。また、破産手続開始決定によって一定の資格制限も生じます。

公私にわたる資格制限

公法上の資格制限としては、たとえば弁護士、公認会計士、司法書士、といった資格の喪失（復権によって資格を回復する）が挙げられる。私法上の資格制限としては、たとえば民法上の制限として後見人や遺言執行者に就任できなくなる（復権によって就任可能となる）といった制限がある。また、株式会社の取締役や監査役などは退任事由となる（ただし、復権前でも株主総会で再度選任することは可能）。

これに対し、民事再生の手続きを選択したときは、自己破産した場合のような不利益はほとんど発生しません。

■ 経営者はすべての個人財産を失ってしまうのか

経営者（代表者）として会社の債務を連帯保証している場合、

支払義務の有無が問題となる場合

① 本人 （会社・個人事業主） ② 連帯保証人	支払義務あり （連帯保証人には催告の抗弁権と検索の抗弁権がない、50ページ）
③ 保証人 （連帯保証の特約がない場合）	本人が支払わない場合のみ支払義務あり
④ 親族	支払義務なし 《例外》 ・連帯保証をした場合は支払義務あり ・保証をした場合は本人が支払わない場合のみ支払義務あり ・①～③を相続した場合は相続の内容に応じて支払義務あり（相続放棄をした場合を除く）

自らの財産をすべて失うことになるのでしょうか。

経営者が会社の債務を連帯保証している場合、会社が倒産してその債務の支払いができなければ、経営者の個人財産も差押えを受けるなど影響を受けることは確かです。その結果、自己破産をすることになっても、個人財産の一切を失うわけではありません。

破産手続開始決定により、破産者の財産の管理処分権が管財人に移転して、破産手続きによって換価・処分される結果、破産者は自分の財産を失います。ただし、破産者が個人の場合は、自由財産に該当するものの管理処分権は管財人に移転せず、換価・処分の対象外となります。たとえば、生活必需品などの差押禁止財産、99万円以下の現金、破産手続開始決定後に取得した財産などが自由財産に含まれます。破産者が個人の場合は、その最低限の生活を確保する必要がある点が考慮されています。

もっとも、財産を確保しようと倒産間際に財産の名義変更をしたり、財産を隠したりすると、免責不許可になるばかりか、

換価
金銭に換えること。

その他の自由財産
裁判所によって多少異なるが、合計20万円以下の預貯金、処分見込額20万円以下の車（原則としてローン返済中の車は除く）、解約返戻金の見込額が20万円以下の保険金などが自由財産に含まれる傾向がある。

詐欺破産罪（債権者を害する目的で財産の隠匿・損壊などを行った者について、債務者に破産手続開始決定が確定した場合に科される罪、破産法265条）に問われる可能性があります。

■ 自宅からすぐに出て行かなければならないのか

経営者（代表者）の自宅は、たいてい債務の担保として抵当がつけられています。それは、住宅ローンの担保であったり、会社の債務を保証するための担保であったりするかもしれません。会社が倒産したり、自らが破産したりすれば、債務の支払いができない状況であることが明らかですから、自宅につけられている抵当権が実行され、いずれは売却されてお金に換えられます。しかし、事業が破たんして破産申立てをすることになっても、最終的に落札され、落札者から立退きを求められるまでは、通常６か月程度かかります。少なくともその間は自宅に住み続けることができます。

抵当権の実行手続きが完了すれば、自宅は手放すことになりますが、破産ではなく民事再生を選択する場合には、担保権の実行手続の中止命令という制度があることから、自宅を失わずに再生手続きを進めることができる余地があります。

■ 離婚や相続など家庭内の問題をどう処理するか

経営していた会社が倒産することになり、抵当権を設定していた自宅も手放すことになるという状況の場合、配偶者や子には迷惑をかけたくないという思いから、離婚を考える経営者もいるかもしれません。

婚姻関係と借金とは直接つながりはありません。保証人や連帯保証人になっていなければ、配偶者や子は、経営者の借金を支払う義務はありませんし、逆に、保証人や連帯保証人になっていれば、婚姻関係があろうとなかろうと支払義務があります。離婚すればすむというわけではないのです。

自己破産とローン返済中の車

一般消費者や会社経営者が個人として破産する場合、ローンの返済中の車は、車を返済不能時の担保にするため、その多くが登録名義（所有権）をローン会社に留めている（所有権留保）。この場合は、査定してもらった上で、ローン会社に時価で引き取ってもらう。ローンの残金から車の時価を差し引いた分がローン会社への借金として残るが、これは破産手続きの中で処理される。

相続放棄のイメージ

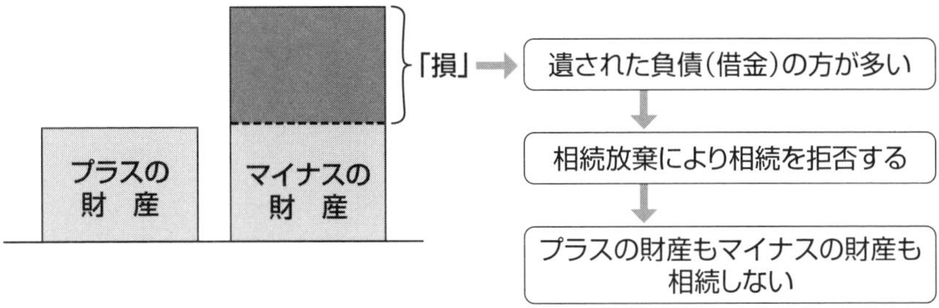

また、配偶者や親が会社の連帯保証人や保証人となっている場合、注意しなければならないのは相続です。配偶者と子がいる連帯保証人や保証人が死亡した場合は、その配偶者や子が相続人となりますが、死亡した人の連帯保証人や保証人の地位も相続することになります。ただし、連帯保証人や保証人として負担する債務が多額である場合には、相続を放棄して、財産の相続をあきらめると共に、連帯保証人や保証人としての負担も免れることができます。相続放棄をするには、相続の開始があったことを知ったときから３か月以内に、被相続人（死亡した人）の最後の住所地を管轄する家庭裁判所で手続きをしなければなりません。もっとも、会社の取引先との間の根保証契約などは相続の対象とならない分もありますし、相続開始から３か月を過ぎてしまった後でも事情によっては相続放棄が認められることがありますので、慌てて債権者と交渉したりせず、弁護士に相談してみるとよいでしょう。

大きな借金を抱えながら円満な家庭生活を送るのは大変なことですが、何と言っても最後に支えになるのは家族ですから、まず、家族同士の信頼関係を回復して、現実を踏まえた冷静な判断と決断をしていかなければなりません。

個人破産しても解雇理由にはならない

経営者ではなく、会社勤めをしていた人が破産することもあるが、破産は解雇理由にはあたらない。また、離職しても失業等給付には影響はない。破産者が破産手続開始決定後に得た財産は、破産者が自由に使うことができる。履歴書にも破産手続開始決定を受けたことを記載する必要はない。どうしても生活に困窮する場合、生活保護を受けることもできる。

任意売却

利害関係人間の合意に向けた調整が重要

■ 利害関係人の合意が必要

競売（54ページ）は手続きに時間がかかる上に回収額が低くなることが多いため、実際には、民事執行法に基づく不動産競売手続きによらずに処分することも多くあります。

競売によらずに不動産を処分することができれば、法律で定められた手続きを経ることなく不動産の売却によって得た代金を債権の回収にあてることができます。このような方法を任意売却といいます。債務者・債権者の双方にとってメリットがあるため、実務上よく利用されています。

任意売却は、強制的に行われる競売とは異なって、所有者が売却の意思をもっていることが前提となります。任意売却の対象となる不動産には抵当権が設定されていたり、滞納処分による差押えがなされている場合があります。また、不動産の所有者とは別に賃借人などの占有者がいる場合もあります。

任意売却を行う場合には、買受希望者と売買条件について合意することはもちろん、買主に不動産を引き渡す前提として、抵当権や滞納処分による差押えなどがあれば、それらを解除しておく必要がありますので、抵当権者や租税徴収権者など、不動産の利害関係人との合意が必要です。合意を得ると一言で言っても、ただ任意売却を行うことについてだけ合意を得られればよい、というものではありません。たとえば、抵当権者としては、抵当権の解除の条件として、債権の弁済額や弁済時期を検討する必要があり、それらの内容は物件の売却金額や売却時期に影響を受けます。したがって、不動産の利害関係人とし

どんな場合に利用されるのか

任意売却が行われるのは、競売によって低い金額で不動産が落札されるのを避けるためであったり、不動産が競売にかけられるという事実を世間に公にしたくない所有者の意向による場合がある。なお、任意売却は破産手続きにおいて管財人（破産管財人）によって行われることもある。

任意売却の効果

通常、任意売却の場合、強制競売よりも高値で売却できる可能性が高い。そのため、抵当権者などの債権者は、より多くの債権を回収することができる。

任意売却の条件

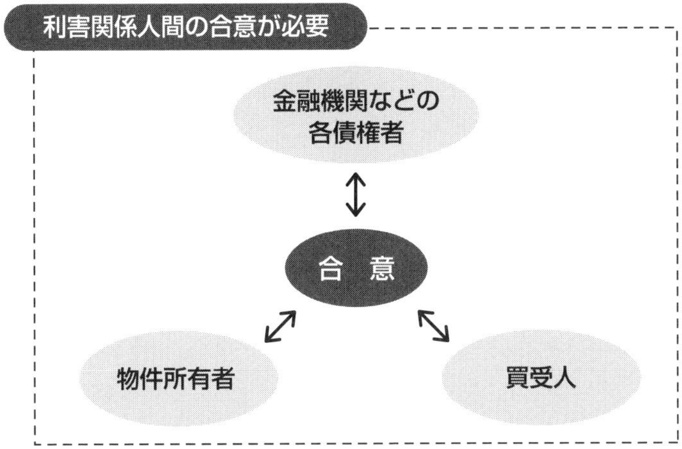

ては、売買条件についても把握・検討した上で、合意することになります。

さらに、不動産の買受希望者の意向などにより、賃借人などの占有者に立ち退いてもらう必要がある場合には、賃借権などの占有権原の有無や内容、対抗要件（不動産の占有権原を第三者に対して主張するために必要な登記などのこと）の有無を検討した上で、立退料などを含めた立退きの条件や時期について合意することになります。

■ どんな手続きをするのか

任意売却を行う場合のスケジュールは、大きく分けて、①利害関係人の事前の合意に向けた交渉、②買受希望者の探索、③売買の決済当日の手続き、に分けて考えるとよいでしょう。以下では抵当不動産（抵当権が設定されている不動産）を任意売却する場合を想定しています。もっとも、多くの場合、①と②

任意売却の問題点

競売の場合には任意売却とは異なって、裁判所が主体となって執行を行うため、確実に実行されるという点で安心である。しかし、任意売却の場合には、関係者が自発的に動いていくしかない。そうしたことから、任意売却の場合には、売却代金の配分について関係者の間でもめたり、価格や配分比率を決定するときに不正が行われることもある。

は同時並行で行われます。

① 利害関係人の事前の合意に向けた交渉

この段取りが必要になるのは、任意売却を行うためには利害関係人との同意が必要だからです。この同意を得るためには、さまざまな条件をリストアップした上で、一人ひとり確認をとっていかなければなりません。事前の準備段階では、債権者・債務者・所有者の実態調査と、抵当不動産の現況調査を行います。これによって抵当不動産を取り巻く環境を把握することができます。次に、抵当不動産の調査時点での資産価値について査定を行い、売却による回収見込額を見積ります。

以上の資料をもとにして、いよいよ各利害関係人の意向を確認して、売却までの期間、予定している価格、代金の配分方法について同意をとりつけます。

② 買受希望者の探索

抵当不動産の査定額や抵当権者などの債権額を考慮して、売却希望価格を決定し、不動産業者に依頼するなどして、買受希望者（買受人となる人）を探します。買受希望者が見つからない場合や条件面で折合いがつかない場合には、売却希望価格の見直しを行います。売却希望価格を見直したことにより、債権者への弁済額に影響を与える場合には、債権者との調整が必要になります。買受希望者が決まり、売却に関する条件が整うと、売買契約書案や債権者への配分案を作成し、最終的な合意を得た上で、取引の日時・場所・当日の段取りを決め、③の売買の決済に臨みます。

③ 売買の決済当日の手続き

買受希望者の意思確認、利害関係人の調整が終わったら、買受希望者との間で売買契約書にサインします。通常、この決済当日の手続きは、ⓐ売買契約の締結、ⓑ売買代金の授受、ⓒ売買代金を原資とする配分表に基づく債権者への弁済、ⓓ所有権移転登記や抵当権などの抹消登記に必要な書類の授受、ⓔそれ

当日の手続き

手際よく取引を進めるためにも弁護士や司法書士に立ち会ってもらうとよい。

任意売却の手続きの流れ

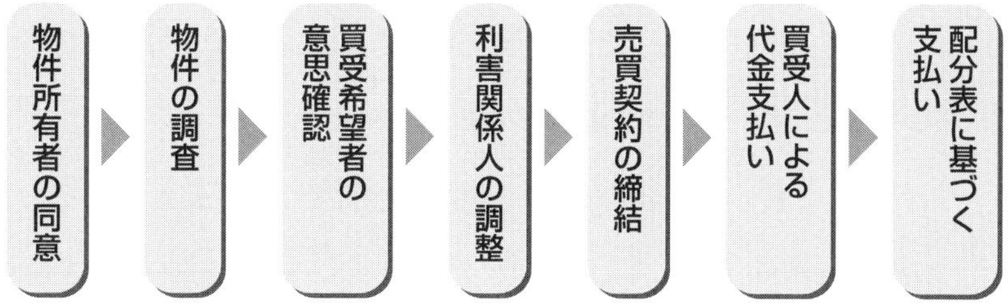

らの登記の申請を同時に行います。

多くの場合、この手続き自体は1日で終わらせることになりますが、行う内容は多いので、事前に必要書類を確実にそろえておく必要があります。

■ 担保権の解除と売却代金の配分

任意売却の取引を行う際には、抵当権などの担保権を解除する（抹消する）必要があります。そこで、強制競売であれば配当を受けることができない後順位抵当権者などにも協力してもらうことが必要になります。そのため、一般的に、そのような債権者に対しては、他の債権者が譲歩することにより、担保解除料（担保抹消料）を支払って、任意売却への協力を求めることが行われます。なお、任意売却の売却代金の配分については、強制競売と異なり、配分方法について法的な規制があるわけではありませんので、強制競売における配当順位とは異なる基準で配分ルールを定めることも可能です。

ただ、すべての利害関係人が同意しなければ任意売却を行うことはできないため、すべての利害関係人に納得してもらえるような、公平な配分ルールにする必要があります。

調整がつかない場合

利害関係人間で権利を主張し合って譲らないような事態となった場合や不当な権利を主張する人がいるような場合には、競売手続きを進めることも視野に入れて対応していく必要がある。

PART2
8

倒産する前に
知っておきたいこと

保証人をめぐる問題点と解決法

他人の借金でも返さなければならないのが保証

■ 主たる債務者が破産した場合は自己破産するのがよい

事業者は、たいていの場合、会社の債務について連帯保証人になっています。

法律上、保証には普通の保証と連帯保証がありますが、実際に行われている保証は、ほとんどすべて連帯保証です。普通の保証の場合には、催告の抗弁権や検索の抗弁権というものがあり、債権者に対してまず実際に借金をした債務者自身（主たる債務者）に請求するなり、取り立てるなりしてくれと主張できます。しかし、連帯保証の場合はこうした主張もできません。つまり、連帯保証人は、実際に借金などをした人（主たる債務者）と同じ立場で債権者からの請求に応じなければならないのです。債権者としては、主たる債務者と連帯保証人のどちらか取り立てやすい方に請求することになります。結局、連帯保証人になるというのは、自分で借金などをすることと同じだと思っておいた方がよいでしょう。

なお、保証形態が通常の保証と連帯保証のどちらであっても、保証人は破産者の債務について責任を免れることはできません。破産者が免責によって債務を免れたとしても、保証人の保証債務については何らの影響もありません。保証人（連帯保証人も含みます）は、主たる債務者が支払えなくなることのリスクを回避するための制度で、債務者の破産によって支払義務を免れるのでは意味がないからです。

しかし、主たる債務者が勝手に保証人の印を持ち出して署名押印した保証契約は無効ですし、保証契約が詐欺や強迫による

検索の抗弁権と催告の抗弁権

保証人が債権者から請求を受けた場合には、まず主たる債務者に請求するように要求できる（催告の抗弁権）。また、保証人が債権者から請求を受けても、まず主たる債務者の財産について執行するように要求できる（検索の抗弁権）。

保証

法律的には、保証人が借主に代わって支払った分は、後で借主本人に返してくれるよう請求できる（求償権）。しかし、保証人が返済をしなければならないような場合は、すでに主たる債務者には支払能力がなくなっていることがほとんどであり、保証人が肩代わりした分は、結局は取り戻すことはできない。

免責

196ページ参照。

連帯保証とは

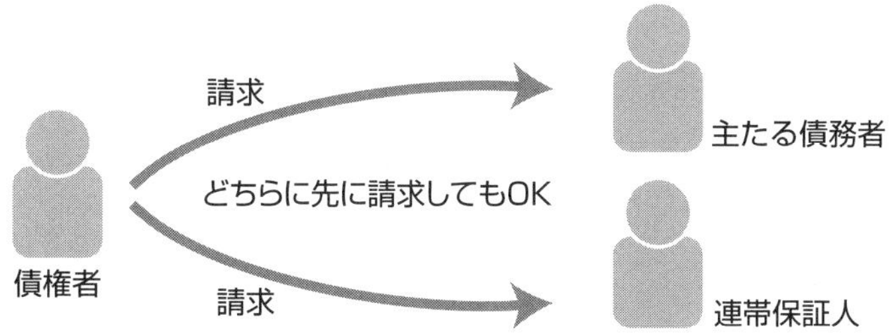

＊保証人と連帯保証人の違い

保証人には、**催告の抗弁権**（債権者が保証人に請求してきた場合に、まず主たる債務者に請求するように主張できる保証人の権利）と、**検索の抗弁権**（債権者が主たる債務者に請求した後であっても、まず主たる債務者の財産に執行せよと主張できる保証人の権利）が認められているが、連帯保証人にはこれらの権利は認められていない

場合であれば、保証人は保証契約の取消しができます。ただ、保証人として、どうしても支払いが不可能なときは自己破産するしかありません。

■ 代表取締役個人の借金についての取締役の責任

代表取締役が個人的に借りた借金について他の取締役が責任を追及されることはあるのでしょうか。そもそも代表取締役と会社とは法律上は別人格ですから、代表取締役個人に対する貸付けは会社とは関係ありません。したがって、代表取締役が個人で借り入れたのであれば、債権者は代表取締役個人を相手に請求するしかなく、同じ会社の取締役だからというだけの理由で責任を負う事はありません。

ただ、代表取締役の借入れについて取締役会の承認の下で会社が連帯保証しているというような事情があれば、他の取締役も責任を追及される可能性があります。

個人債務者の破産と保証人への相談

保証人（連帯保証人を含む）がいる債務者が、自己破産の申立てをするときには、連帯保証人に大きな迷惑をかける結果となるから、必ず保証人にも相談するようにしたい。借主が自己破産するということを、保証人が事前に知ることができれば、主たる債務者に自己破産することを思いとどまってもらって、保証人が協力しながら、任意整理をするということも考えられる。

従業員との問題と解決法

解雇予告は前もって行う。給与債権は優先される

■ やむを得ず解雇する場合の法律の規定を知っておく

使用者（会社・個人事業主）が従業員を解雇する場合には、少なくとも30日前までに解雇の予告をしなければなりません。30日前までに予告をしないときは、30日分以上の平均賃金を支払わなければなりません。これを解雇予告手当といいます。

破産状態になって事業を廃止することになれば、会社であれ個人事業であれ、従業員の仕事はなくなりますし、給与の支払いもできなくなります。これまで力を尽くしてくれた従業員には申し訳ないことですが、従業員は解雇せざるを得なくなります。この場合は、解雇の予告などが不要なケースに該当しない解雇ですから、30日以上の予告期間をおいて解雇するか、30日分以上の解雇予告手当の支払いが必要になります。

平均賃金

解雇予告手当、休業手当などの算定の際の単位となるもので、労働者が賃金として受け取る1日あたりの金額のこと。原則として算定すべき事由の発生した日以前3か月間にその労働者に対し支払われた賃金の総額を、その期間の総日数で除した金額が平均賃金となる。

解雇の予告などが不要なケース

天災事変その他やむを得ない事由のために事業の継続が不可能となった、または労働者の帰責事由による場合で、労働基準監督署長から除外認定を受けたときに限り、解雇の予告や解雇予告手当の支払いは不要である。しかし、破産はこの場合にはあたらない。

■ 解雇する従業員の給与や退職金はどうする

従業員の給与・賞与・退職金などの雇用関係から生じた債権は、破産手続きの中でも一定の範囲で優先的に弁済が受けられるように保護されています。

破産者の従業員の給料は、破産手続開始前３か月間に生じた給料債権が財団債権として優先的に保護されます。また、破産手続きの終了前に退職した従業員の退職金は、退職前３か月間の給料総額に相当する額（破産手続開始前３か月間の給料総額の方が多ければその額）が財団債権として優先的に保護されます。

破産申立ての前に従業員を解雇する場合には、予告手当や未払賃金・退職金を任意に支払いができるのが原則です。ただ、

未払賃金の立替払い制度

定　義	倒産により賃金が支払われないまま退職した労働者に対して、未払賃金の一部を立替払する制度
実施機関	全国の労働基準監督署　　独立行政法人労働者健康安全機構
要　件	１年以上事業活動を行っていた使用者が倒産したこと ⓐ法律上の倒産（破産、特別清算、民事再生、会社更生） ⓑ事実上の倒産（中小企業について、事業活動が停止し、再開の見込みがなく、賃金支払能力がない場合）
	労働者が、倒産について裁判所に申し立てた日（法律上の倒産の場合）または労働基準監督署への認定申請（事実上の倒産の場合）が行われた日の６か月前の日から２年の間に退職した者であること
権利行使の期間	破産手続開始決定などがなされた日または労働基準監督署長による認定日の翌日から２年以内
対象となる賃金	労働者が退職した日の６か月前から立替払請求日の前日までに支払期日が到来している定期賃金と退職手当（退職金規程などに基づくもの）のうち、未払となっているもの（未払賃金の総額が２万円未満の場合は対象外）
立替払いされる金額	未払賃金の額の８割（退職時の年齢に応じて88万円～296万円の範囲で上限あり）

会社の倒産間際に退職金の支給を決めたり、退職金の上積みを決めたりすることは、破産手続きにおいて否認権を行使される可能性が高いといえます。退職金の取扱いは、破産手続開始決定後、管財人の処置に委ねた方が無難でしょう。

■ 従業員に賃金が支払えないときは

特に中小・零細企業が倒産するときは、退職金はもちろん賃金すら支払えないこともあるでしょう。この場合は、賃確法（賃金の支払の確保等に関する法律）の利用が考えられます。賃確法によれば、１年以上事業活動をしていた事業主が破産手続き、会社更生手続き、民事再生手続きの開始決定を受けたり、中小企業については賃金の支払能力がないと労働基準監督署長に認定された場合に、従業員からの請求に基づき、政府が一定額の未払賃金の立替払いをしています。就業規則や退職金規程などで支払いが明示されている退職金も対象です。

労働者健康安全機構への相談

各種の倒産処理手続きの中でも、一応、賃金や退職金を確保する措置はとられているが、決して十分なものではない。従業員への賃金が支払えそうもないと思われる場合には、時期をみて、最寄りの労働基準監督署や独立行政法人労働者健康安全機構の未払賃金立替払相談コーナー（電話044-431-8663）に問い合わせをしてみるのがよい。
なお、倒産時の混乱の最中でも、給与台帳などの書類一式はしっかり管理しておかなければならない。後にこの制度を利用する場合に必要になってくる。

Column

強制執行・担保権の実行

倒産状態に陥って支払いができなくなったときに債権者が行使してくるのが、強制執行と担保権の実行です。

強制執行とは、国家機関が債権者の権利内容を強制的に実現する手続きです。たとえば、借金を返済しようとしない借主に対して、貸金返還請求訴訟を提起し、勝訴した貸主が強制執行の申立てをしたとします。この場合は、勝訴判決を根拠として、裁判所や執行官などの執行機関が、借主の財産を差し押さえて競売にかけ、お金に換えて貸主に渡します。

この強制執行と似たような手続きとして、担保権の実行があります。担保権の実行とは、金銭債権を担保するために設定された抵当権などを実行する手続きです。たとえば、借主が借金を返済しない場合に備えて、貸主が借主の不動産に抵当権を設定したが、借主が借金を返済できないので、貸主が抵当権を設定した不動産（抵当不動産）の競売を申し立てたとします。この場合は、抵当不動産が競売にかけられ、お金に換えられますが、貸主はそのお金から優先的に借金の返済を受けることができます。

強制執行は、執行裁判所（地方裁判所内にあります）に申し立てます。被告のどのような財産に強制執行するかは、基本的に申し立てる側の自由です。不動産をもっていれば不動産を対象に、そうでなければ自動車などの動産や銀行預金などの債権を対象にします。

ところで、強制執行を申し立てる側（債権者）は、強制執行を受ける側（債務者）の財産であれば、何でも差し押さえてお金に換えてよいわけではありません。債権者といえども、債務者を破滅させる権利はありません。そこで、民事執行法という法律では、日常生活に不可欠な物、給料債権の一部、年金受給権など、一定範囲内の債務者の財産は、差押えが禁止されています。

PART 3

私的整理・特定調停のしくみと手続き

PART3
1

裁判所を通さない債務整理

3年程度で返済できれば私的整理を検討する

■ 最初に検討したいのが任意整理

私的整理は任意整理とも呼ばれ、すべての会社や個人を対象とした倒産処理方法です。私的整理という言葉通り、法の適用を受けないで当事者同士の話合いで処理を進めていきます。

私的整理であれば法定の手続きに拘束されることはありませんし、取引先や従業員や世間に知られずに進めることもできます。また、清算するにしても再建するにしても債権者や利害関係者の状況に応じて柔軟な条件を採用することもでき、迅速に処理することも可能です。ただし、再建型の私的整理で処理するには、以下の条件を満たしていることが必要です。

① 私的整理後の事業の黒字化の見通しがあること

② 私的整理後の負債総額が弁済の見通しが立つ範囲内に収まること

③ 経営者に再建への意欲や資質があること

④ 私的整理中の資金繰りが確保できること

⑤ 債権者の同意を得ることができる見込みがあること

清算型と任意型

任意整理は、会社の再建目的（再建型）、会社の清算目的（清算型）のどちらの目的でも利用することができる。再建型の場合、再建計画を策定して、計画を実行していくことになる。他方、清算型の場合、財産を換金して債務の弁済や配当を実施していくことになる。どちらの場合も、債権者の同意を得ることが必要になる。

■ どんな手続きをするのか

弁護士が介入した私的整理は、①弁済計画の立案、②受任通知の発送、③債権者との交渉、④同意書の提出という流れになるのが通常です。以下は会社による私的整理を前提としています。

① 弁済計画の立案

会社の財務状態を精査した上で、債権者に提示する事業計画

私的整理と法的整理の比較

	メリット	デメリット
私的整理	・銀行だけを対象にすれば取引先に影響を与えないですむ ・対外的に知られないですむ ・柔軟な手続や弁済計画にすることができる	・債権者の同意が必要になる ・整理屋などの介入のおそれがある ・手続の公平性・透明性について債権者の信頼を得にくい場合がある
法的整理	・裁判所により手続の公平性・透明性が確保される ・担保権の実行を中止できることがある	・取引先も含めたすべての債権者が巻き込まれる ・対外的に知られてしまう

※法的整理（法的な倒産手続き）には、清算型（破産、特別清算）と再建型（民事再生、会社更生）がある。

や弁済計画を立案します。

② 受任通知の発送

会社は、弁護士に依頼して、私的整理を行う旨の受任通知を債権者に発送します。受任通知の発送前には、私的整理の大まかな方針を立てておき、債権者から説明を求められた時に答えられるようにしておきます。

③ 債権者との交渉

私的整理に至った経緯や、私的整理案を債権者に説明し、債権者の同意を得るために説得します。私的整理案は、大口の債権者と協議の上作成します。債権者説明会を開くこともあります。

④ 債権者からの同意書の提出

私的整理案に同意する債権者から、同意書を提出してもらう段階です。債権者の全員から同意書の提出があれば、私的整理案は成立し、後は私的整理案に従って配当や債務の弁済を行うことになります。同意書を提出しない債権者がいる場合には、特定調停や法的整理の利用を検討しなければなりません。

中小企業が利用できる私的整理手続き

中小企業を対象とする以下のような任意整理手続きもある。

・中小企業再生支援協議会

産活法（産業競争力強化法）に基づき、中小企業の企業再生を支援するために、各都道府県に設置された公的機関。支援対象は、事業再生に意欲があり、再生の可能性がある中小企業。

・地域経済活性化支援機構（REVIC）

地域経済を支える会社などの再生支援をするために、平成21年に官民出資で設立された株式会社（以前の名称は企業再生支援機構）。

私的整理で失敗しないためのポイント

有力な債権者から一定の合意を得ておくことが重要

■ 事前の打ち合わせが大切

私的整理（任意整理）を行える見込みがありそうなときは、有力な債権者から、次のような点について一定の合意を得ておくことが重要です。

① **私的整理を行うことの確認**

② **債権者集会をいつ・どこで・どのように行うか**

③ **債権者委員会の構成・任務・委員長候補・議題のたたき台**

まず、債権者集会の開催を通知します。有力な債権者との間である程度の合意ができた後に、債権者集会を開催することを各債権者に通知します（会社の場合は会社名で通知します）。危機に陥ったときには、なるべく早くこれを行わないと混乱が生じて、私的整理が難しくなってしまいます。

私的整理を利用できるケース

企業の経営状況がどの程度まで悪化しているのか、その原因がどのようなものか、改善の見込みはあるのかなど、実現の度合いは企業ごとに自ずから決まってくる。結局、私的整理は、経営者の強い願望と関係者の同意が、どの時点で妥協し、合意に達するかにかかっている。

■ 債権者集会では何をするのか

債権者集会では、倒産に近い状態に至っているという実情とその経緯を説明し、各債権者へ陳謝します。その上で、現時点での財務内容を説明し、私的整理によって処理をしたい旨を告げます。その際、再建型の私的整理においては、できれば再建したいという希望を述べて話合いの材料を提供するのがよいでしょう。債権者集会の状況によっては、経営者側は退席して債権者だけで話し合えるように配慮することも大切です。また、会社の規模によっては、債権者委員会を結成してもらう場合もあります。この場合は、少なくとも委員と委員長の選任まではこぎ着けたいものです。私的整理について決議が得られればな

経営者の心構え

債権者集会は、利害対立が表面化して感情的な展開になりがちである。そこで経営者としては、債権者からの質問に誠実に対応することだけを心がけて、積極的な発言はなるべく控えて、あらかじめ打ち合わせをしておいた有力な債権者のリードに期待するようにしたい。

債権者集会のしくみ

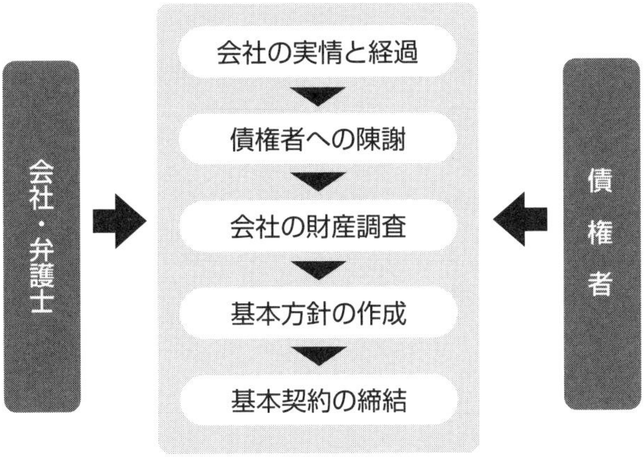

Point

- 債権者委員会を結成してもらい同意を得て基本契約を締結する
- 基本契約には債務免除や支払猶予に関する事項を盛り込む
- 債権者委員会のペースにならないように代理人弁護士を立てて交渉する

おベターです。

債権者委員会を結成した場合、債権者委員会は、会社の会計帳簿や書類その他の資料を提出させ、会社の財産調査などを行い、会社側とも協議をして私的整理の基本方針を作成します。それから債権者の同意を得て、会社との間で私的整理の基本方針に関する契約（基本契約）を締結することになります。

基本契約には会社に対する債務免除や支払猶予に関する事項が盛り込まれます。また、基本契約の締結に向けた打ち合わせは、会社と債権者委員会との間で行いますが、通常は債権者委員会の方が主導権を握ることになります。会社側は一方的に債権者委員会のペースにならないよう、代理人として弁護士を立てて交渉するのがよいでしょう。

再建型の私的整理

私的整理の難点は、債権者全員の同意を原則要すること

■ 再建型の私的整理が一般的

私的整理（任意整理）は、会社の再建目的（再建型）、会社の清算目的（清算型）のどちらの目的でも利用ができます（次ページ図）。再建型の場合、再建計画を策定して実行していきます。一方、清算型の場合、財産を換金して配当を実施していきます。どちらの場合も、債権者の同意を得ることが重要になることに変わりはありません。

私的整理は再建型が一般的

清算型の任意整理は実務上それほど行われていない。債務者と債権者の話合いによって債務を整理し、会社を立て直すことを目的とする再建型の任意整理が一般的である。

■ 私的整理に関わる団体

私的整理には「債務を個別に処理できる」というメリットがある反面、裁判所の関与なしで手続きを進めるため、手続きの過程が不明確になりやすいというデメリットもあります。そのようなデメリットを軽減するため、事業再生ADRや中小企業再生支援協議会（64ページ）などの団体を通して私的整理を実施する方法があります。その他、私的整理に関するガイドライン（62ページ）に基づいて私的整理を実施する方法もあります。

■ 再建型の任意整理とはどのようなものなのか

再建型の私的整理には、会社の規模などに応じて、さまざまなタイプがあります。最も単純なのは、経営者が銀行や取引先を訪問して交渉する程度のものです。しかし、事案が複雑になれば、弁護士が会社と債権者の間に入って調整を行う必要も出てきます。大規模なものになれば、大手の金融機関や大企業などが主導権を握って、債権放棄やデットエクイティスワップな

デットエクイティスワップ

負債（デット）と株式（エクイティ）を交換（スワップ）することをいう。具体的には、債権者が会社にもっている債権（会社にとっては負債）を現物出資して、その会社の株式を取得することを意味する。

私的整理の分類

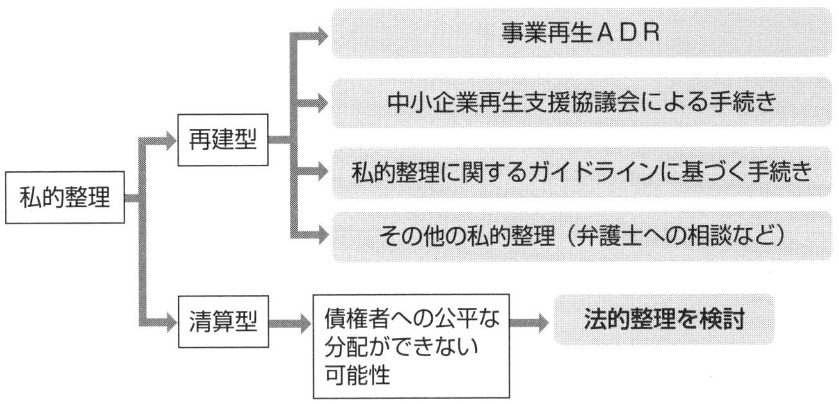

どの手法を用いて私的整理を行う場合もあります。

法的整理と比較した場合、私的整理には次の３つの利点があります。

１つ目は、コストを低額に抑えやすいことです。たとえば、民事再生や会社更生を利用する場合は、裁判所に予納金を支払う必要がありますが、私的整理では予納金が不要です。

２つ目は、柔軟な対応が可能なことです。民事再生や会社更生などの法的整理は、手続きが画一化されているため、個々の実情に即した対応が難しい面があります。しかし、私的整理であれば、これを行う会社の意向を私的整理案（基本計画）に反映しやすいといえます。

３つ目は、会社の信用低下のリスクが少ないことです。法的整理の申立てを行うと、その事実が世間に知れ渡って会社の信用力が低下します。しかし、私的整理であれば、信用低下のリスクを抑えることができます。

私的整理の難点

最大の難点は、原則として債権者全員の同意を必要とすることである。非協力的な債権者が存在する場合は、手続きが長期化するおそれがある。また、債権者全員の同意が得られないと、法的整理に移行せざるを得なくなるのが原則である。そうなると、費やした時間やお金がムダになりかねない。

私的整理に関するガイドライン

金融界・産業界の経営者間の合意であって、法的拘束力や強制力はない

■ 私的整理に関するガイドラインとは何か

経営困難企業の再建とそれに伴う債権放棄などへの対応が要求される社会状況を背景に、金融界・産業界の著名人や有識者が集まり、企業の私的整理への基本的な対応を検討しました。その成果として、再建型の私的整理におけるルールを定めたのが「私的整理に関するガイドライン」です。ガイドラインは、金融界・産業界の経営者間の合意であって、法的拘束力や強制力はなく、関係当事者が自発的に遵守することが期待されるルールという位置付けです。

ガイドラインを利用できる債務者企業から主要債権者への申し出を契機に、ガイドラインによる私的整理が始まると、全債権者に「一時停止の通知」が発せられます。また、債務者企業も、通常の営業過程以外で行う資産の処分や新債務の負担に加え、一部の債権者に対する弁済などが禁止されます。

以上の一時停止の措置によって現状を保存した状態で、債権者会議を開き、再建計画についての協議を重ね、再建計画を成立させます。１回目の債権者会議で物別れとなった場合や、繰返しの要請にもかかわらず、再建計画の実行への協力が不可欠といえる立場にある債権者が会議に出席しない場合などは、ガイドラインによる私的整理は不成立となります。

なぜ一時停止の通知を発するのか

債務者が経営困難な状況にあることを知った金融機関などの債権者が、それぞれの立場で債権回収や債権保全に走ってしまうのを防ぐためである。

不成立の後は法的整理

ガイドラインによる私的整理が不成立になった場合、債務者企業としては法的整理の利用を検討することになる。

■ 対象となる債務者企業は限定されている

ガイドラインを利用できる債務者企業は、多数の金融機関に対して債務を負担しているのが大前提です。数社程度であれば、

私的整理ガイドライン利用の申立て

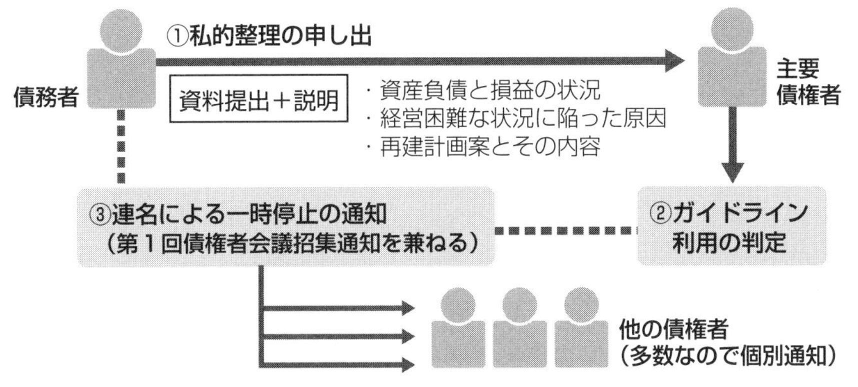

ガイドラインを利用するまでもなく個別協議ができると考えられたからです。さらに、①過剰債務などで経営困難となり自力再建が困難である、②事業に将来性があるなど再建可能性がある、③法的整理を申し立てることで事業再建に支障が生じるおそれがある、④私的整理による方がより多くの債権者を満足させられる、といった事情が認められることが必要です。

■ 債務者企業にも自助努力が要求される

再建計画に関するルールとして、債務者企業には、不採算部門の整理や人件費・管理費の大幅削減などで、自ら企業体質を改善させる自助努力が要求されています。また、新資本の投入や債務の株式化など資本の増強策を盛り込むこと、債権カットをする場合は各債権者間の実質的な平等を担保することを求めています。さらに、債権放棄を受ける場合は、経営者（陣）の退任と支配株主の権利消滅などが原則であるとしています。

個人事業者の場合

私的整理に関するガイドラインは、多数の金融機関に対して債務を負担しているのが大前提なので、株式会社などの団体の利用を想定している。個人事業者の私的整理に際しては「個人債務者の私的整理に関するガイドライン」の利用が可能である。事業者でない個人債務者の利用を想定したガイドラインであるが、個人事業者の利用を排除していない。

中小企業再生支援協議会

最終的には債権者の同意が必要である

■ どんなしくみになっているのか

中小企業再生支援協議会が定めている任意整理の手続きに関するルールには、「中小企業再生支援スキーム」（以下、スキームという）と、「中小企業再生支援協議会事業実施基本要領」（以下、基本要領という）があります。

後述する再生計画の策定にあたり、税制面で優遇措置を受けることを想定している場合は、スキームに従います。しかし、実際にはスキームに従って再生計画を策定し、税制面での優遇措置を受けたケースは多くありません。なお、中小企業再生支援協議会を利用できるのは中小企業（個人事業者を含みます）のみで、上場企業などの大企業は利用できません。

■ 手続きやスケジュールの流れ

中小企業再生支援協議会は、原則として基本要領を基にして、相談に来た中小企業が再生計画を策定するのを支援する形で再生計画を策定し、任意整理手続きを実施しています。

中小企業再生支援協議会は、簡易迅速に支援を行う特別の必要がある場合を除き、公認会計士・税理士や中小企業診断士などの外部専門家を配備して、財務と事業の両面から中小企業の現状を把握し、個々の特性に合わせた支援をしています。

中小企業再生支援協議会の支援を活用したい場合は、中小企業再生支援協議会の窓口相談（第一次対応）に行きます。窓口相談には統括責任者補佐（場合によっては統括責任者）が応じます。統括責任者補佐などは、相談に来た中小企業の概要、直

中小企業再生支援協議会

中小企業再生支援協議会は、商工会議所などが受託・運営しており、各都道府県に1か所ずつ設置されている。たとえば、東京都の場合は東京商工会議所が受託・運営している。

窓口相談

まずは中小企業再生支援協議会の窓口相談（第一次対応）を利用する。窓口相談では統括責任者補佐（場合によっては統括責任者）が相談に応じる。統括責任者補佐などは、相談に来た企業の概要、直近３年間の財務状況、現状に至った経緯、取引金融機関との関係、再生に向けた対応状況などの把握に努め、問題解決に向けた助言を行う。
具体的には、事業再生の見込みがない場合には、その旨を伝え、弁護士の紹介などを行う。一方、事業再生の見込みがある場合には、再生計画策定支援（第二次対応）に移行する。

中小企業再生支援協議会の手続きの流れ

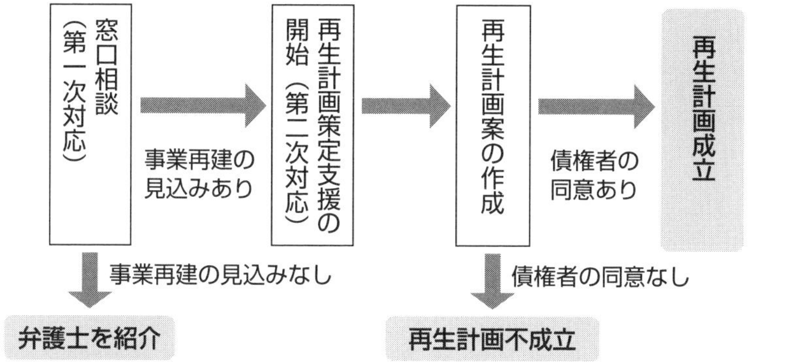

再生計画案のポイント

- 債務超過の場合には５年以内をメドに解消する内容とする
- 経常利益が赤字のときは３年以内をメドに黒字に転換する内容とする
- 再生計画案の作成後に債権者会議を開催し債権者の同意を得る

近３年間の財務状況、現状に至った経緯など、相談に来た中小企業の置かれている状況を把握します。

そして、窓口相談で聞き取った内容から、再生計画の策定による支援をすべきであると判断した場合には、統括責任者は、関係金融機関などの主要債権者の意向を踏まえ、中小企業再生支援協議会の長と協議して、再生計画策定支援を決定します（第二次対応）。そこから専門家による個別支援チームを編成し、再生計画案を作成します。協議を重ねた上で、すべての債権者が同意した再生計画案が再生計画として成立した時点で、再生計画策定支援が完了します。

以上の流れとなりますから、最初の窓口相談に行く際には、会社の概要、最近の財務状況、金融機関との取引状況、現状に至った経緯、企業再生に向けての希望などを説明できるように、必要な資料などを持参しましょう。

再生計画策定支援

①過剰債務などにより経営が悪化している、②再生対象の事業に事業価値があり再生可能性がある、という条件を満たす中小企業が再生計画策定支援（第二次対応）の対象である。なお、債権放棄などの要請を含む再生計画策定支援の場合は、③過剰債務により経営困難に陥り自力再生が困難である、④法的整理の申立てにより事業価値が著しく低下するなど再生に支障が生じるおそれがある、⑤法的整理の手続きを行った場合よりも債権者への弁済額が大きくなる見込みがある、という条件が追加される。

PART3
6

私的整理・特定調停のしくみと手続き

事業再生ADR

公正性や中立性などが保たれており、法的整理に近い

■ どんな制度なのか

事業再生ADRは、事業再生に関する債権者と債務者の紛争を、公正・中立な立場の人物（手続実施者）が仲介することで解決する手続きです。民間団体は、法務大臣の認証を受けるとADR事業を営むことができます。さらに、一定の要件を満たすADR事業者は、経済産業大臣の認定を受けると事業再生に関する紛争を取り扱うことができます。

事業再生ADRの手続きは、メインバンク主導ではなく、債権者会議で選任される手続実施者が、公正・中立の立場から債権者と債務者の間を仲介します。また、事業再生ADRは、企業の信用情報を扱うため秘密保持が必要不可欠です。その点、JATP（事業再生実務家協会）では手続きを非公開として、外部への記録の開示を一切行っていません。JATPの関係者には守秘義務が課されており、文書管理も厳格に行っています。さらに、JATPには、これらのしくみがきちんと機能しているかを確認する内部監査制度も用意されています。

このように事業再生ADRは、私的整理でありながら、法的整理に近い中立性、公平性、信頼性を確保しています。

ADR

裁判外紛争解決手続きのこと。裁判に頼ることなく、当事者の話合いによって紛争の解決を図る手続きを指す言葉。

JATP

事業再生実務家協会（Japanese Association of Turnaround Professionals）の略称。事業再生ADRを手がけている組織。

事業再生ADRのメリット

- 借入れが合理的であり、債権者全員の同意を得ていれば、つなぎ融資の債権カット率が他の債権よりも低く抑えられる。
- メインバンク以外の金融機関も交渉に応じやすい
- 事業再生計画案に同意しない債権者がいると手続きは終了し、特定調停に移行する。
- 債務免除について税制上の優遇措置を受けられる。

■ どんな場合が対象なのか

事業再生ADRを利用できるのは、事業に価値があり、債権者からの支援を受けることで事業再生の可能性がある企業に限られます。資金繰りに困っていて対抗に急を要するような企業は対象外です。そのため、JATPは、専門家による審査を行い、

事業再生ADRの主なメリット

商取引を円滑に続けられる	事業 ADR は、基本的に金融債権者（金融機関など）だけを相手方として調整を進める手続で、事業債権・売掛債権の債権者（取引先など）を巻き込む必要はない
信頼できる	専門的知識を有する実務家の監督の下で進められる手続である
つなぎ融資が容易になる	つなぎ融資（一時的な資金繰り融資）に対する債務保証や法的整理に移行した際のつなぎ融資に対する優先弁済を設定している
裁判所もADRの調整結果を尊重	意見がまとまらず、裁判所を利用した手続（特定調停や法的整理）に移行しても、裁判所は ADR の調整を引き継いで手続をする

申込みを受け付けるかどうかを判断します。また、個人事業主も対象外ですが、会社などの法人組織であれば、その規模や業種を問わずに利用することが可能です。

■ 申立ての手続きや費用について

JATPは、全国にあるすべての企業が利用できます。ただし、事前相談の段階では、東京にあるJATPの事務局に出向く必要があります。なお、申込後の手続実施者との打ち合わせや、債権者会議は東京以外の場所でも実施できます。

手続きの申込みにあたっては、手続利用申請書を作成し、必要書類を添付して提出します。必要書類は、直近３事業年度分の法人税確定申告書、借入金明細書、固定資産の明細（直近年度分）、担保一覧表、定款、商業登記簿などです。

手続きに必要な費用は、審査料、業務委託料、業務委託中間金、報酬金です。事業再生ADRは、専門家による事前審査に

他の制度との関係

会社更生や民事再生では、会社の信用力が低下し、取引先との取引に支障が生じることがある。一方、事業再生ADRは、法的整理とは異なり、倒産のうわさが広まって、会社の信用が失われるリスクは少ない。

通らないと申込みができないしくみで、審査料に一律50万円（消費税別途）が必要です。一方、審査料以外の費用については、手続きが進むごとに段階的に発生し、事案の性質（債権者の数、債務額）に応じた金額が必要になってきます。

なお、JATPは、債務者である企業と債権者の間を公平中立の立場で仲介するため、債務者の立場に立って事業再生計画の作成を支援することはありません。債務者としては、資産査定や事業再生計画作成を支援してもらえる弁護士などの専門家を自分で探す必要があります。専門家に依頼する費用は、JATPに支払う費用には含まれていませんので注意してください。

事業再生計画を決議するまでに要する期間は約３か月です。この期間は、債務者が資産査定や再生計画案の作成などの準備を十分にしておくと短縮できます。反対に、申立て前の準備が不十分だと、手続きに要する時間が長くなる場合があります。

■ 手続きの流れはどうなっているか

事業再生ADRの手続きの流れを、①申込前、②申込後、③計画案の決議後に分けて見ていきましょう。

①　申込前

事業再生ADRは事業価値があり、債権者からの支援で事業の再生が可能な企業を対象としています。そのため正式な申込みを行う前に、専門家による有料（一律50万円）の事前審査を行うしくみになっています。なお、事業再生ADRでは、正式な申込前に、専門家に依頼して、デューデリジェンスや事業再生計画案の作成を行う必要があります。

デューデリジェンス
実態や問題点を把握するために行う調査のこと。

②　申込後

正式な申込後の手続きは、私的整理に関するガイドラインとよく似ています。具体的には、一時停止通知を債権者に発送し、個別の債権回収を禁止し、債権者会議を開催して再生計画への同意を求めるしくみは同じです。しかし、事業再生ADRは、

事業再生ADR手続きの流れ

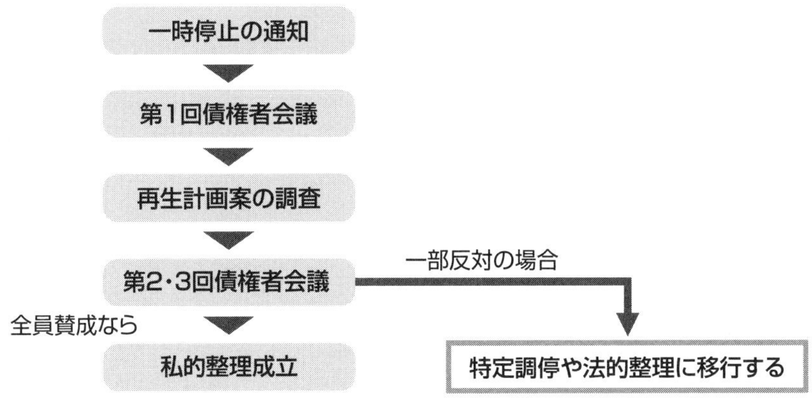

私的整理に関するガイドラインとは異なり、メインバンクが手続きを主導することはありません。事業再生ADRでは、債権者会議で選ばれた手続実施者が、公平・中立な立場から、債権者間の調整や再生計画案の調査・報告などを行います。

私的整理に関するガイドライン
私的整理を公正かつ迅速に行うための準則である。金融界と産業界を代表する者が中立公平な学識経験者などとともに協議を重ねて、平成13年９月に策定した。

③　計画案の決議後

債権者会議ですべての債権者から同意が得られると、私的整理は成立します。成立後は、再生計画どおりに事業の再構築や債務の返済を行うことになります。一方、再生計画案に不同意の債権者がいる場合には、裁判所による特定調停（次ページ）の手続きに移行することがあります。事業再生ADRを経た特定調停では、それまでの手続きの成果が考慮され、裁判官１人による単独調停が可能です。

特定調停でも話合いがまとまらない場合は、民事再生や会社更生などの法的整理に移行します。事業再生ADRを通して作成された再生計画は、民事再生や会社更生の手続きで、そのまま可決・認可される可能性もあります。

特定調停

裁判所の調停委員会の主導で行われるので安心

■ 特定調停とはどんな制度か

特定調停とは、裁判所に債権者と債務者が呼び出され、話合いによって金銭債務（借金や売掛金など）に関する紛争を解決する手段です。端的に言えば、債務整理専門の民事調停といえます。そもそも特定調停には、当事者の互譲・協力によって実情に即した解決を図り、その結果として簡易・迅速・柔軟・低廉な解決が図られることが期待されています。

現時点では返済原資がない、つまり返済するあても見込みもないような場合でも特定調停を申し立てることはできます。債権者が譲歩することによって合意が成立する可能性があるからです。ただし、調停案が成立しなければ、結局、調停は不成立として終了します。なお、当事者間で合意が成立したとしても債務者がその合意内容に沿った返済ができないとなれば、結果的に特定調停は不成立となります。

■ 法人が特定調停を利用する意味

会社などの法人や個人事業主が特定調停を行う場合は、第三者機関である調停委員会の仲裁によって話合いが行われるという点が大きな意味をもちます。調停委員会は、弁護士・会計士などの専門家で構成されていて、これらの第三者の意見を積極的に活用できます。

多くの金融機関が弁済計画案に応じているものの、一部の強硬な金融機関が弁済計画案に応じていない場合や、債務者である会社の代表者に個人としての債務があり、それをあわせて債

特定調停

簡易裁判所で行う。民間人2人と裁判官1人から構成された調停委員会が調停を進める。調停委員会は借入額を利息制限法の所定の金利に引き直して計算してもらえることもある。調停期日には、調停委員が債務者と債権者の言い分を交互に聞いて話合いがまとまるよう努力する。
また、債務者本人が私的整理（任意整理）を行う場合には、債権者からの取立行為は止まらないが、調停の申立てを行うと債権者からの債務者本人に対する催促や取立行為が止まるというメリットがある。
話合いがまとまれば、調停証書を作成して手続きが終了する。当事者が合意に達しないと調停は成立しないが、合意が得られた調停案は調書に記載されると訴訟による確定判決と同じ効力をもつ。

特定調停の手続きの流れ

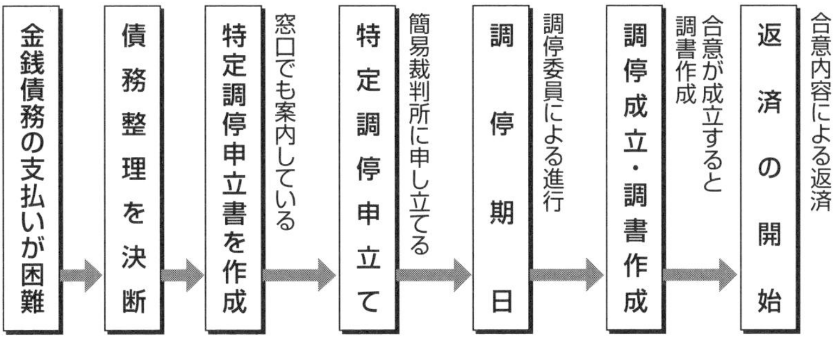

務整理することが必要な場合など、関係者の利害関係を調整するために、第三者機関である調停委員会を利用するメリットがあります。また、手続きが非公開であることや、破産などの法的整理とは異なる手続きであることも、特定調停を選択するメリットです。

ただし、事前に相談もなく、いきなり特定調停を申し立てることは、金融機関などの債権者との関係を悪化させることにもなりかねませんので注意が必要です。

■ 弁済計画案はどうやって作成するか

法人が行う特定調停の場合には、通常は事前に各種の財務諸表が精査され、かなり詳細なリストラ計画が検討されます。当然、弁済計画案もこれらのことを踏まえて作成され、銀行などの金融機関に提出されます。

一方、金融機関としても事前に提出あるいは開示を受けた弁済計画案を詳細に検討し、破産させるより会社を継続させることにメリットがあると判断すれば、調停案を成立させるよう努力するはずです。

法人や個人事業主の申立て

特定調停は、借金返済に窮した個人（消費者）の利用が多く、法人や個人事業主が特定調停を申し立てることはそう多くはない。一定規模以上の法人であれば、事前に金融機関と話し合う過程で金融機関側が債権を放棄するなどして、ある程度の救済措置がとられている場合が一般的だからである。
ただ、特定調停は原則として非公開であり、法的整理とは違うにもかかわらず一部の債権者が話合いに応じないような場合には、特定調停を利用するメリットはある。

Column

私的整理と税務

任意整理の場合の税務処理で最もやっかいなのが、借金を棒引きにしてもらった場合、つまり、債務免除を受けた場合です。この場合、免除してもらった債務の金額が債務免除益として法人税の課税対象となりますので、非常に注意が必要です。

借金を帳消しにしてもらっただけでは、会社にお金が入って来るわけではありません。資産を売った場合と違い、会社はお金を稼いだことにはならないわけです。しかし、本来は、返済しなければならない借金を返さなくてすむことになるわけですから、会社にとっては「得をした」ということになり、広い意味で「利益」になります。また、法人税法では、法人が受ける経済的な利益には広く課税することが基本になっています。以上のことから、「得をした」という意味での「利益」に関しても、課税されてしまうのです。

そして、免除された債務の金額は、「債務免除益」として決算書に特別利益として計上しなければならないことになっています。特別利益には法人税がかかります。したがって、会社の事業収益がないからと言って、安直に債務免除をしてもらうと、多額の税金を支払わなければならないことになってしまいます。会社にお金が一銭も残っていないにもかかわらず、債務免除を受けただけで1000万円以上の税金を払わなければならなくなった、というケースも実際にあるので注意が必要です。

もっとも、債務免除を受けると、必ずその分だけ法人税を支払わなければならないか、と言うとそうではなく、一定の控除も認められています。債務免除を受ける前に専門家に相談し、納税額を抑えるようにしましょう。

PART 4

民事再生のしくみと手続き

PART4
1

民事再生のしくみと手続き

民事再生の特徴

申立権者、申立てのタイミングを知ること

■ 民事再生とは

民事再生は、原則として、債務者である会社の経営陣が業務執行や財産管理を続けながら、会社の再建を図る手続きです。具体的には、債務の支払いを引き伸ばしたり、一部をカットすることを債権者に認めてもらいます。株式会社のみが利用できる会社更生と異なり、民事再生は法人だけでなく、個人も利用することができます。ただし、通常の民事再生は、一般には、法人がメインであり、個人事業者や個人は小規模個人再生等を利用する場合が多いといえます。なお、再生手続きが開始すると、債務者は再生債務者、債権者は再生債権者となり、債権は再生債権と呼ばれるようになります。

■ どんな特徴があるのか

民事再生の適用対象は限定されていないという特徴があります。

現経営陣がそのまま手続きに関わることができるという点も、民事再生手続きの特徴です。破産や会社更生であれば、第三者によって手続きが進行しますが、民事再生では現経営陣の能力や知識を生かすために、現経営陣がそのまま会社に残ることができます。

また、再生債務者に対して担保権をもっている者は、民事再生とは関係なく担保権を実行できます。会社更生では担保権者は自由に担保権を実行することはできないので、この点は民事再生の特徴だといえます。事業の遂行に必要な財産が担保権の目的であるときは、担保権者との合意により担保権の実行を避

民事再生の特徴

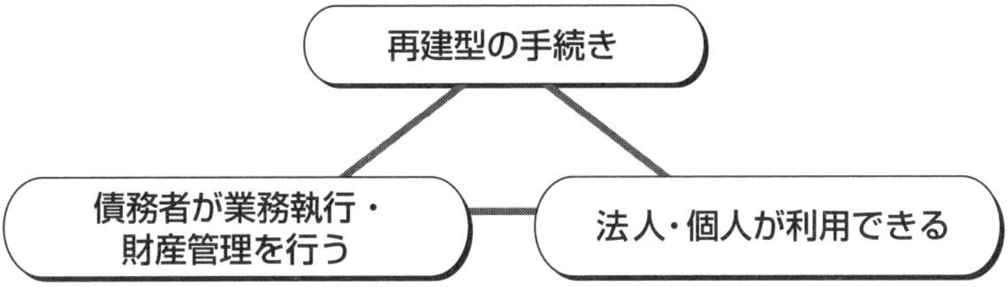

ける必要があります（別除権協定）。

■ 原則として経営陣が経営を続ける

破産においては、破産管財人が選任されて、取締役は会社の破産により原則として権限を失うことになります。

これに対して、民事再生においては、原則として手続開始後も債務者である会社の経営陣が業務遂行と財産管理を行います。このような手続きをDIP（Debtor In Possession）型手続きといいます。

しかし、どのような場合であっても既存の経営陣が会社に居座ることを許容するわけではありません。既存の経営陣の非常に悪質な経営によって会社の財産状況が悪化したような場合においては、既存の経営陣に経営をまかせていたのでは会社を立ち直らせることができる可能性は極めて低いでしょうから、既存の経営陣には、退陣してもらう必要があります。

そこで、民事再生においても管財人を選任することができます。管財人が選任されると、経営陣は業務遂行、財産管理をする権利を失い、会社の経営をすることができなくなります。

その他にも、裁判所は、既存の経営陣の業務遂行権と財産管理権に、以下のような制限を加えることができます。

DIP型の趣旨

会社の業務に詳しくない管財人を選任して、会社の再建をまかせると、迅速に手続きを進めることができず、立ち直らせることができないおそれがあることから、会社の内情に精通している既存の経営陣にまかせる方がよい、という価値判断により採用された制度である。経営陣の中に、会社の経営を阻害する者がいる場合には、会社を立ち直らせることができる可能性が下がるので、その者を退任させる必要がある。そのため、管財人が選任されなくても、経営陣の顔ぶれが変わることもある。

第1に、裁判所は、再生手続開始後において必要があると認めるときは、経営陣が以下に例示されている一定の行為をする場合に、裁判所の許可を得なければならないものとすることができます。

① 財産の処分

② 財産の譲受け

③ 借財（借金）

④ 双方未履行の双務契約の解除（たとえば、代金をもらっておらず、物も渡していない売買契約の解除）

⑤ 訴えの提起

⑥ 和解または仲裁合意

⑦ 権利の放棄

第2に、裁判所は、必要があると認めるときは、監督委員を選任して、既存の経営陣をその監督の下に置くことを命じることができます。

現在、ほとんどのケースにおいて、監督委員が選任されます。監督委員には弁護士が選ばれます。裁判所は、監督委員の同意がなければ、既存の経営陣が行うことができない行為を指定します。指定される行為は、上記の①から⑦などの裁判所の許可を要する行為の全部または一部となるようです。

双務契約

契約当事者が、お互いに対価的意義をもつ債務を負担する契約のこと。売買、賃貸借、交換、雇用、請負、有償委任、有償寄託、和解などが双務契約である。

監督委員

DIP型の再生手続きでは、従来の経営陣により円滑に事業を遂行しやすいという利点があるが、従来の経営陣が公平・誠実に手続きを遂行しないおそれ（放漫経営を続けて会社の財産状況をさらに悪化させるなど）がある。それを監督するのが監督委員である。
監督委員は、民事再生手続開始の申立て後すぐに選任され、その後、再生手続きの遂行を監督する。

■ 申立ての要件とは

申立てを行うことができるのは、債務者と債権者です（これらの者を申立権者といいます）。つまり、財産状態が危機に瀕している会社などの債務者だけでなく、債務者に債権を持っている銀行や取引先などの債権者も申立てをすることができます。

債務者は、以下の2つの場合に民事再生の申立てができます（民事再生法21条）。

① 債務者に破産手続開始の原因となる事実が生ずるおそれがあるとき

民事再生の申立てと申立権者

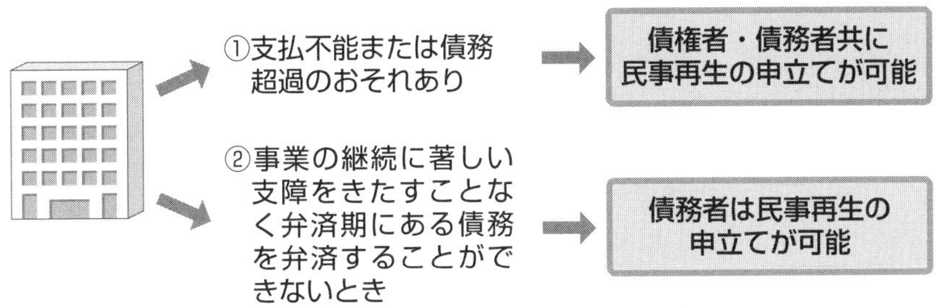

②　債務者が事業の継続に著しい支障をきたすことなく弁済期にある債務を弁済することができないとき

①の破産手続開始原因とは、支払不能または債務超過（152ページ）です。②の例としては、本社ビルを売却すれば債務を弁済することができるが、本社ビルがなければ、営業を続けることができないときです。

債権者は、上記の①の場合にしか民事再生を申し立てることができません。②ができない理由は、②は会社の内情に通じた会社自身にしか判断することができないからです。

なお、民事再生の手続きは複雑で、専門家でなければ行うことは非常に困難ですから、弁護士などに依頼する必要があります。手続中の資金繰りの確保の必要などから、タイミングを失すると破産の申立てしかできないということにもなりかねません。したがって、経営陣は、会社の財務状況が悪化したときには、迅速に専門家に依頼する必要があります。顧問弁護士や、会計監査をお願いしている公認会計士がいる場合には、会社の状況に詳しいでしょうから、相談してみるのがよいでしょう。

会社としての申立て

会社は法人であり、その会社の取締役や株主とは別人格とされているので、取締役や株主個人が民事再生手続きの申立てを行うことはできない。そのため、会社が申立てを行う場合には、取締役会などにおいて決議を行い、代表取締役が申し立てることになる。

民事再生手続きの流れ

再生計画には裁判所の認可が必要になる

■ 手続きの流れをおさえる

民事再生手続きは、債務者等から裁判所が申立てを受けて、裁判所が再生手続開始決定を下すことで始まります。

再生手続開始決定が下されると、債務者の資産の調査が行われます。また、債務者の負債を確定するために、債務者に対する債権の届出や調査などの手続も行われます。

その後、再生計画案が作成されます。その再生計画案が債権者によって可決され、裁判所の認可を受け、認可決定が確定することで再生計画が効力を生じます。再生債務者は再生計画に沿って債務の弁済等を行います。その後、再生にメドがついた場合などには、裁判所は再生計画の終結を宣言します。

再生計画

事業の再建方法や債務の弁済計画などが定められたものであり、再生手続きの根幹をなす。再生計画は、債権者集会の決議や裁判所の認可を経て効力が発生し、再生債権の内容を変更する効力を持つ。

■ どのような手続きなのか

再生手続開始の申立てを行うには、裁判所に書面を提出する必要があります。申立書には、申立人の氏名または名称・住所、再生債務者の氏名または名称・住所、申立ての趣旨、再生手続開始の原因となる事実、再生債務者の財産状況などを記載します。

また、再生手続開始の申立書には、再生債務者が個人であればその住民票の写し、再生債務者が法人であれば定款と登記事項証明書、債権と担保権の内容を記載した債権者の一覧表、債務者の財産目録、再生債務者の貸借対照表及び損益計算書などを添付します。

民事再生の申立てをする際には、申立手数料と予納金を裁判所に納める必要があります。予納金の額は、再生債務者の状況

手続きの全体像

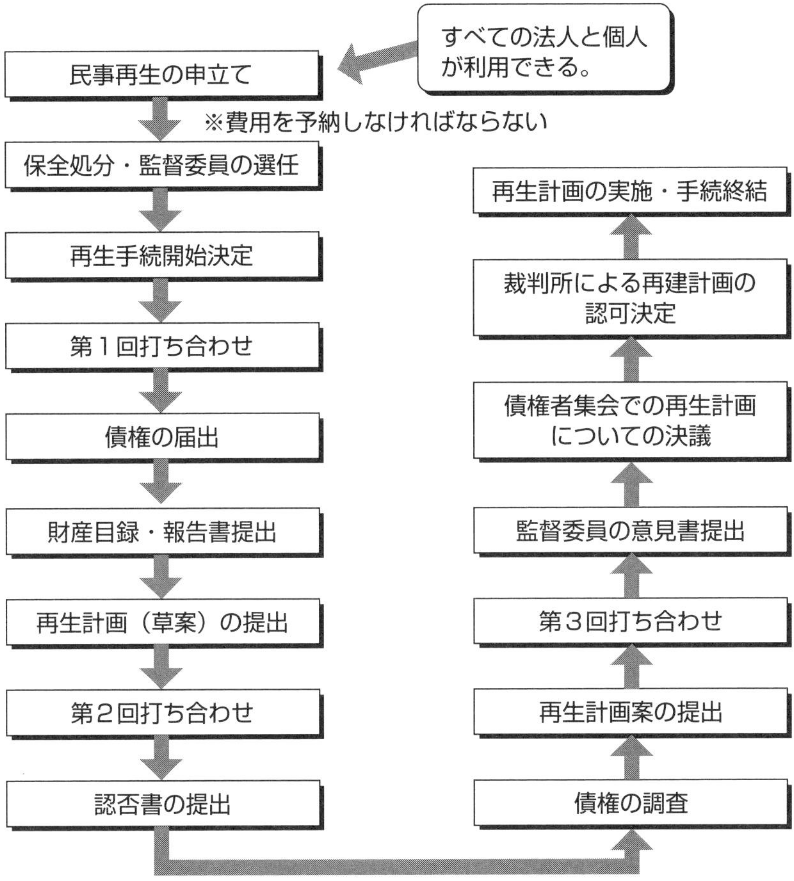

を考慮して、各地方裁判所が独自に定めています。

申立て後の手続きの流れは上図のようになります。開始決定の前に、保全処分や監督委員の選任が行われます。

開始決定までにしておくこと

取引先などから理解を得る必要がある

■ 保全処分について

申立権者から再生手続開始の申立てが行われ、裁判所がその申立てを認めることを開始決定といいます。この申立てから開始決定までは１～２週間かかります。

この間、申立てを行った会社の取引先が、会社の財産状況に不安をいだいて、他の取引先を出し抜いて、自分にだけ代金の支払いを求めることなどがないように（これを認めると他の取引先との関係で不公平となります）保全処分という手続きが裁判所によって行われます。税金、給料などの一部の債務を除いて債務の弁済を禁止する弁済禁止命令を行うことが一般的です。保全処分には、他にも資産の処分や借金をすることを禁じるものがあります。

保全処分

保全処分とは、会社が財産を隠したり、個別の債権者に債務を弁済するなどして、会社の財産が散逸することを防ぐために、債務の弁済を禁止したり、財産の処分などについて監督委員の同意を必要とするなどの処分のこと。多くの場合、税金や給料などの一定の債務を除いて債務の弁済を禁止する弁済禁止命令が発令される。

■ 債権者説明会とは

債権者に、業務や財産の状況または再生手続の進行について説明するものです。後述する債権者集会とは異なり、裁判所が指揮する法的手続きではありません。民事再生手続きが開始されれば、債権者の権利行使にも影響を与える（多くの場合、債権の額が減る）ので、それに対する説明をするわけです。はじめに、説明会の案内通知を債権者に発送する必要がありますが、そのタイミングは、再生手続開始の申立てが受理された直後がよいでしょう。説明会は、債権者に案内通知が届いてから１週間後程度の日時で開催しましょう。説明会には、会社の代表取締役及び申立代理人が出席する必要がありますが、監督委員に

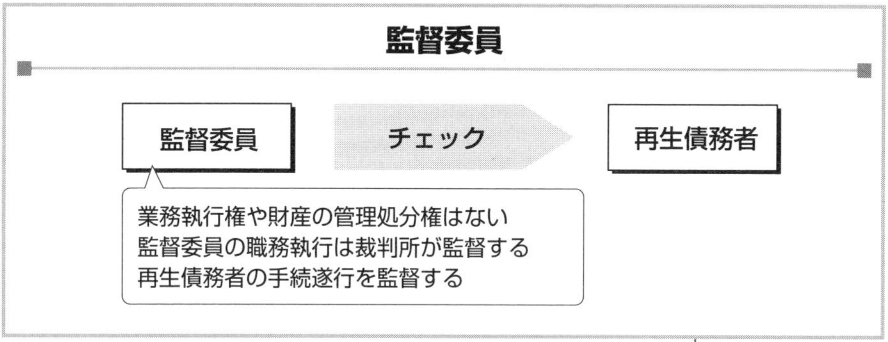

も出席してもらった方がよいでしょう。

■ 労働組合の意見聴取について

裁判所は、再生手続開始の申立てがあった場合には、当該申立てについての決定をする前に、労働組合等の意見を聴く必要があります。ただし、申立てを棄却すべきことや、再生手続開始の決定をすべきことが明らかである場合には、労働組合等の意見を聞く必要はありません。

労働組合が存在しないときは、再生債務者の従業員の過半数を代表する者の意見を聞きます。

■ 中止命令について

保全処分の他に強力な処分として中止命令・取消命令があります。これは、一般債権者が個別的に行った、仮差押や強制執行（競売等）について、中止や取消を裁判所が命じることです。中止命令・取消命令は、会社の事業の継続に必要な財産が強制執行されてしまうと、事業の再生が不可能となってしまう場合について、民事再生法の趣旨（事業の再生）から認められた処分です。

さらに強力な処分として、包括的に再生債権者の権利行使を、一切禁止する包括的禁止命令があります。この命令が下されると、すべての再生債権者は、再生債務者の財産に対して、仮差押や

仮差押

債務者が財産を処分することを暫定的に禁止する民事保全手続のひとつ。金銭債権の将来の強制執行を保全するために行われる。

強制執行が禁止され、すでに行われているものは中止されます。

■ 共益債権化について

再生手続決定がなされる前に発生した債権は再生債権となり、再生手続開始後は、再生計画に基づく弁済以外の弁済は禁止されるのが原則です。

しかし、この原則を貫くと、民事再生の申立てと決定前の間に生じた債権も弁済が禁止されることになり、再生計画による権利変更の対象にもなります。そうすると、再生債務者と取引する者が現れず、再生債務者が事業を継続できないおそれがでてきてしまいます。

そこで、再生債務者の事業の遂行に不可欠な取引による債権については、裁判所は、民事再生の申立てと決定前の間に生じた債権を共益債権にする旨の許可をすることができます。共益債権に対しては、民事再生手続きとは別に、再生債権に先立って弁済されます。そのため、共益債権になれば、取引相手が再生債務者との取引をためらうことがなくなります。

共益債権の例

具体的には、再生債権者の共同の利益のためにする裁判上の費用の請求権、再生手続開始後の再生債務者の業務に関する費用の請求権、再生計画の遂行に関する費用の請求権、再生債務者のために支出すべきやむを得ない費用の請求権で再生手続開始後に生じたものなどがある。

■ 別除権とはどのようなものか

ある会社について民事再生の手続きが開始された場合、一般債権者は、再生手続開始後は債務の弁済が棚上げとなり、後に成立する再生計画に従って弁済を受けるのが原則になります。強制執行等も考えられますが、再生手続開始決定により、強制執行等の手続きは中止し、再生手続開始決定後の強制執行等の申立ては禁止されるのが原則です。他方、担保権者は、再生手続開始後も、担保権を実行して、財産を処分して、そこから生じたお金から、優先弁済を受けることができます。このような担保権者の権利を別除権といいます。

ただし、例外的に、担保権の実行について裁判所によって手続きの中止を命じられることはあります（中止命令）。

一般債権者

債権について抵当権などの担保をとっていない債権者のこと。

優先弁済

一般債権者に優先して債権を回収すること。抵当権などを有する担保権者は優先弁済権を行使できる。

強力な保全措置

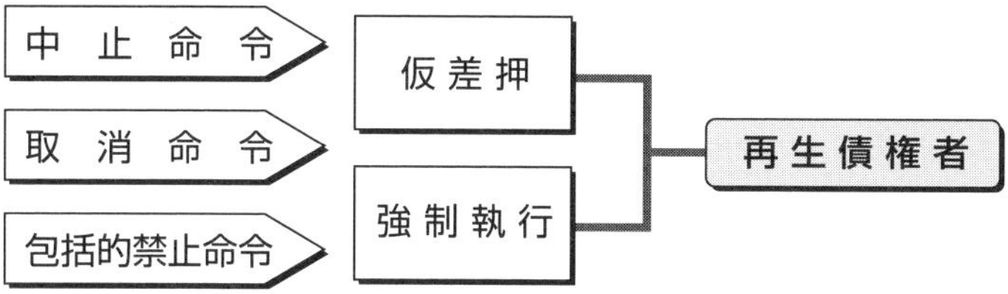

担保権者は、担保権を実行して、財産を処分しても債権を全額回収することができない場合（たとえば、1000万円の債権を持っていて抵当権を実行したが、800万円しか回収できなかった場合）には、残りの部分については再生債権者として民事再生手続きに参加することになります。

■ 手続終了までこぎつけるのは難しい

申立権者から再生手続開始の申立てが行われ、裁判所が開始決定をしたとしても、再生計画の効力発生に至ることは難しく、会社が破産に追い込まれることがあります。

民事再生は、事実が公になり、取引先の債権も手続きの対象となるため、事業が毀損しやすいといえます。また、原則として、担保権の実行を制限できないため、重要な財産について担保権の設定がある場合、担保権者の協力を得ることができなければ、手続きの遂行は難しくなります。そのような中で、手続遂行中の資金繰りを確保しつつ、取引先や銀行などの理解を得て、実行可能な再生計画案を可決させるのは、困難が伴う場合が多いといえます。

なお、再生計画案が可決され、裁判所の認可決定が確定し、再生計画の効力が生じた場合でも、原則として３年間は監督委員による再生計画遂行の監督を受けることになります。

税金や給料などの扱い

一般先取特権などの優先権がある債権（税金や給料など）は、共益債権にあたらない場合でも、一般優先債権となる。一般優先債権は、原則として、民事再生手続きの外で弁済を受けることができる。

再生計画

事業の再建方法や債務の弁済計画などが定められたものであり、再生手続きの根幹をなす。再生計画は、債権者集会の決議や裁判所の認可を経て効力が発生し、再生債権の内容を変更する効力を持つ。

開始決定

手続開始の原因が必要になる

■ 開始決定を出してもらえる場合

開始決定を出してもらうためには、第1に、債務者に手続開始原因があること、第2に、申立権者による適法な申立てであること、第3に、申立ての棄却事由が存在しないことという、3つの要件が必要です。

要件1　債務者に手続開始原因があること

①「債務者に破産手続開始の原因となる事実が生ずるおそれがあるとき」か、②「債務者が事業の継続に著しい支障をきたすことなく弁済期にある債務を弁済することができないとき」に、手続開始原因があることになります。

要件2　申立権者による適法な申立てであること

第1の要件と関連しています。前述した手続開始原因のうち、①については、原則として、再生債務者、再生債権者はいずれも申立てをすることができますが、②については、再生債務者のみが申立てをすることができます。再生債権者が②を原因として申立てをすることはできません。この場合、不適法な申立てとなります。

要件3　申立ての棄却事由が存在しないこと

以下の事由に該当する場合には、裁判所は申立てを棄却しなければならないものとされています。

① 再生手続きの費用の予納がないとき
② 裁判所に破産手続きまたは特別清算手続きが係属し、その手続きによることが債権者の一般の利益に適合するとき
③ 再生計画案の作成もしくは可決の見込みまたは再生計画の

棄却
審理した上で、裁判所が申立てを退けること。

開始決定を出してもらうための要件

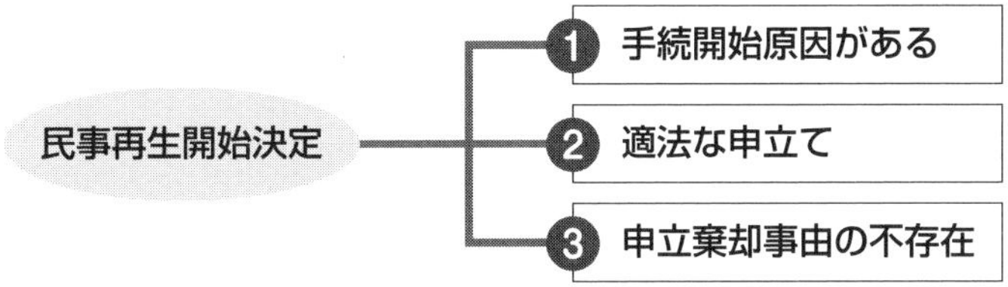

認可の見込みがないことが明らかであるとき

④　不当な目的で再生手続開始の申立てがされたとき、その他申立てが誠実にされたものでないとき

■ どんな効果があるのか

再生債務者は、民事再生手続きの開始後は、再生計画に基づく弁済を除いて、再生債権について弁済することはできません。共益債権や一般優先債権は、再生手続開始後も弁済をすることができます。ただし、例外的に裁判所の許可を得て、再生債権について、再生手続きとは別に債務の弁済ができることがあります。まず、少額の再生債権を弁済することで民事再生手続きを円滑に遂行できるようになるのであれば、裁判所は、一定の少額債権について弁済を許可することができます。また、裁判所は、中小企業の連鎖倒産を防ぐために、再生債権の弁済を許可することができます。再生債務者を主要な取引先としている中小企業の場合、再生債務者からの支払いが滞ると倒産してしまう危険があります。そのような事態を避けるために弁済の許可が認められています。

民事再生手続きの開始決定があった場合には、再生債務者に対する強制執行等ができなくなります。すでに行われている強制執行等は中止されます。また、再生債務者に対する訴訟も中断します。

少額債権の弁済

債権者の数が多いとそれだけ再生手続きは煩雑になる。そのため、少額の債権者への弁済をすれば債権者の数が大幅に減少するという場合には、少額の債権者への弁済を行って債権者の数を減らし、再生手続きの円滑化を図ることができる。

手続中の財産の管理処分

契約の解除も可能になる

■ 同意が必要になる

裁判所は、財産の処分、財産の譲受け、借財、訴えの提起、和解、権利の放棄などを再生債務者等が行う場合には、裁判所の許可や監督委員の同意が必要であると定めることができます。

裁判所の許可や監督委員の同意が必要な行為を、許可や同意を得ずに行った場合には、その行為は無効になります。ただし、取引相手など第三者が、裁判所等の許可が必要だったことを知らなかった場合には、再生債務者は、行為が無効であることを主張できません。

通常、裁判所の許可や監督委員の同意が必要な行為には、再生債務者が所有している財産の処分や担保権の設定、債権譲渡、金銭の貸付けや借入れ、債務免除、金銭借入れに対する保証などが指定されます。

■ 双方未履行双務契約の解除について

事業を再建するために取引先との関係を見直す過程では、契約を解除する必要性がでてきます。通常では、取引先との契約を解除するためには、取引先に債務不履行があるか、あらかじめ契約で定めた解除原因が存在することが必要です。しかし、再生債務者としては、事業の再建に資する契約だけを存続させた方が有益です。

そこで、契約の相手方との公平性にも配慮し、双方の債務が未履行の場合に限って、再生債務者（管財人が選任されたときは管財人）に契約を解除する権利が与えられます。たとえば、

双務契約

契約当事者が、お互いに対価的意義をもつ債務を負担する契約のこと。売買、賃貸借、交換、雇用、請負、有償委任、有償寄託、和解などが双務契約である。

双務契約の解除が認められるケース

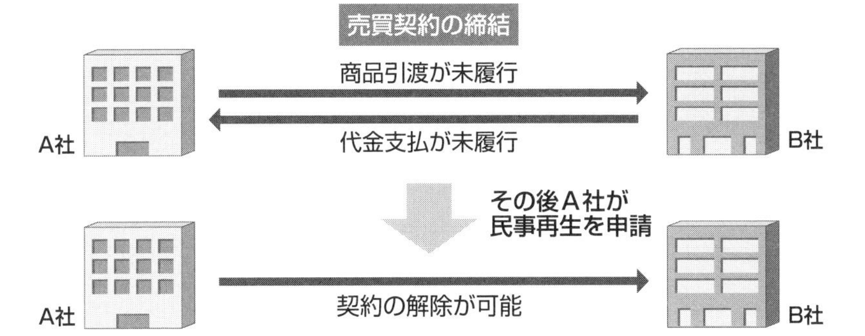

※ 契約を解除できるのは双方共に履行を完了していない場合に限られる

売買契約は売主が商品を引き渡し、買主が代金を支払う双務契約ですが、再生債務者が取引相手と売買契約を締結したが商品と代金のやり取りをしていないという場合には、再生債務者は売買契約を解除できます。この解除権は双方共に履行を完了していない場合でなければ発生しません。そのため、売買契約の代金の支払いが完了していたり、相手に商品の引渡しを終えているような場合には、再生債務者は契約を解除できません。

再生債務者が解除権をもっているにもかかわらず、その解除権を行使するかどうかをいつまでも保留していると、契約が解除されるかどうかで対応を変えないといけない取引の相手方にとっては、不都合な状態が続くことになります。そこで、再生債務者の取引の相手方は、再生債務者等に対し、契約の解除をするかどうか回答するように催告することができます。もし、再生債務者等が回答をしない場合には、主に事業の再建を目的とする再生手続きでは、再生債務者は解除ではなく履行を選択したものとみなされます。なお、主に清算を目的とする破産手続きでは、回答をしない場合には解除を選択したものとみなされます。

電気・ガス・水道の料金の取扱い

通常、事業の継続に不可欠なものであるため、申立て後の弁済禁止命令の対象から除外される。また、開始決定後の使用にかかる料金は、通常、共益債権にあたる。また、電気・ガス・水道の供給者のように、再生債務者に対して継続的な給付を行う契約の相手方は、再生手続開始の申立て前の供給についての支払いがないことを理由に、再生手続開始後の供給を拒むことができない。したがって、電気・ガス・水道については、ほとんどの場合、従来通り使用を継続できる。

債権者の権利

担保権は自由に実行できる

■ どんな権利があるのか

再生債務者に対する債権には、①再生債権、②共益債権、③一般優先債権、④開始後債権の４種類があります。

①　再生債権

再生債務者に対して民事再生手続開始前に生じた債権のことをいいます（共益債権や一般優先債権は除きます）。

②　共益債権

債権者全体の利益になる債権のことをいいます。共益債権は、民事再生手続きによらずに債務者の財産から随時弁済されますので、結果的に優先的な弁済を受けることができます。再生手続開始後の再生債務者の業務に関する費用は共益債権となり、開始前の費用でも事業継続に不可欠な場合は、裁判所の許可により共益債権とすることができます。これにより、再生債務者と取引先との取引の継続が図られます。

③　一般優先債権

一般優先債権とは、一般先取特権などの優先権のある債権のことをいいます。たとえば、再生債務者の事業所で働いている従業員の給与や退職金は、一般先取特権があるので一般優先債権になります。

④　開始後債権

再生手続開始後に生じた債権で、再生債権、共益債権、一般優先債権のいずれにも該当しないものをいいます。開始後債権が問題となることは少ないですが、再生計画で定められた期間が満了するまでは、開始後債権に対して弁済をすることはできません。

再生債権の例

原則として、再生手続開始前の原因に基づいて生じた財産上の請求権が再生債権となる。たとえば、再生手続開始前の融資による貸金債権や、再生手続開始前の取引による売掛債権などが該当する。また、再生債務者が連帯保証人になっていた場合、保証契約に基づく債権も再生債権となる。

先取特権

一定の債権をもつ者について認められている担保物権で、債務者の一般財産や特定の動産・不動産から一般債権者に優先して債権を回収することが認められている権利のこと。

租税債権の取扱い

国税徴収法などによって優先権が認められる旨が定められており、一般優先債権になる。

開始後債権の例

たとえば、民事再生手続開始後に再生債務者の業務等に関係のない不法行為によって生じた債権は開始後債権になる。

相殺権と別除権

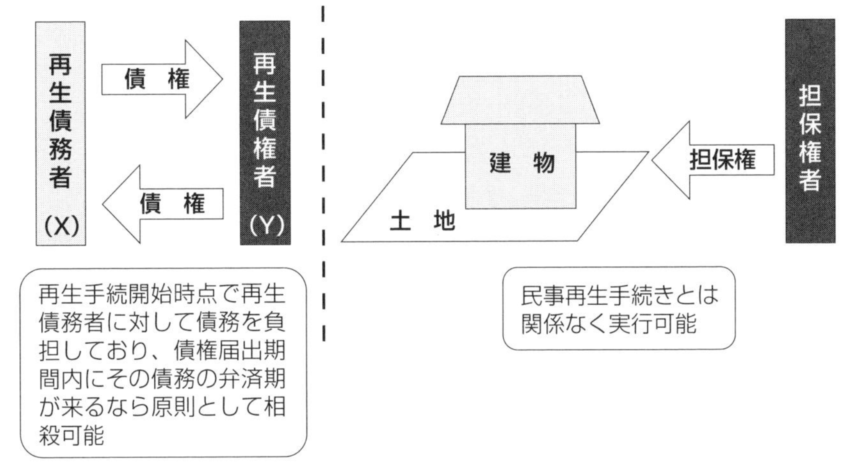

■ 相殺についてのルール

通常ですと、相互に金銭債権を持っており、自分の持っている債権の弁済期が到来した場合には、相手のもっている債権と自由に相殺することができます。相殺は、簡便な債権回収の方法として有効です。相殺による債権回収は、債権者の合理的な期待として保護すべきですが、再生手続開始後は、再生債権者間の公平を図る必要があります。

そのため、再生手続開始当時に再生債権者が再生債務者に対して債務を負担しており、債権届出期間の満了前に相殺可能な状態になったときは、再生債権者は、原則として債権届出期間内に限り相殺が認められます。逆に、再生手続開始後に再生債権者が再生債務者に対して債務を負担した場合には、再生債権者は原則として相殺をすることはできません。また、債権届出期間が経過した後に再生債権の弁済期が到来する場合にも、再生債権者は相殺をすることができません。

なお、敷金を差し入れた賃借人には敷金返還請求権がありま

相殺
互いに同種の債権を有する場合に、互いの債権を対当額で消滅させること。

すが、目的物を返還するまでは敷金の返還を請求することはできず、相殺もできません。そこで、民事再生法は、賃貸人が再生債務者となった場合の例外的な取扱いを定め、賃借人の保護を図っています。賃借人は、賃料債務について、再生手続開始後に弁済期が到来する分であっても、6か月分を限度として、他の債権との相殺をすることができます。また、再生手続開始後に弁済期が到来する賃料債務について期限内に弁済をしたときは、敷金返還請求権は賃料の6か月分の範囲内の弁済額を限度として共益債権となります。

■ 別除権について

再生手続開始の時に再生債務者の財産に対して担保権を有する者は、その財産について別除権を有し、再生手続きによらずに担保権を実行することができます。別除権を行使するためには、担保権について対抗要件を備えていることが必要です。たとえば、抵当権であれば登記をしていることが必要になります。

また、再生手続開始前に生じた登記原因に基づき再生手続開始後にされた担保の登記については、再生手続きとの関係において、担保の登記をした者は原則としてその効力を主張することができません。たとえば、再生手続開始前に抵当権設定契約を締結していたとしても、再生手続開始後に登記をした場合には、抵当権者は再生手続きの中で抵当権登記の効力を主張できません。ただし、再生手続開始の事実を知らずに登記をした場合には、抵当権者は登記の効力を主張できます。

再生債務者の財産に対して別除権を有していれば、原則として再生手続きとは関係なく担保権を実行することができます。しかし、再生債務者の事業の継続に必要不可欠な財産に対して担保権が実行されてしまうと、再生債務者の事業の再建が難しくなってしまいます。

そこで、担保の目的となっている財産が再生債務者の事業の

別除権の実行

担保権の本来の実行方法によって実行することができる。たとえば、抵当権を有している者であれば、担保権の実行手続きとして不動産を競売にかけることができる。また、別除権者は、担保権によって担保される債権のうち、別除権の行使によって弁済を受けることができない部分についてのみ、再生債権者として権利行使ができる。

対抗要件

法律関係あるいは権利関係の取得・喪失・変更を第三者に主張（対抗）するために必要とされる要件のこと。不動産の場合には登記が（民法177条）、動産の場合には引渡しが（同法178条）が対抗要件となる。対抗要件を備えないと、権利を取得できない可能性がある。

取戻権

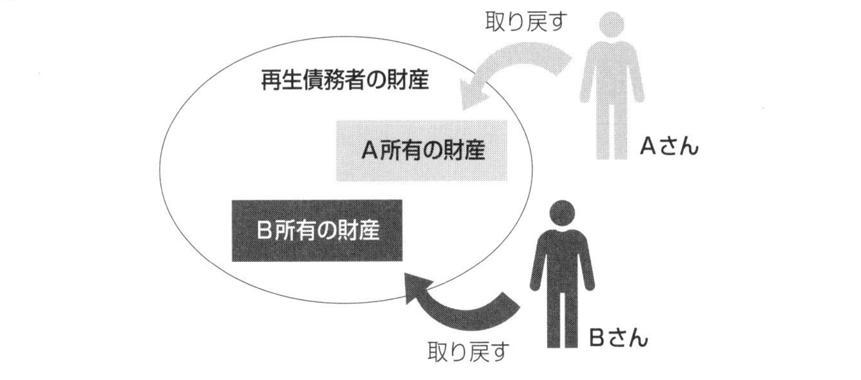

ために必要不可欠であれば、再生債務者は裁判所の許可を得て、その財産の価額に相当する金銭を裁判所に納付して、担保権を消滅させることができます。たとえば、工場の建物に抵当権が設定され、再生債務者にとってその工場が必要不可欠なものである場合などです。しかし、財産の価額に相当する金銭の納付が必要なので、困難な場合が多いといえます。

■ 取戻権について

民事再生手続きの中では、一見すると再生債務者の財産のように見えるが、実はその財産の所有者は再生債務者以外の第三者だったというような財産が出てくる場合があります。第三者は、その財産を自分のところに戻すよう請求できます。これを取戻権といいます。たとえば、再生債務者が賃借人となって機械を借りていたとします。その後、賃貸借の期間が終了した場合には、賃貸人は取戻権を行使して、再生債務者に貸していた機械を取り戻すことができます。なお、取戻権の対象となる財産は動産などの物だけではなく、債権も対象となります。取戻権の行使には、登記などの対抗要件が必要になります。

閲覧・謄写請求も債権者の権利

民事再生手続きの利害関係人は、裁判所書記官に対し、裁判所に提出された文書や、裁判所が作成した文書などの閲覧・謄写を請求することができる。閲覧・謄写できる文書とは、具体的には、民事再生手続きの申立書、財産評定書、再生計画案、民事再生手続終結決定書などになる。

再生債権

債権を届け出る必要がある

■ 再生債権の届出

再生手続きに参加しようとする再生債権者は、再生債権の届出期間内に、債権の内容と原因などを裁判所に届け出る必要があります。届出をする際には、届出書とその写し（再生債務者等に送付するため）を裁判所に提出します。別除権者は、別除権の行使によって弁済を受けることができないと見込まれる債権額も届け出る必要があります。別除権者は再生手続きとは関係なく担保を実行することができます。しかし、別除権によって弁済を受けられない部分については、その見込額を届け出ておかないと不足分について再生手続きの中で権利行使ができません。

なお、債権の届出がなされた後に、債権譲渡などによって債権を取得した者がいる場合には、届出名義の変更が必要です。届出名義の変更をしないと、債権を譲り受けた者は再生手続きに参加することができません。

■ 再生債権の調査

再生債務者が作成した債権に対する認否書や再生債権者の異議に基づいて、裁判所は再生債権の調査を行います。

再生債務者は、債権届出期間内に届出があった再生債権について、その内容及び議決権についての認否を記載した認否書を作成する必要があります。その際、再生債務者は、再生債権者に対して債権に関する証拠書類の送付を求めることができます。

また、再生債務者は、再生債権者による届出がされていない

債権届出の内容

債権の内容としては、売掛金や賃料といったその債権の性質、金額、弁済期などを記載する。債権の原因としては、「令和〇年〇月〇日契約の請負契約」といったことを記載する。

特別の事情がある場合の届出

再生債権者の責任ではない事情で債権届出期間内に届出をすることができなかった場合には、再生債権者はその事情が消滅した後1か月以内に限って、届出をすることができる。

簡易再生の決定

裁判所は、再生債務者等の申立てがあったときは、再生債権の調査委員や確定の手続きを経ない簡易再生の決定ができる。簡易再生の決定をするには、届出再生債権者の総債権のうち5分の3以上にあたる債権を有する届出再生債権者が、再生債務者が提出した再生計画案について同意し、再生債権の調査と確定の手続きを経ないことについて同意していることが必要である。

認否書の作成と届出

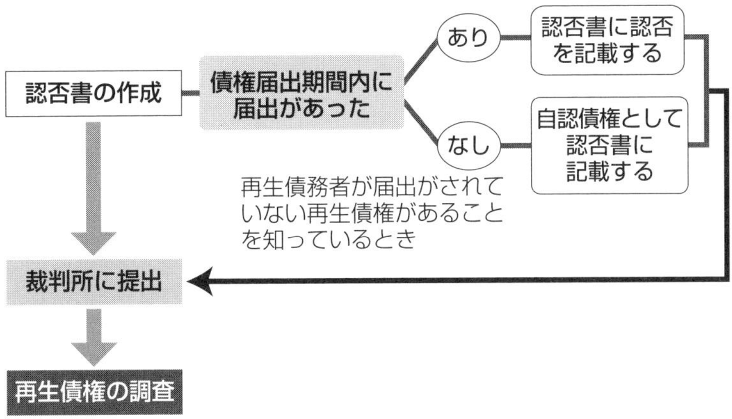

再生債権があることを知っている場合には、その再生債権について再生債務者が自ら債権の存在を認める旨を認否書に記載する必要があります。再生債務者が自ら債権の存在を認めた場合には、その債権を有する再生債権者は、弁済を受けることはできますが、再生債権者が債権の届出をしていなければ、再生債権者は再生計画案に対して議決権を行使することはできません。

届出をした再生債権者は、一般調査期間内に裁判所に対し、再生債権の内容や認否書に記載された再生債権の内容について異議を述べることができます。

再生債権の調査において、再生債務者が認め、調査期間内に届出再生債権者の異議がなかったときは、再生債権の内容や議決権の額は確定します。 裁判所書記官は、再生債権の調査の結果を再生債権者表に記載します。確定した再生債権者表の記載は、再生債権者の全員に対して確定判決と同一の効力を有しますので、民事訴訟で再生債権者表に記載された債権の存在や内容を争うことができなくなります。

確定判決

不服申立期間の経過、上訴権の放棄などによって確定した判決のこと。

再生債権の査定の手続き

再生債権の内容を再生債務者が認めない場合や、再生債権者が異議を述べた場合には、その債権を有する再生債権者は査定の裁判を申し立てることができる。査定の裁判の申立ては、再生債権の調査が終了した日から1か月以内に行う必要がある。また、査定の裁判に不服がある者は、査定の裁判の送達を受けたときから1か月以内に異議の訴えを提起することができる。

PART4
8

財産の調査・報告・確保

民事再生のしくみと手続き

債務者の財産状況を把握する必要がある

■ 再生債務者の財産を評定する

再生債務者は、再生手続開始後に再生債務者の財産の価額を評定する必要があります。

財産評定は、再生計画案を策定するために再生債務者の資産状況を把握することなどを目的として行われます。債権者が再生計画案に対する賛否を決めるために再生計画案の妥当性を判断する資料になります。また、再生計画による弁済の額は、破産した場合の配当の額を上回る必要があり（清算価値保障原則）、上回るかどうかを判断する資料にもなります。清算価値保障原則は、民事再生だけでなく会社更生などの再建型手続きに共通する原則です。清算価値保障原則に反する場合、裁判所は再生計画案を決議に付しません。誤って再生計画案が決議に付され、賛成多数で可決された場合でも、少数派の債権者の利益を保護するため、裁判所は再生計画を認可しません。

再生債務者は、財産評定を完了したときは、財産目録と貸借対照表を作成して裁判所に提出します。財産目録と貸借対照表には、財産の評価の方法を記載します。裁判所は、必要があると認めるときは評価人を選任し、再生債務者の財産の評価を命じることができます。

査定の裁判

企業の取締役等が、職務怠慢により会社に損害を与えている場合には、通常の訴訟手続きを用いて、会社は取締役等に対して損害賠償請求ができる。さらに、民事再生手続きがなされている場合には、再生債務者や管財人の申立てにより、または職権で、手続きを簡素化した査定の裁判によって取締役等の損害賠償責任を追及することも可能である。管財人が選任されていなければ、再生債権者も査定の裁判の申立てができる。査定の裁判に不服がある役員などは、送達を受けた日から1か月以内であれば異議の訴えを提起することができる。

■ 再生債務者の現況を報告する

再生手続開始後に、再生債務者は、再生手続開始に至った事情、再生債務者の業務や財産の状況などを記載した報告書を裁判所に提出する必要があります。裁判所が再生債務者の状況を

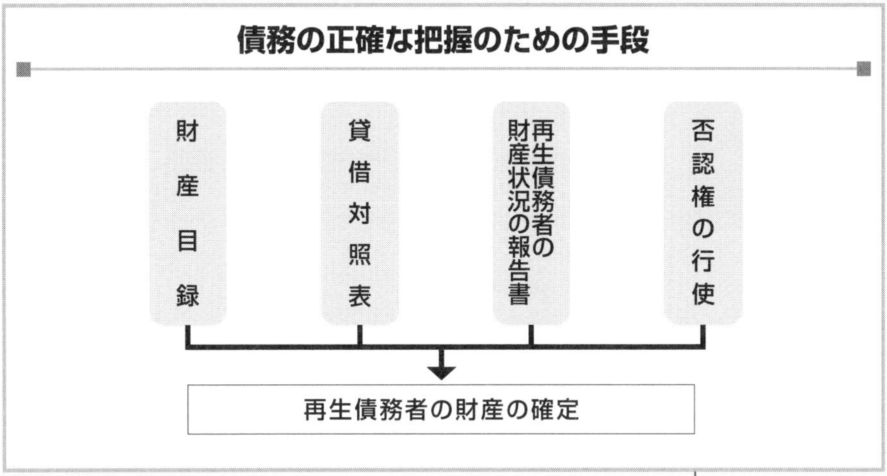

把握し、適切に民事再生手続きを運営するために提出が義務付けられています。この他にも、裁判所が命じた事項について、再生債務者は裁判所に報告する必要があります。

■ 否認権について

再生債務者が再生債権者を害することを知ってした行為などについては、管財人や監督委員は否認することができます。

否認権とは、再生債務者の財産の不当な減少を防ぐために、再生債務者が行った行為の効力を否定する権利です。たとえば、再生債務者が自分の財産を第三者に贈与した場合に、管財人や監督委員は贈与を否認し、再生債務者の財産の減少を防ぎます。

監査委員は、否認権の行使に必要な範囲内で、監督委員は再生債務者の財産の管理・処分ができます。

■ 役員の責任を追及する場合もある

再生債務者について再生手続開始の決定がなされた場合には、裁判所は、再生債務者等の申立てまたは職権により、役員の責任に基づく損害賠償請求権の査定の裁判を行うことができます。

監督委員が否認権を行使するには

裁判所から否認権行使のための権限の付与を受けている必要がある。

役員

民事再生を利用する会社など（再生債務者）の理事、取締役、執行役、監事、監査役、清算人、またはこれらに準ずる者のこと。

再生計画案

債権者が納得する再生計画案を作成する

■ 再生計画の内容

再生計画には、再生債権者の権利の変更や、共益債権・一般優先債権の弁済などに関する条項を定めなければなりません。再生債権者の権利の変更とは、債務の減免や弁済期限の猶予などのことです。一般的基準と、個別の債権につきどのような権利変更を行うかを記載します。

たとえば、元本と利息を合わせた金額の８割を免除し、残りの２割を５年間の分割払いとする一般的基準が定められたとします。この場合、100万円の債権を有する者については、80万円を免除し、向こう５年間の年度末に４万円ずつ支払いを受けるといった個別の条項が定められます。

再生計画による権利の変更の内容は、原則として再生債権者の間で平等である必要があります。ただし、不利益を受ける再生債権者の同意がある場合などには、再生債権者の間で差を設けることができます。また、裁判所の許可があった場合には、再生計画の定めによる再生債務者の株式の取得に関する条項、資本金の額の減少に関する条項、再生債務者が発行することができる株式の総数についての定款の変更に関する条項を定めることができます。再生計画では、資本金の減少や株式の発行を行う必要が出てくる場合がありますが、株主が経営に対して関心を失い、必要な株主総会が開催できない可能性があります。そのため、再生計画で条項を定めることで、株主総会を開催することなく、これらの手続きを行うことができます。

再生計画案の作成

再生計画案は、①再生債務者が作成し、②裁判所に提出した上で、③再生債権者による再生計画の決議を得て、④裁判所による認可決定が確定すると、再生計画としての効力が生じる。
再生計画案作成にあたってのポイントは、事業再建の方法を示した上で再生債権に対する権利変更（再生債権者にいくら支払うか）を示すことである。再生計画案を作成する際には、実現可能性があり、なおかつ、再生債権者に有利な再生計画を立てる必要がある。この有利であるかどうかの判断にあたっては、清算価値保障原則をクリアしていること（破産配当を上回る弁済を受けられること）が大前提である。

再生計画案作成のポイント

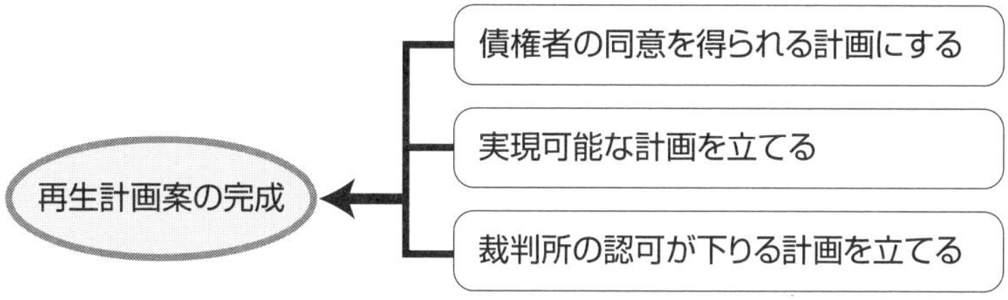

Point

・実現可能性はあり、再生債権者に有利な再生計画を立てる
・破産配当を上回る弁済をすることは大前提（清算価値保障原則）

■ 再生計画案の提出

再生債務者は、債権届出期間の満了後、裁判所の定める期間内に再生計画案を裁判所に提出する必要があります。また、届出再生債権者も、再生計画案を作成して裁判所に提出することができます。裁判所は再生計画案の提出期間を伸長することができます。再生債務者のスポンサーの選定に時間がかかる場合などに、再生計画案の提出期間が伸長されます。原則として、再生計画案の提出期間の伸長は２回までです。提出期間を２回伸長しても再生計画案が提出されない場合には、裁判所は民事再生手続廃止の決定をします。

■ 再生計画案の付議

再生計画案の提出がなされると、裁判所は、再生計画案を決議に付する決定をします。ただし、債権調査の一般調査期間が終了していない場合や財産状況を報告する集会で再生債務者による報告がない場合などはこの決定を行いません。

また、民事再生手続きや再生計画案が法律に反するものであ

付議

会議などで取り上げることを決めること。この場合は再生計画案について、再生債権者の決議にかけることを意味する。

る場合や、再生計画が遂行される見込みがない場合、再生計画の決議が再生債権者の一般の利益に反する場合などにも、再生計画案を決議に付する決定はされません。

再生計画の決議が再生債権者の一般の利益に反する場合

清算価値保障原則に反する場合が典型例である。

債権者集会

破産や民事再生などにおいて、多数の債権者に情報を提供し、債権者の共同の意思を決定するための機関。債権者の共同の意思を手続きに反映させるために設けられる。民事再生では、債権者集会で再生計画案の決議をする（民事再生法169条２項１号）ことができる。

■ 再生計画案の変更

再生計画案の提出者は、債権者集会において、裁判所の許可を得て、当該再生計画案を変更することができます。具体的には、債権者集会の期日における議決権の行使方法などが定められた場合に、債権者に不利な影響が生じないことを条件に再生計画案を変更することができます。

■ 再生計画案の決議

通常の再生手続きにおいては、債権者集会で再生計画案の決議が必要になります。再生計画案を可決するには、次の２つの要件を満たす必要があります。

① 出席し、または書面等投票をした議決権者の過半数の同意（頭数要件）

② 議決権者の議決権総額の２分の１以上を有する者の同意（議決権数要件）

あらかじめ委任状を集めておけば、これらの要件を満たしやすくなるでしょう。特に②の要件を満たすために、大口の再生債権者には個別に委任状の勧誘を行うとよいでしょう。

また、裁判所は、再生計画案の提出がなされた場合において、相当と認めるときは、再生計画案を書面によって決議する旨の決定をすることができます。この「相当と認めるとき」とは、小口の債権者が非常に多く、債権者集会での決議を得ることが困難な場合が例として挙げられます。さらに、すべての届出債権者が書面により再生計画案に同意しており、かつ、再生債権の調査及び確定手続きを経ないことに同意しているような特別の場合には、債権者集会等での決議は不要となります（同意再生）。

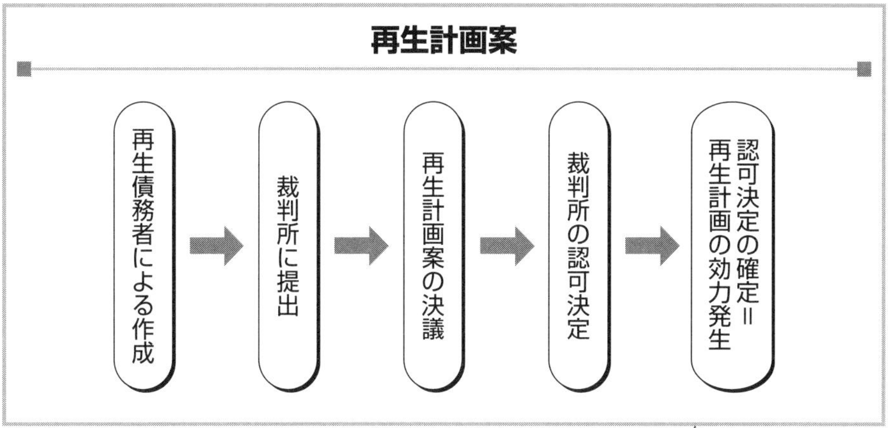

■ 再生計画の認可

再生計画案が債権者集会で可決された場合には、裁判所は再生計画認可の決定をします。ただし、再生手続きや再生計画が法律の規定に違反している場合や再生計画が遂行される見込みがない場合、再生計画の決議に不正があった場合、再生計画の決議が再生債権者の一般の利益に反するような場合には、認可の決定はされません。

再生計画は認可の決定の確定により効力が生じます。再生計画認可の決定が確定したときは、再生計画によって認められた権利を除いて、再生債務者は、原則としてすべての再生債権について責任を免れます。

ただし、①再生債権者の責任ではない事情（天災など）によって届出がなされなかった債権、②裁判所による付議決定後に生じた債権、③届出がない債権があると再生債務者が知っていたにもかかわらず自認しなかった債権については、再生計画の中で認められた権利でなくても失権しません。これらの債権を届出がないからといって失権させてしまうと債権者にとって酷だからです。

自認しなかった債権

債権届出がなくても、再生債務者が把握している再生債権については、自認債権として認否書に記載する必要がある。把握していながら自認しなかった債権については、再生計画に記載がなかったとしても免責されない。

再生計画の効力

再生計画案を債権者に納得してもらう

■ 認可後の手続きはどうなるのか

債権者集会によって再生計画が可決されても、裁判所による再生計画の認可決定の確定がなされなければ、再生計画は効力を生じません。裁判所は、次ページの図の不認可事由がない限り、認可決定をしなければなりません。

再生計画の認可決定を受けた後、即時抗告期間を経過すると、再生計画は確定し、その効力が生じます。

再生債務者は、再生計画の効力発生後は、適正に再生計画を遂行する必要があります。監督委員は、再生計画認可決定後、３年間は再生計画を監督することによって、再生債務者の適正な計画遂行を担保します。

即時抗告

裁判所の決定や裁判官の命令に対する不服申立てのことを抗告という。そのうち、裁判が行われた日から一定の期間内に提起しなければならない抗告を即時抗告という。
再生計画の認可についての即時抗告期間は、原則として１週間以内。ただし、裁判の公告が行われた場合には２週間以内となる。

■ 再生計画の変更や取消しはできるのか

再生計画認可の決定があった後、経済状況の変動などにより再生計画を変更する必要性が生じたときは、再生手続きの終了前であれば、再生計画を変更することができます。再生債権者に不利な影響を及ぼす再生計画の変更の申立てがあった場合には、再生債権者による決議が必要です。

再生計画の履行を怠ったような場合や、再生計画の成立の過程に不正があった場合には、再生債権者は、再生計画の取消しの申立てをすることができます。裁判所が決定し、確定すれば、再生計画は取り消されます。再生計画が取り消された場合には、裁判所は破産手続きを開始することができます。

不認可事由

1. 再生手続きまたは再生計画が法律の規定に違反し、かつ、その不備を補正することができないとき
2. 再生計画が遂行される見込みがないとき
3. 再生計画の決議が不正の方法により成立したとき
4. 再生計画の決議が再生債権者の一般の利益に反するとき

■ 再生手続きが廃止される場合とは

決議に付するに足りる再生計画案の作成の見込みがなくなったとき、期間内に再生計画案の提出がない場合、再生計画案が否決された場合などに、裁判所は再生手続廃止の決定をします。

また、再生債務者が保全処分に違反した場合や、裁判所や監督委員の許可や同意が必要な行為を再生債務者が勝手に行った場合、再生債務者が認否書を提出しなかった場合にも、民事再生手続廃止の決定をすることができます。

民事再生手続きが廃止された場合には、裁判所は、破産手続開始決定をすることができます。

■ 破産手続きに移行する場合とは

再生手続開始の申立ての棄却、再生手続廃止、再生計画不認可といった事情が生じ、再生債務者に破産手続開始の原因となる事実がある場合には、裁判所は破産手続開始決定をすることができます。この場合、破産手続きが開始するまでの間に再生債務者の財産が流出してしまうことを防ぐために、裁判所は破産法上の保全処分を行うことができます。

民事再生手続において共益債権とされていた債権は、破産手続上は財団債権として扱われるので、破産債権に先立って弁済されます。

保全処分

再生債務者の財産が散逸することを防ぐために行われる処分。債権者への債務の弁済を禁止する弁済禁止命令、再生債務者の財産の仮差押、財産の処分などについて監督委員の同意を必要とするなどの保全処分がある。

個人再生の概要

予納金も安く手続きも簡単である

簡略化された手続きで短期間で終了可能

個人再生は、通常の民事再生よりも手続を簡略化して、利用しやすいものとなっている。たとえば、通常の民事再生では、債権者集会を開かなければならないが、個人再生ではその必要はない。

債権者の負担を軽減した

個人再生では、基本的には手続に異議のない債権者の意思表示は必要ない。通常の民事再生手続よりも債権者の関与が少なく、債務者主導で手続が進行していく。別の側面から言えば、それだけ債権者が納得できるような再生計画案を作成する必要がある。この点に対処するために、通常の民事再生手続きよりも利用条件を制限している。

■ 一定条件を充たした個人のみが利用できる

個人再生は、通常の民事再生手続きに比べて簡略化された手続きで、短期間で終了することも可能です。

また、監督委員や管財人をつけずに、申立人本人が中心となって手続きを進行していくため、その分予納金が低く抑えられています。さらに、手続きに異議のない債権者の意思表示を不要とするなど、債権者の負担についても軽減されています。

個人再生は、①小規模個人再生、②給与所得者等再生の２種類があります。そして、①②のどちらにも適用される、住宅資金貸付債権（住宅ローン）に関する特則が重要です（次ページの図参照）。

小規模個人再生は、住宅ローンなどを除いた無担保の債務が5000万円以下であり、かつ、将来にわたり継続的に収入を得る見込みがある場合に利用できる手続きです。給与所得者等再生は、上記の要件に加えて、収入が給料などで、その金額が安定している場合に利用できる手続きです。また、どちらの手続きも個人（自然人）だけが利用できます。

住宅資金貸付債権に関する特則については、個人再生の再生計画案に住宅資金特別条項を定める形で利用します。

■ 各制度のしくみ

簡単に各制度のしくみを見ておきましょう。

①　小規模個人再生

個人事業主や会社員のように、継続的または反復的に収入を

個人再生の種類

小規模個人再生

無担保の債務の総額が5000万円以下で、継続・反復した収入のある債務者が対象

給与所得者等再生

上記の要件に加えて、収入が給料などで，その金額が安定していること

※ 住宅資金貸付債権（住宅ローン）の特則は、どちらの個人再生でも利用することができる

得る見込みがあって、住宅ローンなどを除いた債務総額が5000万円を超えない個人が利用できます。ここでいう債務総額は、住宅ローンなどを除いた無担保の借金をいいます。たとえば、借金総額が7000万円あっても、そのうち2500万円分には抵当権が設定されているという場合には、無担保の借金は4500万円なので、5000万円以下となり、この手続きの対象になります。

小規模個人再生では、３年間（特別な事情があれば５年間）で弁済するのが原則です。また、再生計画の認可決定には、債権者の書面による決議が必要になります。

②　給与所得者等再生

会社員のように、給与などの定期的な収入が見込め、その金額の変動幅が少なく、債務総額が5000万円を超えない個人であれば、給与所得者等再生が利用できます。

この手続きでは、２年分の可処分所得以上の額を３年間で弁済するのが原則です。可処分所得というのは、収入額から生活維持費の額（その算定方法は政令によって定められています）を差し引いた額のことです。再生計画の認可決定には債権者の決議は不要です。

③　住宅資金貸付債権（住宅ローン）に関する特則

住宅ローンについては従来通り返済するか、返済期限を繰り延べて返済しつつ、他の債務について再生計画に基づいて減免を受け、返済していくことで、住宅を手放さずに債務整理ができる制度です。

この手続きは、通常の民事再生であっても、個人再生でも、民事再生手続を申し立てた個人であれば、すべての人が利用できます。

再生計画の中で住宅ローンの弁済方法を組み直し、再生手続きの認可要件を満たせばその後は変更された内容のローンを弁済することになります。

住宅ローンやクレジット会社・消費者金融などからの借金によって多額の債務を抱える個人債務者は、調停や任意整理で話がつかない場合には、最後には自己破産するしかありません。しかし、破産すれば、ほとんどの場合、せっかく手に入れた住宅も結局は失うことになってしまいます。この点、住宅資金貸付債権の特則を活用できれば、住宅を失わないで住宅ローン以外の借金を整理することも可能なのです。

■ 小規模個人再生と給与所得者等再生との違い

同じ個人再生でも、小規模個人再生と給与所得者等再生を比較してみると、給与所得者等再生の方は、再生計画の認可決定にあたって、債権者の決議を必要としないので、反対意思の強い債権者がいる場合にはメリットがあります。そのかわり、2年分の可処分所得以上の返済が必要となるなど、債務者に厳しい面もあります。

その一方、小規模個人再生の方は、再生計画を認可決定するにあたって、債権者の書面決議を行います。再生計画案に同意しない旨を回答した債権者が債権者総数の半数に満たず、かつ、同意しない債権者の債権額の合計が債権額の合計の２分の１を

小規模個人再生と給与所得者等再生の違い

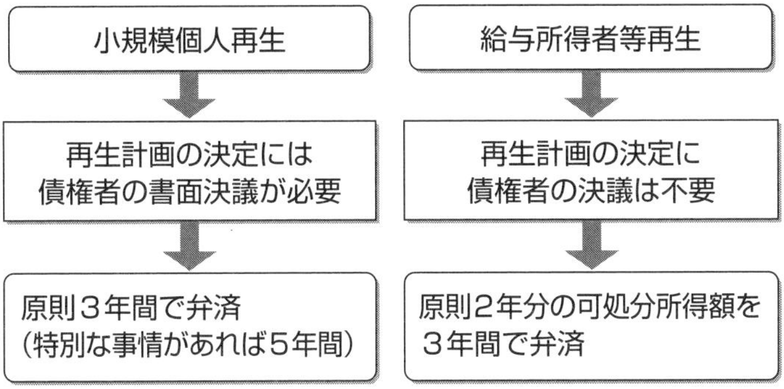

超えないときに限り、再生計画案は可決されます。決議が必要になる分、給与所得者等再生よりも債権者の意向が反映されやすくなります。ただ、債権者の多数が積極的には賛成していなくても、わざわざ不同意の書面を提出する債権者が少なければ可決されるので、通常の民事再生の可決要件よりも緩やかです。

■ 会社員でも小規模個人再生は申し立てられる

会社員だからといって、必ず給与所得者等再生を利用しなければならないというわけではありません。小規模個人再生を利用した方が、無担保の借金の圧縮額を大きくできる可能性が高いため、会社員であっても小規模個人再生を利用する場合が多いです。給与所得者等再生では、再生計画における弁済額の最低基準が、再生計画案を提出する前２年間分の可処分所得以上の額を３年間で返済することが原則になっているからです。

なお、最低弁済額の算出については、清算価値保障原則も関係してきます。破産した場合に見込まれる配当の額よりも再生計画に基づく弁済の額が多くなければなりません。

清算価値保障原則の具体例

たとえば、再生債務者が保有する資産を破産手続きによって換価したときに得ることができる金額が400万円と見込まれる場合、再生計画に基づく弁済総額は400万円を上回る必要がある。

PART4
12

個人再生手続きの流れ

通常の民事再生に比べて簡略化されている

■ 手続開始の申立てではじまる

個人再生手続きは、再生手続開始の申立てによってはじまり、再生計画の認可決定が確定することによって終わります（ただし、終結後、弁済ができなくなった場合などには一定の手続きをとる必要があります）。通常の民事再生手続きと比較して、債権調査や債権確定手続き、債権者の意見を反映させる制度、手続きに関与する期間などの面で、簡略化・軽量化されています。

個人再生の再生手続開始の申立ては、債務者だけが行うことができます（通常の民事再生の再生手続開始の申立ては債権者もすることができます）。再生手続開始決定がなされると、強制執行や仮差押・仮処分などをすることができなくなります。もし強制執行などの手続きがなされていれば中止されます。裁判所は、手続開始の決定と同時に、「債権届出期間」と「再生債権に対する一般異議申述期間」を定め、これらを官報に掲載（公告）すると共に、申立ての際に裁判所に知らされている債権者に対して再生手続きが開始されたことを記載した書面を「債権者一覧表」といっしょに送付します。

再生債権

「再生手続開始前の原因に基づいて生じた財産上の請求権」、つまり一言でいえば、債務者が負っている借金のこと。

債権認否一覧表を作成する

債権者が特に債権の届出をしたり、債権がない旨の申し出をしなければ、債権者は債務者が債権者一覧表に記載した現在額または担保不足見込額を届け出たことになる。債権者一覧表に記載された債権額に異議がある債権者などは、裁判所に債権届を送付する。再生債務者は、こうして出揃った債権届をもとに債権認否一覧表を作成し、裁判所に提出する。

■ 債権調査手続き

債権者は、送られてきた債権者一覧表に記載されている自分の債権の内容に異存がなければ、あらためて債権届出をする必要はありません。債権者一覧表に記載されていない債権がある場合や、記載されている債権の内容（債権額など）に異存のある債権者は、債権届出期間内に裁判所に対して債権の届出をし

個人再生手続きの流れ

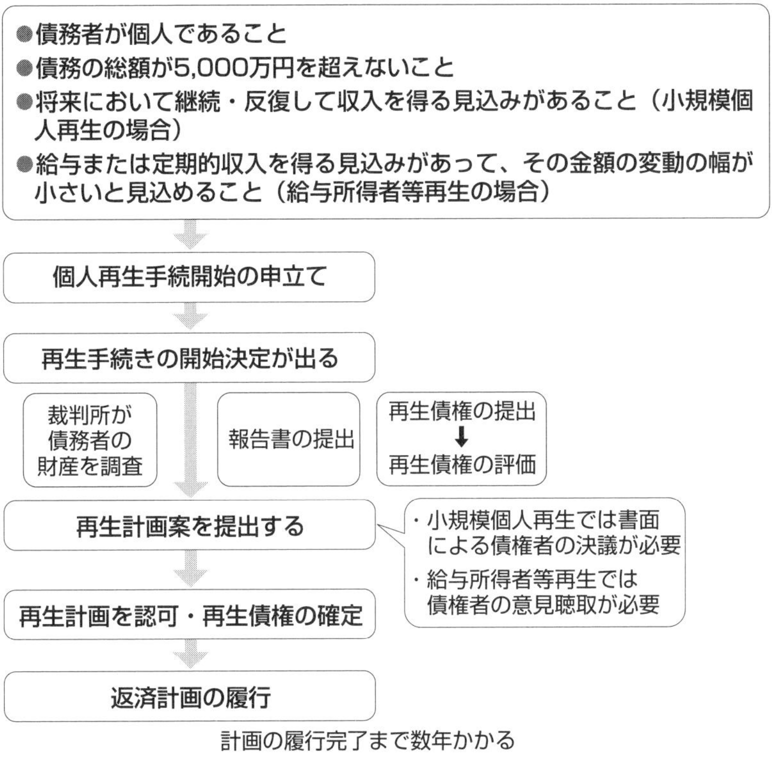

たり、異議を述べたりすることができます。

異議の申述があった場合は、異議のあった再生債権を有する再生債権者などは、再生債権の評価の申立てをすることができ、債権の存否及び額、または担保不足額などが確定されることになります。

■ 再生債権の評価の申立て

再生債権に対して異議申述があった場合、異議のあった再生債権を有する再生債権者などは、再生債権の評価の申立てをすることができ、債権評価の手続きを経て債権の存否や額が決定されます。評価の申立てを誰がすべきかについては、以下のように分類することができます。

① 債権が執行力のある債務名義または終局判決のあるものでないとき（確定判決、和解調書、調停調書、執行証書などがないとき）は、異議のあった再生債権を有する再生債権者が債権評価の申立てをしなければなりません。

② 債権が執行力のある債務名義または終局判決のあるものであるとき（確定判決、和解調書、調停調書、執行証書などがあるとき）は、異議を申し立てた者が債権評価の申立てをしなければなりません。

評価の申立ては異議申述期間の末日から３週間以内にしなければならず、申し立てる際には予納金を裁判所に納めなければなりません。予納金の額は裁判所によって異なりますが、通常、２～５万円程度と考えればよいでしょう。

なお、個人再生手続では、個人再生委員が選任されないこともありますが、再生債権の評価の申立てがあった場合には、必ず個人再生委員が選任されます。

■ 再生計画案の作成と決議・認可

前述のような手続き及び財産調査などの手続きを経て、債権額が確定し、再生計画案を作成することになります。

ただ、実際には届出再生債権に対する異議申述、評価の申立てなどは行われることなく手続きが進むことも珍しくありません。

再生計画案は債務者（または代理人）が作成して、裁判所の定める期間内に裁判所に提出しなければなりません。なお、個人再生委員が選任されている場合は、適正な再生計画案を作成するように個人再生委員から勧告を受けることもあります。

小規模個人再生の場合は、再生計画案について債権者の書面

再生債権の評価制度

裁判所が個人再生委員の意見を受けて、再生債権の額などを評価すること。

届出再生債権についての異議の申述

債務者が債権認否一覧表に「認めない額」を記載したとしても、それだけでは異議の申立てをしたことにはならない。異議がある場合は、異議申述をしなければならない。異議申述は債権者も債務者もすることができるが、債務者は、債権者一覧表に異議を述べることがある（異議を留保する）旨を記載していなければ、異議申述をすることができない。異議申述は、一般異議申述期間内に裁判所に異議書を提出して行う。異議書には、異議の相手方、異議の理由などを記載する。

個人再生委員の選任

個人再生委員には、再生債務者の財産や収入の状況を調査したり、再生計画案を作成するために必要な勧告をしたりする権限を付与することができる。また、再生債権の評価の手続きを行う場合は、裁判所の補助を行うことになり、債権の額や存否などを調査するために、債務者や債権者に対し資料の提出を求めることができる。

債権調査手続きと債権届の提出

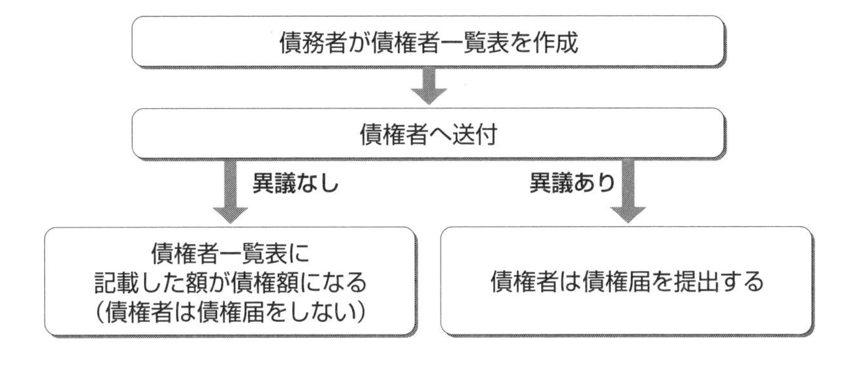

による決議を受けることになります。通常の民事再生とは可決要件が異なります。通常の民事再生の場合は、多数の積極的な賛成が必要です。他方、小規模個人再生では、多数の書面による反対がなければ可決されます。したがって、通常の民事再生よりも可決されやすいといえます。給与所得者等再生の場合は、再生計画案が債権者の決議に付されることはありませんが、裁判所は債権者の意見を聴くことがあります。

個人再生委員

裁判所の補助的な役割をする者として個人再生委員が選任されることがある（東京地裁では原則として全件で選任される）。個人再生委員の報酬は、各裁判所によって違いはあるが、だいたい十数万円～二十数万円程度の予納金が必要になる。分納を認めている裁判所もあるので事前に確認しておきたい。

■ 再生手続きの終結

小規模個人再生の場合は再生計画案が債権者によって可決されたとき、給与所得者等再生の場合は債権者の意見聴取期間が経過したときに、裁判所は不認可事由がなければ認可決定を行います。この認可決定が確定すれば、手続きは当然に終結します。

認可決定が確定した後は、計画の変更やハードシップ免責、再生計画の取消しなどの特別の場合を除いて、裁判所は関与しません。

また、個人再生委員が選任されている場合であっても、個人再生委員は、原則として、再生計画の遂行について関与しません。

個人再生の対象債権

再生手続きの対象から除かれる債権もある

■ 再生債権、一般優先債権、共益債権

個人再生で、整理の対象となる借金は再生債権と呼ばれます。一般優先債権とは、税金などの一般の優先権が認められる債権です。共益債権には、再生手続開始後の事業や生活のために必要な費用などがあります。一般優先債権と共益債権は、再生手続きによらずに随時弁済することができますが、将来弁済すべきものは再生計画案に明示する必要があります。

■ 別除権

担保権の設定を受けている債権は、その担保権によってカバーされている範囲について、再生手続きの対象外となります。債権者は、再生手続開始後も、原則として自由に担保権を実行して債権を回収することができます。これを別除権といいます。

ただし、担保権の設定を受けている債権であっても、その担保権によってカバーされていない範囲については、再生債権として再生手続きに参加することができます。また、住宅資金貸付債権（住宅ローン）に関する特則の適用を受けた場合、住宅ローンの残債務額全額が再生債権から除かれます。つまり、住宅ローンの残額のうち抵当権でカバーされない額（担保不足額）であっても、再生債権にはならないということです。

■ 債務総額は5000万円以下

個人再生を利用するためには、借金の総額に条件があります。債務総額は5000万円以下であることが条件となりますが、少々

一般優先債権

再生手続きのために裁判所に納める手数料や所得税・住民税などの租税、健康保険料、国民年金保険料、罰金や科料、過料など。事業主として人を雇っているような場合の未払賃金も一般優先債権にあたる。これらの債権については、再生手続きとは別個に、債務者は随時返済することができる。

共益債権

再生手続開始後の再生債務者の事業や生活に必要不可欠な費用などが共益債権となる。債務者が事業を営んでいるような場合には、事業を継続することに欠かすことができない原材料の購入費用などが共益債権に該当し、また事業者でなくても電気・ガス・水道料金なども共益債権となる。

再生債権の範囲

銀行や信販会社、消費者金融、商工ローンなどのあらゆる借入先からの借金が対象になる。身内からの借金や、友人からの借金も入る。また、誰かの保証人になっている場合には、その保証債務も再生債権となる。

小規模個人再生における債権の取扱い

債権名	内容	弁済方法
共益債権 一般優先債権	再生計画遂行に関する費用、労働債権（給料債権など）、租税など	減額や免責などの対象にはならない
担保権付債権	別除権を有する債権のこと。一般債権者とは別に弁済を受ける	別除権を行使して弁済を受けることができる（担保不足額は再生債権となる）
再生債権	共益債権、一般優先債権、担保権付債権を除いた債権	再生手続開始後は再生計画による弁済をのぞき、弁済は禁止される

計算が面倒ですので注意してください。

まず、一般優先債権や共益債権にあたるものは除外します。住宅資金貸付債権の特則を利用する場合は、住宅ローンの残債務の全額を債務の総額から除外します。消費者金融業者からの借入れについては、過払金（利息制限法の制限利率を超える利息）がある場合は、制限利率で引直し計算をします。さらに、担保権の設定のある債務については、担保権でカバーされると見込まれる金額を債務の総額から除外します。したがって、住宅資金貸付債権の特則を利用しない場合でも、住宅ローンの残債務のうち抵当権などでカバーされると見込まれる金額は債務の総額から除外します。

このような計算を経て算出した債務総額が5000万円以下であれば、個人再生を利用することができます。これから先は、こうして計算した金額を単に「債務総額5000万円以下」と呼ぶことにします。

債務の総額を計算をする際の注意点

本文の計算方法はあくまでも簡略化したものである。たとえば、再生債権者は、債権の元本及び再生手続開始決定の日の前日までの利息・損害金を再生債権の額として主張することができる。そこで、上記のように計算した元本の合計が5000万円ぎりぎりであった場合、利息・損害金を上乗せすることによって5000万円を超え、再生計画の認可決定が得られない場合があるので、注意する必要がある。

PART4
14

民事再生のしくみと手続き

個人再生における再生計画案の内容

弁済期間は３年以内が原則である

■ 再生計画案の内容と返済期間

再生計画案の内容の中心となるのは、「いくら」を「どの程度の期間」で返すか、ということです。なお、再生計画案では、「再生債権の元本のうち○○％を後記の弁済方法のとおり弁済する」というように権利変更の一般的基準を示す必要があります（弁済率ではなく、「免除率」で表現する場合もあります）。また、再生計画案に沿った返済計画表を作成します。弁済期間は３年以内が原則です。ただし、特別な事情があれば５年以内でもよいとされています。つまり、３年以内の返済が原則ですが、それではどうしても再生計画が組めそうもないときには、５年まで認められる可能性もあります。ただし、この返済期間も３年後や５年後に一括返済すればよい、というわけにはいきません。特別な事情がない限り、３か月に１回以上の頻度で分割返済しなければなりません。もちろん、３か月に１回以上の返済ができるのであれば、たとえば毎月返済するという計画でもよいわけです。

■ 小規模個人再生の場合の計画弁済総額はどうなる

債務者が、再生計画に基づいて具体的に返済することになる総額（計画弁済総額）は最低弁済額以上でなければなりません。

小規模個人再生の場合は、再生手続の対象となる借金の総額が100万円未満の場合には、その額が最低弁済額となります。つまり、この場合には借金の額自体を減らすことはできません。

また、借金の総額が100万円以上500万円未満の場合は100万

再生計画案は実行可能なものに

せっかく再生計画案がまとまっても、それが、実行不可能であると判断されると認可されない。また、仮に再生計画が認可されたとしても、かなりムリをしなければ実行できないようなものであれば、結局は、再生計画は絵に描いた餅になってしまう。再生計画が実行できなくなってしまえば、再生計画の変更の手続きをとったり、場合によっては、破産しなければならないことになる。再生計画については、先々自分が実行できる内容の計画を作成して、債権者の理解を得るように努力すべきである。

小規模個人再生の最低弁済額

基準債権の額	最低弁済額
100万円未満	その金額
100万円以上500万円未満	100万円
500万円以上1500万円以下	その金額の5分の1
1500万円超3000万円以下	300万円
3000万円超～5000万円以下	その金額の10分の1

円、借金の総額が500万円以上1500万円以下の場合は借金額の５分の１、借金の総額が1500万円を超え3000万円以下の場合は300万円、借金の総額が3000万円を超え5000万円以下のときは借金額の10分の１がそれぞれ最低弁済額となります。

■ 清算価値保障原則について

計画弁済総額は最低弁済額以上でなければならないと同時に、再生債務者が破産した場合に見込まれる配当の額以上でなければなりません。これを清算価値保障原則といいます。債務者が破産した場合、債務者が所有する財産を換金して債権者に分配することになります。個人再生では、破産ではなく個人再生を選択する経済合理性を担保するため、計画弁済総額は再生債務者の財産を清算した場合の価値以上でなければなりません。この清算価値を示すために清算価値算出シートを作成することがあります。

清算価値は、基本的には財産目録に記載された財産の価額を合計して求めます。ただし、退職金見込額はその８分の１が清算価値となるなど、計算方法にはさまざまな実務上の運用ルールがあります。

たとえば、再生手続きの対象となる借金の総額が500万円であった場合、最低弁済額は100万円です。しかし、もし財産の清算価値が200万円であった場合には200万円以上を計画弁済総額としなければなりません。また、清算価値が600万円であった場合には、500万円全額を弁済しなければなりません。

なお、前述の最低弁済額の基準と清算価値保障原則は、小規模個人再生だけでなく給与所得者等再生にも適用されます。給与所得者等再生の場合は、これらに加えて可処分所得の基準についてもクリアしなければなりません。

■ 債権者が納得しない場合もある

これらの基準で求められるのは、あくまでの計画弁済総額の最低基準にすぎません。小規模個人再生では、もし、その人の収入などに照らしてみれば、もう少し負担できるということであれば、最低基準よりも多い額を計画弁済総額として再生計画案を作成した方がよい場合もあります。

最低弁済基準額によれば、3000万円の借金があっても、返済するのは300万円でよいことになります。財産の清算価値が300万円以下であるとして、計画弁済総額を300万円とする再生計画案を作成した場合、中には弁済総額が低すぎるといって納得しない債権者もでてくるかもしれません。小規模個人再生の場合、債権者から反対の書面が多数提出されれば再生計画案は否決されますので、計画弁済総額を考える際には注意が必要です。また、合理的な理由なく３年を超える弁済期間を提案すると債権者に反対される確率も高まるといえますので、注意が必要です。

再生計画案を作成する際には、再生債権者が反対する傾向の強い債権者なのかそうでないのかを見極め、計画弁済総額や弁済期間を考えることが必要になってくるでしょう。

債権者に経済合理性を示すことが大切

最低弁済額や清算価値保障原則は最低限の基準である。再生計画案は、再生債務者が現実的に実行可能な範囲で、債権者の債権回収に最大限資する内容でなければ、債権者の理解を得ることは難しい。また、経済的苦境に陥った原因の分析と、今後の生活再建の計画が、合理的で説得力のあるものでなければならない。そして、再生計画案の合理性を判断する前提として、資産や収入の状況の開示など、再生債務者による再生手続きの誠実な遂行が重要となる。

3000万円の借金がある場合の最低弁済額

この場合の300万円はあくまで最低弁済額である。
収入などを踏まえ、もう少し負担できるのであれば、最低弁済額よりも多い額を計画弁済総額として再生計画案を作成した方がよい場合もある

■ 債権者による再生計画案の決議について

給与所得者等再生では再生計画の認可を受けるには、債権者の決議は必要ありません。しかし、小規模個人再生では再生計画案は、債権者の決議に付され、可決されなければなりません。

裁判所は、債務者から再生計画案の提出を受けると、再生計画案を書面によって決議することを決定します。議決権者である債権者に対しては、再生計画案を記載した書面と、それに同意しない場合には裁判所が定める期間内に書面で同意しない旨を回答するように、裁判所から郵便が送られます。定められた期間内に同意しない旨の回答がない債権者については、再生計画案に賛成したものとみなされます。 再生計画案は、反対の書面を提出した議決権者（債権者）が議決権者の総数の半数に満たず、かつ、その議決権の額が議決権総額の２分の１を超えないときに、可決されます。

たとえば、債権者が複数いても、そのうちの一部の債権者だけで、債権総額の７～８割を持っているような場合には、その債権者が反対すれば、他のすべての債権者が仮に同意をしたとしても、再生計画案は否決されることになります。

PART4
15

個人再生における再生計画の認可

一定の事由がある場合は不認可となる

■ 債権者による可決が前提

小規模個人再生では、再生計画案が債権者の決議で否決された場合、再生手続きは廃止となります。つまりここで手続きは終わり、もう一度再生手続きをしたい場合はすべて最初からやり直さなければなりません。再生計画案が債権者によって可決されると、裁判所は、再生計画を認可するか、認可しないかの判断を行うことになります。裁判所が認可決定を出し、それが確定してはじめて再生計画は効力をもつことになります。

再生計画の認可または不認可に対しては、債務者、債権者は即時抗告をすることができます。なお、債権届をしていない債権者も即時抗告をすることができます。

即時抗告

裁判所の決定や裁判官の命令に対する不服申立てのことを抗告という。そのうち、裁判が行われた日から一定の期間内に提起しなければならない抗告を即時抗告という。

再生計画変更の申立て

再生計画変更の申立てをするには、申立書に再生計画の変更を求める旨と理由を記載し、変更後の計画案も提出しなければならない。小規模個人再生では、変更後の再生計画案を債権者の決議に付し、債権者がこれを可決してから裁判所が再生計画の変更について判断することになる。再生計画の変更決定の確定によってこの変更の効力が生じる。

■ 原則として認可決定される

再生計画案が債権者によって可決された場合、裁判所は、再生計画の認可または不認可を決定します。法律で定められた不認可事由（次ページ図参照）がある場合に限り、裁判所は不認可決定をすることになります。多くの場合、不認可事由が生じそうな場合は、再生計画案を作成する過程で裁判所や個人再生員とのやりとりの中で解消していきます。解消される見通しがなければ再生手続廃止決定がなされます。

特に問題となりやすいのは、債務総額が5000万円以下であること、最低弁済額、清算価値保障原則、継続的な収入の見込み、再生計画の実行可能性などです。なお、給与所得者等再生の場合、小規模個人再生の場合と同様の不認可事由に加えて、いく

主な不認可事由

●小規模個人再生の場合

①再生手続きまたは再生計画が法律の規定に違反し、その不備を是正できないとき

②再生計画が遂行される見込みがないとき

③再生計画の決議が不正の方法によって成立するに至ったとき

④再生計画の決議が再生債権者の一般の利益に反するとき

⑤再生債務者が将来において継続的にまたは反復して収入を得る見込みがないとき

⑥債権調査を終えた後の無担保再生債権の総額が5,000万円を超えているとき

⑦再生計画に基づく弁済の総額が債権調査を行った後の無担保再生債権の総額に応じて定められた最低弁済額を下回っているとき

⑧住宅資金特別条項を定める意思がある旨を債権者一覧表に掲載したのに、再生計画中に住宅資金特別条項の定めがないとき

●給与所得者等再生の場合

左記の①②④⑥⑦⑧は給与所得者等再生でも不認可事由となる。その他、給与所得者等再生に特有の不認可事由は次のとおり。

①給与またはこれに類する定期的な収入を得る見込みがあり、その額の変動の幅が小さいと見込まれる場合にあたらないとき

②給与所得者等再生の申立てが、以下に定める日から7年以内であるとき

- 以前に給与所得者等再生における再生計画が遂行された場合は、以前の再生計画認可決定の確定日
- ハードシップ免責の決定が確定した場合は、その免責決定に関わる再生計画認可決定の確定日
- 破産法に基づく免責決定が確定した場合はその免責決定の確定日

③再生計画における弁済の総額が、可処分所得に応じた最低弁済基準に達していないとき

つか固有の不認可事由が規定されています。たとえば、収入面で給与所得者等再生を利用できる資格に該当していない場合、申立ての前７年以内に給与所得者等再生の認可決定が確定していた場合、破産免責や後述のハードシップ免責の免責決定が確定していた場合などです（上図参照）。

■ 再生計画の遂行が極めて困難になったら

個人再生の場合、再生計画の認可決定が確定すれば、再生計画の効力が生じ、再生手続きは当然に終結します。債務者は、再生計画の効力が発生した後は、誠実に再生計画を遂行していかなければなりません。しかし、再生計画で定められる債務の弁済期間は原則として３年、長くなると５年にも及ぶことにな

りますから、その間に、病気になったり、不意の事故や災害に襲われたり、はたまた失業したりなど、再生手続終結時には予想もしていなかった事態が生じて、再生計画の遂行が困難になる場合があり得ます。このような場合には、再生債務者としては、①再生計画の変更や、②ハードシップ免責を申し立てることができます。また、再生債権者としては、③再生計画の取消しを申し立てることができます。

「やむを得ない事由」

たとえば会社員であれば会社の業績不振などで給料が下がったり、賞与が支給されなかったりというようなことが考えられる。自営業者であれば景気や環境の変化によって売上げが著しく減ったり、火災、天災などで一時的に営業を休まなければならなくなったりということが考えられる。

ハードシップ免責の申立て

申立てがあると、裁判所は債権者の意見を聴かなければならない。ハードシップ免責決定の効果は、保証人や担保権には影響を及ぼさない。債務者に対して抵当権を持っている債権者は、抵当権を実行することができる。

①　再生計画の変更

再生計画の認可決定が確定した後で、「やむを得ない事由で再生計画を遂行することが著しく困難となったとき」には、再生計画変更の申立てをし、再生計画で定められた返済期間を延長してもらえることがあります。延長期間は、再生計画で定められた債務の最後の期限から２年以内になっています。再生計画変更の申立ては、再生債務者だけが行うことができます。

なお、再生計画の変更は、返済期限の延長だけで、返済総額の変更を申し立てることはできません。延長できる期限は最長でも２年間ということになります。最初の再生計画の弁済期間は、原則として３年間、特別な事情がある場合は５年間まで認められていますので、再生計画の変更による期限の延長が認められると、最初の再生計画から考えて結局、最長で７年間の弁済期間ということになります。

②　ハードシップ免責とは

再生計画の遂行が極めて困難になった場合には、裁判所の免責決定を得れば、再生債務者は、以後の再生債権の返済から免責されるという制度をハードシップ免責といいます。ハードシップ免責は、個人再生に特有の制度です。この免責が認められるためには、以下の条件が必要です。

・再生債務者に責任のない事情によって、再生計画を遂行することが極めて困難になったこと
・再生計画による借金の返済が４分の３以上終わっていること

ハードシップ免責のしくみ

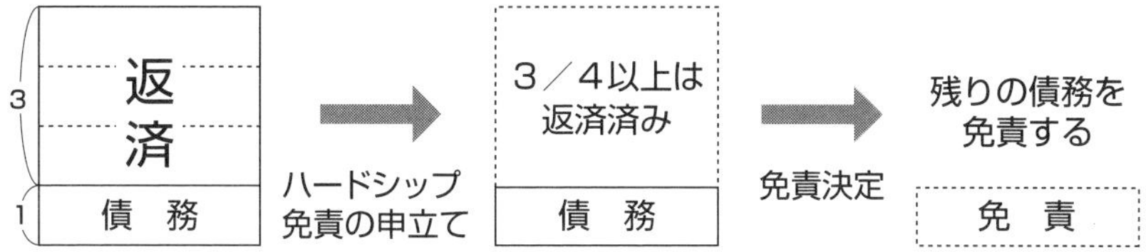

・債務者に責任のない事情によって、再生計画を遂行することが極めて困難
・借金の返済が4分の3以上終わっている
・免責の決定が、再生債権者の一般の利益に反するものではない
・再生計画の変更が極めて困難

・免責の決定が、再生債権者の一般の利益に反するものではないこと

・再生計画の変更をすることが極めて困難であること

③　再生計画の取消しと債権の復活

再生債務者が再生計画の履行を怠っている場合などでは、再生債権者としては、再生計画の取消しの申立てをすることもできます。この申立てを受けて、裁判所は、再生計画の取消しの決定をすることになります。申立てを行うことができる再生債権者は、債権額の10分の1以上を有する再生債権者で、履行期限が到来しているにもかかわらず履行を受けていない者です。これらの債権者が共同して裁判所に申立てを行い、それが認められれば再生計画は取り消されてしまいます。再生計画取消しの決定が確定してしまうと、再生手続きはなかったことになって、再生債権者は再び再生債務者に対して全額請求できるようになります。せっかく再生計画により減額されていた債権が、全額復活します。ただし、再生計画に基づく弁済は有効ですので、すでに弁済がなされた分は減額されます。また、場合によっては、再生債務者が破産手続開始決定を受けることもあります。

職権で破産手続開始決定される場合

再生手続きの申立てがなされたものの手続きが失敗に終わった場合、債務者に破産原因となる事実があれば、裁判所は職権で破産手続開始決定をすることができる。これを牽連破産という。再生手続開始申立ての棄却決定、再生手続開始決定の取消決定、再生手続廃止決定、再生計画不認可決定、再生計画取消決定があったときなどに、職権で破産手続開始決定がなされる場合がある。

PART4
16

給与所得者等再生

収入の変動幅が大きい場合は利用できない

■ 給与所得者等とは

給与所得者等再生は、小規模個人再生に比べていくつかの点で違いがあります。

給与所得者等再生という名称からもわかるように、「給与またはそれに類する定期的な収入を得る見込みがあること」が、手続利用の条件になります。債務総額5000万円以下という条件の他に、給与などの定期収入があって、しかもその収入の変動幅が比較的小さいことも重要な要件となっています。ここで「収入の変動幅が小さい」というのは、具体的には、年収が前年比20%の範囲内に収まっていることが一つの目安になっています。ただ、絶対的にそうでなければならない、というわけではありません。たとえば、ある年の年収が600万円だとすると、次の年の年収が480万円～720万円の範囲内と見込める人であれば、給与所得者等再生の対象になります。歩合給の比率が大きい営業職などは、会社員でもクリアできない場合があります。

■ 年収をベースに可処分所得を導き出す

給与所得者等再生では、計画弁済総額は再生計画案提出前2年間の平均年間可処分所得の2年分以上でなければなりません。また、小規模個人再生と同様、債務総額に応じた最低弁済額や、清算価値保障原則をクリアする必要もありますが、可処分所得の基準をクリアできれば、最低限最額や清算価値を上回る弁済となる場合が多いといえます。

ただ、年収が大きく変動している場合には、必ずしも過去2

給与所得者等とは

たとえば、営業職やタクシー・ドライバーなどで、給与のうち歩合給の比率が高い人の場合には対象外になることもある。ただし、それまでの実績から見て歩合給にそう大きな変動がない人であれば、対象になる可能性もある。つまり、収入の変動幅が前年比20%程度に収まらない場合でも、再生計画を履行できる可能性が否定されるような不安定な収入でなければよい。
同様に年俸制の1年契約の会社員のような場合でも、翌年も確実に契約更新できるような人であれば対象となり得るだが、反対に、その保証のない人だと、対象にはならない。この他、年金受給者や恩給受給者であっても、対象になる。また、失業者でも、就職が内定している人や、継続的に勤務しているパートタイマーなども対象になる。反対に、就職が決まっていない失業者や、不定期な勤務のパートタイマーなどは対象にならない。

給与所得者等再生の対象

対象者	対象となるか否か
一般的な会社員	対象となる可能性が高い
継続的に勤務するアルバイト	なる
年金受給者	なる
就職が内定している失業者	なる
歩合比率の高い契約社員	対象とならない可能性が高い
専業主婦	ならない

年分の年収をベースにするとは限りません。以下、ケース別に見ていきましょう。

①　年収にあまり変動がない場合

まず、一般的な会社員のように、さほど年収に変化がない人であれば、再生計画案提出前の２年間の年収の平均をベースにします。ほとんどの場合は、これに該当します。

②　年収が大幅に減った場合

しかし、その２年間で年収が大幅に変動している場合もあります。そこで、再生計画案提出に、20％以上減少した場合には、減少した年収をベースにします。

③　年収が急激に増加した場合

逆に、再生計画案提出前に、年収が20％以上増加した場合は、その増加した年収をベースにします。もっとも、このような場合「債務者に破産の原因たる事実の生ずるおそれのあるとき」という要件に該当しなくなる可能性があります。

④　給与所得者となってからの年数が短い場合

しばらく自営業だった人が、業績不振で見切りをつけ、最近会社員になったばかりだ、という人はどうなるのでしょうか。たとえば、実質１年半しか働いていないような場合には、その

給与所得者等再生が利用できない場合は

小規模個人再生を利用することは可能。しかし、小規模個人再生でも、継続的に収入を得る見込みのあることが利用条件となるので、自分自身に収入がない専業主婦の場合は、通常、給与所得者等再生はもちろん小規模個人再生も利用できない。

１年半分の収入を1.5で割って、１年分の年収に換算して、それをベースにします。こうして割り出された「年収」を基礎に、可処分所得を導きだします。

■ 可処分所得とは

給与所得者等再生では、可処分所得の２年分以上（または最低弁済額あるいは清算価値以上）を、原則として３年（例外５年）で返済しする必要があります。

可処分所得とは、税金や社会保険料を控除した手取収入額から生活保護基準をベースとして計算される生活費を控除した所得のことです。可処分所得を算出するための基準は、政令で定められています。政令では全国の債務者の居住地域を大きく６区に分類します。その上で、それぞれの地区の特性や、債務者の年齢・家族構成などに応じて、①個人別生活費、②世帯別生活費、③冬季特別生活費、④住居費、⑤勤労必要経費、を定めています。

これらの費用を、前項で求められた年収から引き算します。

■ 債権者の決議は不要

給与所得者等再生では、原則として、債務者の可処分所得の２年分を原資として返済を行うことになっています。これまで見てきたように、この可処分所得の計算は、厳密に決められています。可処分所得を算出するベースになる年収のとらえ方や、年収から控除できる最低限の生活を維持するのに必要な費用などが明確に定められ、債務者が故意に数字を操作するようなことはしにくいしくみになっています。

このような厳密な規定によって、提出される再生計画案の妥当性を確保する反面、債権者の再生計画案に対する決議を省略して、小規模個人再生よりもさらに手続きを簡素化しようとしているわけです。あえていえば、債務者にとっては最低限の生

債権者の意見書の提出

債権者の意見は、具体的に不認可事由を指摘しなければならない。単に、再生計画の認可には反対だ、という意見は、裁判所では取り上げてもらえない。悪質な貸金業者などが、理由もなく再生計画の認可に反対することなどは十分に予想されるが、そのような反対は無視される。
具体的な不認可事由を指摘した書面が、債権者から提出された場合には、債権者に対して、書面で指摘された不認可事由に関する証拠の提出が求められることがある。この証拠が、再生計画を認可するかどうかの判断材料のひとつにされる可能性はある。

給与所得者等再生の場合の最低弁済額

可処分所得要件

- 所得税・住民税などを控除した手取り年収から最低限度の生活を維持するのに必要な１年間の費用（生活費）を控除した額（可処分所得）の２年間分を原則３年（例外５年）で支払う

最低弁済額

- 借金総額が 100 万円未満のときは、その金額を返済する
- 借金総額が 100 万円以上 500 万円未満のときは、100 万円を返済する
- 借金総額が 500 万円以上 1,500 万円以下のときは、その金額の５分の１を返済する
- 借金総額が 1,500 万円を超え 3,000 万円以下のときは、300 万円を返済する
- 借金総額が 3,000 万円を超え 5,000 万円以下のときは、その金額の 10 分の１を返済する

例）年収 500 万円、借金総額 900 万円の会社員の場合、900 万円の５分の１である 180 万円が最低弁済基準

清算価値保障原則

- 再生計画による弁済の総額は、破産した場合に見込まれる配当の金額を上回る金額でなければならない

活の下で返済しなければならない金額が法律によって定められているのだから、債権者の利益が保護されている、というわけです。

ただ、再生計画を認可する前に、裁判所は、債権者の意見を聴いて参考にすることがあります。ただし、ここで述べられる債権者の意見は、再生計画の不認可事由があるかないかについての意見に限られます。意見がある債権者は、不認可事由を具体的に指摘した意見書を、裁判所に提出しなければなりません。

住宅資金貸付債権（住宅ローン）に関する特則

一定の要件を満たしていれば利用できる

■ 住宅資金貸付債権に関する特則

破産・免責手続きの申立てによって借金の支払いを免れることはできますが、通常、生活の基盤であるマイホームも手放さなければならなくなります。しかし、民事再生法の住宅資金貸付債権に関する特則（住宅ローンに関する特則）の制度を利用すれば、マイホームを失わずに、借金を整理することも可能です。

住宅ローンの支払いに支障が生じている債務者のために、返済条件について変更を認める制度がこの住宅ローンに関する特則です。債務者は、民事再生手続きを申し立て、再生計画案の中に住宅ローンに関する権利変更の条項（住宅資金特別条項）を盛り込んで提出します。その再生計画が裁判所によって認可され確定すれば、マイホームに居住しながら住宅ローン以外の債務を圧縮することができます。この住宅資金特別条項は、通常の民事再生手続き、小規模個人再生、給与所得者等再生の、いずれの場合でも再生計画の中に盛り込むことができます。

■ 住宅資金貸付債権とは

住宅資金特別条項を定めることができる住宅ローン（住宅資金貸付債権）は、以下の要件を満たすことが必要です。

① **住宅の建設・購入または、住宅の改良に必要な資金の借入れであること**

ここでいう「住宅の購入」には、いずれ住宅を取得する予定で土地を購入したり、借地権を取得したりする場合も含みます。

② **この資金の返済が、分割払いになっていること**

再生計画はどのように履行されるのか

住宅資金特別条項付の再生計画が認可され確定すると、保証会社が代位弁済をしていた場合であってもその代位弁済はなかったものとみなされる。したがって、住宅ローンの債権者は、保証会社から元の銀行などの金融機関に戻る。また、保証会社は、元のとおり住宅ローンを保証する状態に戻る。ただし、いったん保証会社による代位弁済がなされると、個人信用情報機関には、事故情報として登録されるので、クレジットカードなどが利用しにくくなる。住宅資金特別条項を含む再生計画案の作成の際は、金融機関と話し合いながら進めることになり、再生計画の効力発生後は、当然金融機関に対して住宅ローンの返済を継続していくことになる。

住宅資金貸付債権の特則の対象にならないローン

- 住宅の上に他の担保権が設定されているとき
- 住宅とあわせて他の不動産に住宅ローンを担保する抵当権が設定されていて、その不動産に優先順位の低い担保権がつけられているとき
- 法定代位（次ページ）によって住宅ローン債権が取得された場合

※ ただし、保証会社の代位弁済から6か月以内であれば、特則の対象となる

③　住宅ローン債務や、保証会社の求償債務を担保するために、抵当権が設定されていること

これは、抵当権が実行されて住宅を失うことがないように、という制度の目的から要求されている条件です。

■ 対象となる「住宅」の要件とは

住宅ローンに関する特則が対象としている「住宅」は、個人が所有し、居住する住宅であることが原則です。また、建物の床面積の２分の１以上に相当する部分を自ら居住するために使用していることが必要になります。

また、一般的な住宅ローンであれば、たいていは住宅ローンに関する特則の対象になります。ただ、例外的に一部の住宅ローンには利用できない場合がありますから、注意が必要です。どんな場合に利用できないのか見ていきましょう。

①　他の担保権が設定されている場合

住宅に、住宅ローンを担保するための抵当権の他に、他の債権を担保するための担保権が存在する場合には、住宅ローンに関する特則は利用できません。

また、住宅以外の不動産に、住宅ローンを担保する抵当権が

対象となる「住宅」の要件

住宅ローンに関する特則が対象としている「住宅」は、個人が所有し、居住する住宅であることが原則である。

①　個人の債務者が所有し自ら居住するための建物であること

借入れが宅地を購入するためのものであっても、建物に抵当権が設定されていればよい。また、現に居住していなくても、将来居住することを予定して建てた建物であればかまわない。

②　建物の床面積の２分の１以上に相当する部分を自ら居住するために使用していること

たとえば、店舗や事務所と併用している建物であっても、その建物全体の床面積の２分の１以上に相当する部分が、もっぱら債務者自身の居住のために使用されていればよい。

設定されている場合で、その不動産にこれより優先順位の低い担保権が設定されている場合にも、住宅ローンに関する特則は利用できません。

②　法定代位による住宅ローン債権の取得の場合

たとえば、身内や知人が、連帯保証人として債務者に代わって住宅ローンを返済すると、法定代位といって、連帯保証人は金融機関が有していた抵当権その他の権利を行使することができるようになります。連帯保証人が金融機関に代わって、住宅ローン債権や抵当権を取得したときには、住宅ローンに関する特則は適用されません。ただし、保証会社の代位弁済については、次の例外があります。

■ 保証会社による保証債務履行後6か月を経過した場合

住宅ローンの延滞が生じて、ある程度の期間が経過すると、保証会社が債務者に代わって、金融機関に返済してしまいます(代位弁済)。このような代位弁済がなされると、上記の②によれば、住宅ローンに関する特則が適用されないことになってしまいます。

しかし、保証会社が代位弁済した後は、すべて住宅ローンに関する特則を利用できないものにしてしまうと、この制度を利用できるケースは、非常に限られてしまいます。民事再生手続きが申し立てられるまでには、それなりの時間が経過しているのが普通であり、その間に、保証会社による代位弁済が行われていることが多いからです。

そこで民事再生法は、保証債務の履行完了後6か月以内に再生手続きの申立てがあった場合に限って、住宅資金特別条項の利用を認めることにしました。ですから、代位弁済まで事態が悪化している債務者は要注意です。保証会社による代位弁済が行われてから、6か月以上が経過してしまえば、もはや住宅ローンに関する特則を適用することはできなくなってしまいます。

法定代位による住宅ローン債権の取得の場合

住宅資金特別条項によって返済条件が変更されても、銀行などの金融機関は、債務者から利息を徴収することで収益をあげることができるが、金融機関でない連帯保証人は、利息による収益よりもむしろ早期の回収を望んでいるため、住宅ローンに関する特則は適用されない。

代位弁済のしくみ

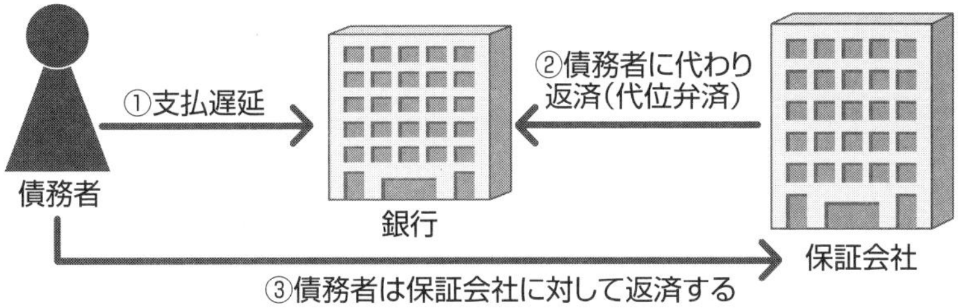

■ 保証会社に対する競売中止命令

住宅ローンの抵当権が実行され、競売手続きによって住宅が他人の手に渡ってしまったら、住宅ローンの特則を利用してマイホームを確保することができなくなってしまいます。そこで、民事再生法は、裁判所が抵当権の実行手続の中止命令を出すことができるようにしました。

住宅ローンに関する特則を適用してもらいたいときには、再生計画案の中に、「住宅資金特別条項」を盛り込んでおきます。この再生計画が認可される見込みがあるときには、債務者の申立てによって、裁判所に、競売手続きの中止を命令してもらえます。もちろん、保証会社による代位弁済がなされているときは、代位弁済がなされてから6か月以内であることが必要です。

また、抵当権の実行手続の中止命令を出す前には、裁判所が競売申立人、つまり保証会社の意見を聴くことになります。意見聴取によって、とても再生の可能性がないと判断されたときには、競売手続きの中止命令がなされない可能性がありますから、絶対に安心とはいえません。

再生計画の不認可事由

住宅資金特別条項のある再生計画については、特有の不認可事由(下記の④)があることに注意する。不認可事由は以下のとおり。
① 再生手続きや再生計画が違法なとき
② 再生計画の決議が債権者の一般の利益に反するとき
③ 再生計画が遂行可能であると認めることができないとき
④ 債務者が守ろうとしている住宅や宅地を使用する権利を失うことになると見込まれるとき
⑤ 再生計画の決議が不正の方法によって成立したとき

PART4
18

住宅資金特別条項

そのまま型の利用が多い

■ どんなタイプがあるのか

住宅資金特別条項には、住宅ローン債権者の同意を必要としないもの（同意不要型）と同意を必要とするもの（同意型）があります。同意不要型としては、①そのまま型、②期限の利益回復型、③リスケジュール型、④元本猶予型に分類することができます。

①　そのまま型

住宅ローンの返済の遅滞がなく、今後も遅滞なく返済ができる見通しがある場合は、住宅ローン債権の内容を変更せずに約定通り返済を継続する旨の条項を定めることができます。最も利用の多い類型です。住宅ローン債権の内容に変更はありませんが、他の類型と同様、住宅ローンについて再生計画において例外的取扱いを定めることになりますので、住宅資金特別条項は必要です。また、住宅ローンも再生債権ですが、再生手続開始後も返済を継続する必要があるため、住宅ローンの一部弁済許可の申立てをする必要があります。

②　期限の利益回復型

住宅ローンの返済の遅滞により期限の利益を喪失している場合に利用する類型です。住宅ローン債権のうち、再生計画認可決定の確定時までに本来の支払期限が到来する分については、再生計画の弁済期間中に返済し、再生計画認可決定後に支払期限が到来する分については、約定通り返済する旨の条項を定めます。したがって、住宅ローン全体の返済期間は変わりません。

③　リスケジュール型

期限の利益の喪失

契約上の取り決めにより、支払いの遅滞などの一定の事由が生じたときに、弁済期が到来していない分も含めて直ちに全額を一括して返済しなければならなくなること。

期限の利益回復型

債務者としては、再生計画の弁済期間中は、①通常の住宅ローンの支払いと、②それまでの不履行部分の支払いを合わせて行わなければならない。もちろん、再生計画終了後は、通常の住宅ローンだけの支払いになる。

法律で認められている同意不要型の3類型

そのまま型	従来の契約通りに住宅ローンの返済を継続する
期限の利益回復型	返済を遅滞した部分を再生計画の弁済期間中に返済しつつ、残りの部分は契約通りに返済する
リスケジュール型	住宅ローンの返済期間を最長で 10 年延長する
元本猶予型	住宅ローンの返済期間の延長に加えて、再生計画の弁済期間中は、住宅ローンの元本の返済を一部猶予してもらう

住宅ローンの契約上の返済期間内に返済を終えることが困難な場合に利用する類型です。①②の類型では返済が困難な場合、住宅ローンの返済期間を、当初の返済期間よりも最長で10年間延長することができます。ただし、返済期間延長後の完済時の債務者の年齢が、70歳以下までという条件がついています。

④　元本猶予型

リスケジュール型でも返済が困難な場合は、リスケジュール型と同様に返済期間を延長することに加えて、再生計画の弁済期間中において元本の返済を一部猶予してもらう条項を定めることができます。リスケジュール型と同様に、返済期間の延長は最長で10年までです。また、完済時の年齢は満70歳以下までという制限も同様です。

⑤　同意型

上記①～④の不同意型では返済が困難な場合、金融機関の同意が得ることができれば、①～③のような制限なく、住宅資金特別条項を定めることも法的には可能です。

年齢が70歳までという要件

35歳のときに組んだ住宅ローンが、すでに返済期間35年というものであると、すでに当初の返済期間でさえ、完済時には債務者は70歳になってしまう。この場合、リスケジュール型や元本猶予型によって返済期間を延長することはできない。

Column

未納の税金

会社が倒産する場合は負債をたくさん抱えていますが、その中でも税金は法的性格が通常の負債とは異なるので注意が必要です。会社が負担する税金には、法人税、消費税、所得税、法人住民税、固定資産税などがあります。会社が税金を滞納すると、税務署（国税の場合）や地方自治体（地方税の場合）から支払督促を受けます。それでも支払わないと、税務署などは滞納処分を行って会社の財産を差し押さえます。

国税については国税徴収法、地方税については地方税法という法律で、国税や地方税を徴収する権利（これを「租税債権」と呼んでいます）について他の債権に対する優先権を認めています。

そのため、破産手続きや民事再生手続きなどにおいても、租税債権は他の債権よりも優先的な扱いがなされています。

たとえば、破産手続きでは、一定の範囲内の租税債権が、破産手続きによらずに随時弁済が受けられる財団債権とされています。民事再生手続きでも、租税債権は、再生手続きによらず随時弁済を受けられる一般優先債権と位置付けられます。苦境にある会社の中には、金融機関の融資を受けるために粉飾決算を行い、その結果、本来負担する必要のない金額の法人税や消費税などを負担している場合もあります。粉飾した決算書を提出して金融機関から融資を受けるのは犯罪ですが、税金自体は還付され、債権者への配当の原資となりますので、破産管財人などの調査に誠意をもって協力します。

なお、租税債権は、納付期限から５年を経過すると時効消滅します。ただし、時効完成前に修正申告、納税猶予や延納の申請などがあった場合は、その時から新たな５年の時効期間が進行を始めます。

PART 5

会社更生のしくみと手続き

PART5
1

会社更生法

会社更生のしくみと手続き

担保権、租税債権さえも権利行使が制約される強力な再建手続きである

■ どんな手続きなのか

会社更生手続きとは、再建型の倒産処理手続きの一種で、民事再生に比べて厳格な手続きが用意されています。

会社更生手続きには管理型とDIP型があります。管理型とは、更生しようとする会社と直接の利害関係がない第三者が管財人となる更生手続きです。これに対してDIP型とは、更生会社の現経営陣がそのまま管財人として選任される形態の更生手続きのことをいいます。

DIP手続きにより会社更生手続きを進めるためには、①現経営陣に違法な経営責任がない、②主要な債権者が現経営陣の経営参加について反対していない、③スポンサーとなるべき者がいる場合にはその者がDIP型の手続きにより会社更生を進めることについて了解している、④現経営陣が経営に関与することで会社更生手続きが適正に遂行されなくなるおそれがない、などの条件を満たすことが実務運用上は必要になります。

DIP型の手続きは管理型の手続きと比較して、現経営陣が引き続き経営にあたる、短期間に手続きを遂行できる、といった特徴があります。

会社更生手続きの利用状況

裁判所の司法統計（平成30年度）によると、全地方裁判所の会社更生の未済事件数は３件、既済事件数は４件である。

■ どんな特徴があるのか

会社更生は、民事再生と同じく、経営難に苦しんでいる会社を立て直すための手続きです。以下、会社更生手続きの特徴を４つ紹介します。

①　株式会社のみが利用できる制度であること

会社更生手続きの流れ

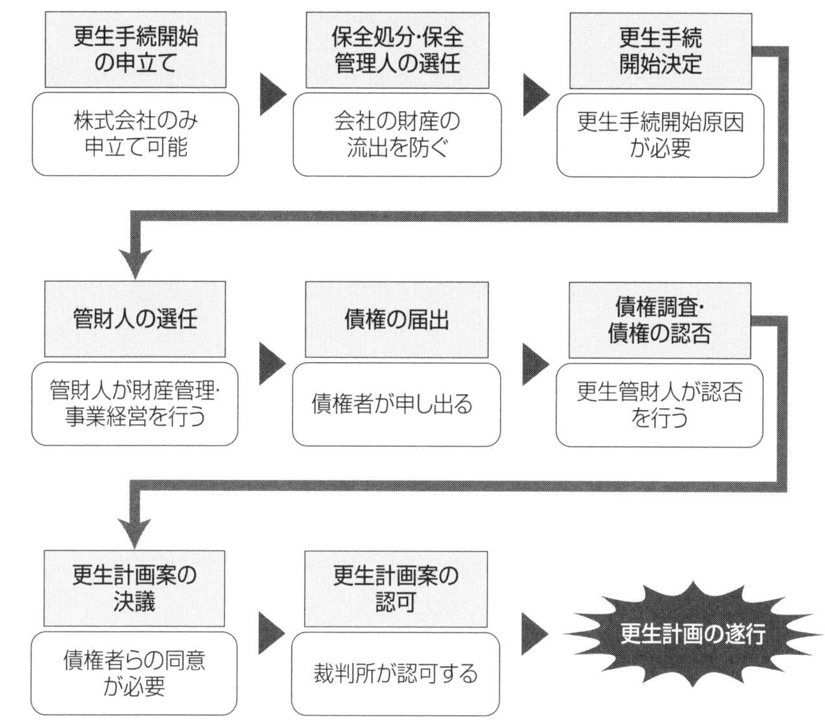

民事再生手続きは、あらゆる法人、自然人（個人）が利用できる制度になっています。その一方、会社更生は、株式会社のみが利用できる制度になっています。また、手続きにかかる手間や費用のために、事実上、比較的規模の大きい企業の利用が中心となっています。

② 裁判所から選任された管財人が会社の経営権、処分権を持つこと

旧経営陣は退陣するのが原則です。例外的に、会社の経営破たんに責任のない取締役がそのまま管財人に選任されるケースもあります。

③　担保権、租税債権さえも権利行使を制約されること

民事再生では、担保権は別除権として自由に行使できます。また租税債権も一般優先債権として自由に行使できます。しかし、会社更生では、担保権や租税債権でさえ権利行使を制限され、更生計画による権利変更の対象となります。

④　会社の組織再編などを手続中に実施できること

通常、会社が会社分割、合併などの組織再編や増減資などを行う場合、会社法の規定に従い、株主総会の特別決議を得るなどの手続きが必要になります。しかし、会社更生では、更生計画案に組織再編などに関する事項を盛り込むと、会社法の手続きによることなく組織再編などを実施することができます。

■ 更生手続きはどのような流れになっているのか

更生手続きを行う場合には、申立てをする前に裁判所と事前相談を行います。事前相談においては、管理型手続きを採用するのか、DIP型手続きを採用するのか、主要な債権者や取引先との交渉の見込み、租税債権など他の債権に先立って支払う必要のある債権が存在するか、将来収益が回復する見込みがあるか、などの点が協議されます。

事前相談を経た後に、会社が申立てを行い、申立てを受けた裁判所は、保全管理命令などを発令します。その後、開始原因があると判断されれば、更生手続開始決定が出され、更生手続きが開始します。

裁判所から選任された管財人は、更生会社の財産を調査し、財産目録等を作成します。また、管財人は更生会社の負債も調査します。

そして、調査によって判明した更生会社の資産・負債の状況を前提として、管財人は更生計画案を作成します。更生計画案は、債権者等による決議を経て、裁判所の認可決定を受けることで効力を生じます。

別除権

破産や民事再生では、担保権の設定を受けた債権については、破産手続きや民事再生手続きの開始後も、担保権の実行は制約されない。抵当権や根抵当権などが別除権の例。別除権者は、破産手続きや民事再生手続きによることなく、抵当権などを実行して、債権を回収できる。

株主総会の特別決議

株主総会において議決権を行使できる株主の議決権の過半数（または定款で3分の1以上と定めたときはその割合）の株式をもつ株主が出席し、出席した株主の議決権の3分の2以上の多数（定款でこれを上回る割合を定めたときはその割合）の賛成により成立する決議のこと。

会社分割

会社の事業の一部を独立させたり、他の会社といっしょにしたりすること。

合併

会社を他の会社といっしょにすること。

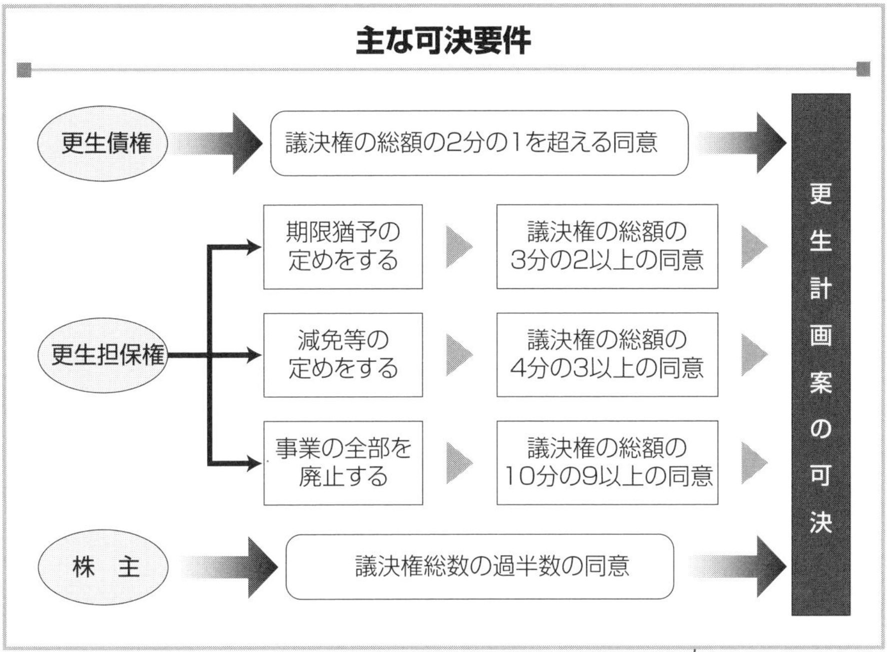

■ 更生手続中に財産管理を行う機関

更生手続きにおいて重要な役割を果たすのが管財人です。管財人は、更生会社の業務や財産管理を行います。管財人は更生手続きを行う際には必ず選任しなければならず、更生手続開始の決定と同時に裁判所によって選任されます。

管理型の場合は、開始決定前に保全管理人が選任されます。保全管理人は、事業経営や財産の管理処分を行う権限を有しています。通常は、保全管理人がそのまま管財人として選任されます。

また、更生会社の財産状況や更生計画案の当否を調査させるために、裁判所によって調査委員が選任されることもあります。調査委員は、更生会社の状況を報告することを任務としているので、管財人のような管理処分権はありません。

管財人に対する意見

更生会社に対して債権を有している者は、任意の委員会として債権者委員会を結成することができる。債権者委員会は、裁判所から更生手続きに関与することを認められれば、管財人に対して意見を述べることができる。

PART5
2

更生手続開始の申立て

開始原因は民事再生と同様である

■ 更生手続開始原因

更生手続きの申立ては書面で行います。申立書には、申立人の氏名・住所、申立ての趣旨、更生手続開始原因となる事実といった事柄を記載します。更生手続きは、会社に更生手続開始原因がある場合に、裁判所が更生手続開始決定を行うことで開始します。更生手続開始原因は、民事再生の再生手続開始原因と同様です。具体的には、①破産手続開始の原因となる事実（支払不能または債務超過）が生ずるおそれがある場合か、②弁済期にある債務を弁済すると、事業の継続に著しい支障を来すおそれがある場合になります。支払不能とは、支払能力がないために、弁済期にある債務について一般的・継続的に弁済ができない状態のことです。債務超過とは、総資産の価値を超える負債を負っている状態のことです。弁済期にある債務を弁済すると、事業の継続に著しい支障を来すおそれがある場合とは、たとえば、債務の弁済のためには、事業に不可欠な設備を売却して資金を捻出せざるを得ないような場合のことです。

■ 申立権者

更生手続開始を申し立てることができるのは、更生手続きを利用しようとする株式会社の他、会社の資本金の10分の１以上の額の債権を持っている債権者、会社の総株主の議決権の10分の１以上を有する株主です。ただし、弁済期にある債務を弁済すると、事業の継続に著しい支障を来すおそれがあることを更生手続開始原因とする更生手続開始の申立ては、更生手続きを

申立手続きのポイント

更生手続開始原因	①支払不能か債務超過のおそれがあること ②弁済期にある債務を弁済すると、事業継続に著しい支障を来たすおそれがあること
申立権者	①更生手続きを利用しようとする株式会社 ②会社の資本金の10分の１以上の額の債権を持っている債権者 ③会社の総株主の議決権の10分の１以上を有する株主
管　轄	①会社の本店所在地や主たる営業所の所在地を管轄する裁判所 ②東京地方裁判所と大阪地方裁判所
その他の注意事項	①添付書類として、登記事項証明書、定款、貸借対照表･損益計算書、株主原簿、社債原簿、債権者一覧表、担保権者一覧表、財産目録などが必要 ②予納金は、会社の規模などを考慮して個別に決める（申立て前に裁判官と打ち合わせる）。予納金額として数千万円は必要

利用しようとする株式会社のみ行うことができます。

■ 管轄

更生事件の管轄は、原則として、会社の本店所在地や主たる営業所の所在地を管轄する地方裁判所に認められます。また、大規模な事件にも対応するノウハウが蓄積されているという理由から、本店所在地等の場所にかかわらず、東京地方裁判所と大阪地方裁判所に管轄が認められています。

■ 費用

財産の調査費や管財人の報酬など、手続きに必要となる費用は、申立て時に予納金として納めます。金額は裁判所が会社の規模や債権者数等を考慮して個別に決定します。更生手続きは、更生計画の認可まで年単位を見込む、大規模かつ高度で複雑な手続きとなるため費用も相当で、予納金だけで数千万円になります。

申立書の添付書類

更生手続開始申立書には、登記事項証明書、定款、貸借対照表・損益計算書、株主原簿、社債原簿、債権者一覧表、担保権者一覧表、財産目録といった書類を添付して裁判所に提出する。

更生手続開始決定

開始決定後は管財人の管理下に置かれる

■ 更生手続開始決定

申立てを受けた裁判所は、更生手続開始原因があると認めるときは、申立棄却事由がない限り、更生手続開始決定を行います。更生手続開始決定は、更生手続開始原因があれば必ず出るというものではありません。申立棄却事由としては、更生計画案の作成・可決・認可の見込みがないことが明らかな場合、更生手続費用の予納がない場合、すでに破産手続等が進行しており、破産手続等を進めた方が会社更生手続きを行うよりも債権者の利益になるという場合などがあります。

更生手続開始決定が出た後に、更生手続きがとん挫すると破産手続などに移行します。いたずらに更生手続きを続けて会社財産を減少させた結果、破産手続きに移行するのであれば、むしろ、早期に更生手続きではなく、破産手続きに移行させた方が、債権者への弁済に充てる資金を確保できます。

こうした事情を考慮して、更生計画案の作成の見込みがない場合などには、申立棄却事由にあたり、裁判所は更生手続きの開始決定を出すことはできないのです。ただ、更生計画案の作成などができるかどうかは、実際にやってみなければわからないところがあります。そのため、開始決定が出ないのは、更生計画案の作成などの見込みがないことが明らかな場合に限られています。

不当な目的での申立て

不当な目的で更生手続開始の申立てがされたとき、その他申立てが誠実にされたものでないときも、申立ては棄却されることになる。

■ 更生手続開始決定後の手続き

更生手続開始決定がなされると、会社の経営権や財産を管

開始決定がなされた場合にしなければならないこと

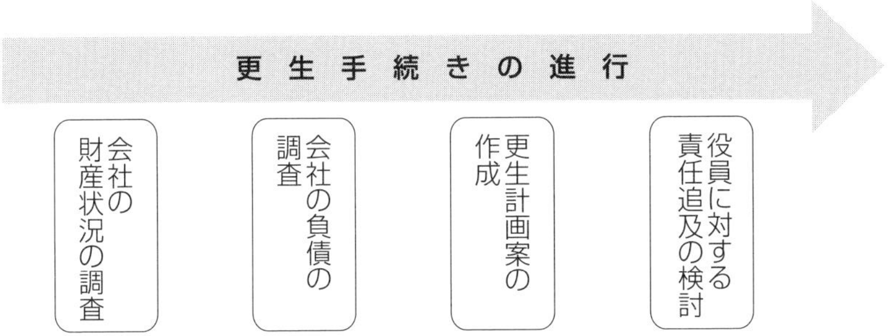

理・処分する権利は管財人に帰属します。

また、更生手続開始決定がなされると、更生手続開始決定の旨、管財人の氏名、更生会社に対する債権の届出期間、更生会社に対して債務を負っている者は更生会社に対して弁済してはならない旨などが官報により公告されます。裁判所は、官報に公告したのと同じ内容を、管財人、更生会社に対する債権者、更生会社の株主、保全管理人、監督委員、調査委員らに個別に通知します。また、更生手続開始決定と同時に更生会社の事業の経営権や財産の管理・処分権は管財人に帰属しますが、管財人は裁判所の監督に服します。そのため、裁判所が指定した行為については、管財人は裁判所の許可を得て行う必要があります。

更生手続開始決定がなされると、更生会社の活動は制約されます。具体的には、株式の消却・併合・分割、株式・新株予約権・社債を引き受ける者の募集、資本金・準備金の減少、剰余金の配当、株式交換・株式移転などは更生計画に定めなければ行うことができません。更生計画に定めるか、裁判所の許可を得なければ定款変更もできません。

また、更生手続開始決定がなされると、担保権者は担保を実行することが禁止されます。すでになされている担保権の実行

事業譲渡

多くの更生会社では、経営改善のため大幅なリストラを行う必要がある。リストラの一環として、不採算事業の売却（事業譲渡）を行うケースも多い。更生手続中の事業譲渡は、更生計画案に盛り込み、所定の手続きを経て実施する。この場合、会社法に規定された手続きを経る必要はない。しかし、事業譲渡のタイミングは重要であり、更生計画案の認可決定前に、直ちに事業を売却した方がよいケースもある。そこで、裁判所の許可を条件に、事業の全部または重要な一部を譲渡できる制度が設けられている。

手続きも中止されます。

更生会社に対して債権を有している者は、更生手続開始決定後は、更生計画に沿った形でなければ弁済を受けることができなくなります。ただし、更生会社の財産に影響を与えないので、債務免除をすることは可能です。

■ 管財人の選任

裁判所は、更生開始決定により管財人を選任します。管財人には、更生会社の財産についての管理処分権だけでなく、事業経営権も与えられます。そのため管財人には、事業経営に詳しい人物（事業家管財人）と保全管財人であった弁護士（法律家管財人）の両方が選任され、複数で職務にあたることが多いといえます。さらに、管財人をサポートするために、管財人代理も複数選任されます。例外的に従来の取締役が、事業担当の管財人になるケースもあります。DIP型の場合の他、管理型の場合でも、会社を窮地に追い込んだ取締役が退陣した後に、経営再建のため会社に送り込まれた有能な取締役が管財人になる場合があります。このような取締役は、会社を経営破たんに導いた責任がない上に、会社の実情をよく把握しているため、事業家管財人に適任と考えられます。

裁判所への報告

の事項を記載した報告書を、裁判所に提出しなければならない（会社更生法84条）。

- 更生手続開始に至った事情
- 更生会社の業務及び財産に関する経過及び現状
- 役員等の財産に対する保全処分、役員等に関する責任の査定についての決定を必要とする事情の有無
- その他更生手続に関し必要な事項

■ 財産の調査

管財人は、更生手続開始後に、更生手続開始に至った事情、更生会社の業務と財産の状況などを記載した報告書を裁判所に提出します。この他にも、裁判所が命じた事項について管財人は報告書を作成し、裁判所に報告します。

また、管財人は、更生手続開始後に、更生会社の財産の価額の評定を行います。この財産評定は、更生手続開始の時における時価により行います。管財人は、財産の価額の評定を完了後に貸借対照表と財産目録を作成し、これらを裁判所に提出します。

管財人の役割分担

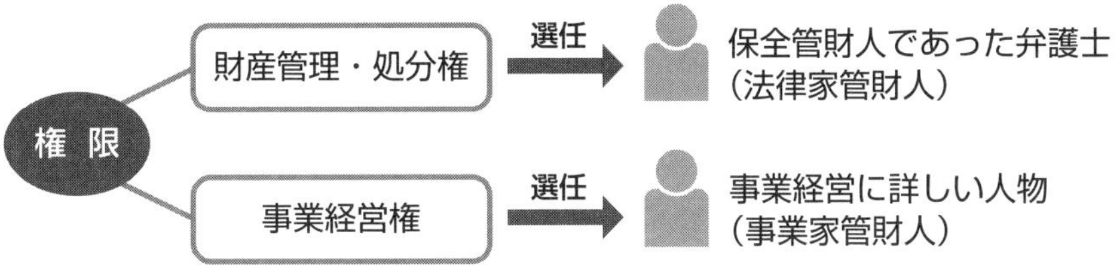

※その他管財人をサポートするために、管財人代理も複数選任される

■ 負債の調査

更生会社に対して債権をもっている者は、更生計画に沿って弁済を受けることになりますが、そのためには債権の届出を行い、債権を確定する必要があります。管財人は、債権者から届出がされた債権について、認否を記載した書類を裁判所に提出します。管財人がその存在を認め、株主らから異議がでなかった債権については、届出の内容のまま債権が確定します。

管財人が認めない場合や株主から異議が出た債権については確定しません。その債権については、査定の手続きなどを行うことになります。

■ 更生債権等の弁済等の禁止の例外について

更生手続きでは、原則として更生計画通りに弁済がなされます。しかし、例外的に、更生計画とは別の手続きによって弁済することも可能です。たとえば、中小企業の連鎖倒産を防ぐために、更生会社から債権の弁済を受けなければ事業継続が困難になるような中小企業に対しては、裁判所の許可により、更生計画とは別に弁済することができます。また、少額の債権も、裁判所の許可により、更生計画とは別に弁済ができる場合があります。

役員の責任を追及する場合

会社更生の申立てがあった事案では、役員の法律違反によって、会社に大きな損害が発生しているケースもある。たとえば、役員が違法配当、粉飾決算などを行った場合がそうである。そこで、会社更生法では、役員の責任を簡易・迅速に追及できる査定制度を設けている。この査定制度は、裁判所が役員等の審問（事情聴取）を行い、損害賠償を命じる決定を出すしくみになっている。

更生計画案

更生計画は裁判所の認可決定時に効力を生じる

■ 更生計画案を提出する

管財人は、債権届出期間満了後の所定の期間内に、更生計画案を裁判所に提出します。主な更生計画案の記載内容は以下のとおりです。

① 債権者、担保権者、株主の権利がどのように変更されるか

各債権につき何割カットするか、支払期限をいつまで延長するかなどを記載します。更生会社が債務超過の場合、100％減資を行うのが原則です。そのため旧株主の権利は消滅します。

② 更生計画の認可後に誰が更生会社の役員（取締役、監査役等）に就任するか

更生計画案の認可後は、事業担当の管財人がそのまま取締役として経営にあたる場合が多いようです。

③ 共益債権の弁済について

更生手続にかかった費用などは、共益債権として他の債権よりも優先的に弁済されます。

④ 債務の弁済にあてる資金をどのように調達するか

更生計画を進める中で債権者への弁済を行う必要があります。そのため、弁済のための資金調達方法を更生計画に記載します。

⑤ 更生計画で予想していた額を超える収益があった場合に、それをどのように使用するか

追加弁済条項などを定めます。更生計画案の内容には制約があります。まず、同じ種類の権利を有する債権者等に対しては同じ条件で弁済する内容の更生計画を立てる必要があります。更生計画によって債権者らに弁済される額は、破産手続きや清

共益債権

民事再生や会社更生の手続きが開始した後に生じた債権で、電気・ガス・水道料金など事業の再生計画を実現する上で、欠かすことができない費用についての債権などが共益債権にあたる。手続きにかかった費用も、共益債権として、他の債権よりも優先的に弁済される。

債権者や株主による決議

更生計画により、債権者の債権の内容が変更される他、増減資などにより株主の権利も変更されるため、債権者だけでなく株主にも手続参加の機会が与えられている。

更生手続きの終了事由

更生手続きの終了事由	更生手続終結決定をする場合
・更生手続開始の申立てを棄却する決定が確定した場合 ・更生手続開始の決定を取り消す決定が確定した場合 ・更生計画不認可決定が確定した場合 ・更生手続廃止決定が確定した場合 ・更生手続終結決定があった場合	・更生計画が遂行された場合 ・金銭債権の総額の３分の２以上の額の弁済された時に、更生計画に不履行が生じていない場合（裁判所が、更生計画が遂行されないおそれがあると認めた場合を除く） ・更生計画が遂行されることが確実であると認められる場合

算手続きを行った場合に弁済される額を上回る必要があります（清算価値保障原則）。さらに、遂行可能性のない更生計画であれば、裁判所は更生計画を認可しません。

■ 更生計画案が可決された後はどうなる

管財人が作成した更生計画案については、債権者、株主の決議に付し、一定数の賛同を得て、可決される必要があります。裁判所は可決された更生計画につき不認可事由がなければ認可決定を出します。その際、裁判所は更生計画が法令に適合するものであるか、更生計画の内容が公平なものであるか、更生計画の決議が公正な方法でなされたかといった点を審査します。

更生計画は、この認可決定によって効力を生じます。なお、更生手続きの認可決定後、更生計画が遂行された場合など一定の事由が生じた場合には更生手続終結決定をします。また、更生手続終結決定の他、更生手続開始の申立てを棄却する決定が確定した場合や、更生計画不認可の決定が確定した場合には、その時点で更生手続きは終了します（上図参照）。

更生計画が終結する場合

更生手続きの認可決定後、更生計画が遂行された場合や、更生計画による権利変更後の債務の総額の３分の２以上の額の弁済がなされ、更生計画に不履行が生じていないような場合には、裁判所は更生手続きの終結を決定する。

Column

保全措置について

更生手続開始の申立てがあり、裁判所が必要と判断した場合には、更生手続開始決定の前に、保全管理命令、監督命令、調査命令、財産の処分禁止の仮処分、強制執行等の中止命令などの保全措置をすることができます（調査命令は開始後もすることができます）。

管理型の場合は、通常、保全管理命令により保全管理人が選任され、保全管理人は、更生開始決定が出るまでの間、会社の資産の劣化を防ぎ、会社財産を維持するためにさまざまな業務を行います。具体的には、事業継続のための金融機関や取引先との調整の他、スポンサー探しなども行います。会社更生は、担保権なども権利行使を制約される強力な手続きである代わりに、管理型の場合は経営陣以外の管財人が選任され、会社は管財人の厳格な管理の下に置かれます。そこで、開始決定を待たずに早期に会社を適正な管理の下に置いて事業の再建を図るため、保全管理命令が発令されるのが通常です。保全管理人は、更生手続開始決定後は、管財人に横滑りすることが多いといえます。

他方、DIP型の場合は、経営陣に管理処分権が留保されるので、保全管理命令ではなく、監督命令と調査命令が発令され、監督委員兼調査委員が選任されるのが通常です。更生手続開始前については、監督委員の同意がなければすることができない行為が定められる他、開始前及び開始後において、一定の事項について調査が行われます。

また、裁判所は、必要があれば、申立て後から開始前の間、財産の処分禁止の仮処分などの、会社の業務や財産に関する保全処分をすることができます。これにより、開始前の会社財産の流出を防ぐことができます。

さらに、裁判所は、必要があれば、債権者による強制執行等の中止命令や、一切の強制執行等を禁止・中止する包括的禁止命令などを発令することもできます。

PART 6

破産のしくみと手続き

PART6
1

破産手続きの特徴

破産者の財産を公平に分配する

■ 破産法はどんな目的で規定されているのか

破産手続きは、負債の返済が困難になったときに、公平な清算をするとともに、債務者の再出発の機会を確保するための手続きです。破産法の目的は、経済的苦境に陥った債務者の財産を清算して、債権者に対して債権額に応じた平等な配当を実現することです。

ここで破産手続きの特色について簡単に見ておきましょう。

① さまざまな法人や個人が利用できる

倒産処理手続きの中には特別清算や会社更生のように利用できる者が株式会社しか利用できないに限定されている手続きもあります。これらに対し、破産手続きは、民事再生手続きと同様、個人でもどんな法人でも利用することができます。

② 債務者は管理処分権を失う

民事再生手続きでは、原則として、再生債務者の経営陣が経営権を保持しながら取締役らがそのまま会社に残って手続きを進めます。これに対し、破産手続きでは、債務者の財産の管理処分権は、破産管財人に帰属します。したがって、債務者は財産の管理処分権を失います。

③ 法人は手続終了後消滅する

民事再生や会社更生などの再建型の手続きと異なり、債務者の清算が目的ですので、法人が債務者の場合は、破産終了後に法人を存続させる意味がありません。そのため、破産終了は法人格が消滅します。

④ 税金や給料などは優先される

公正・公平・透明な破産手続き

かつては、経済的苦境に陥った債務者について、破産手続きによらずに、一部の債権者が任意整理を主導し、不透明で不公平な清算が横行した時代もあった。破産手続きは、裁判所の監督の下、破産管財人によって、公正・公平・透明な手続きによって清算が行われる。破産手続きの信頼性を維持するためには、債権者への適切な情報開示などが重要となる。

代表者の破産

東京地裁などでは、法人の代表者が破産申立てをする場合は、原則として法人の破産申立てとセットでなければ受理しない。

破産制度の特徴

適用対象	法人・個人
申立原因	・支払いをすることができないとき（支払不能） ・債務超過（法人のみ）
申立権者	債権者、債務者、取締役など
内　容	破産管財人が債務者の総財産（破産財団）を換価処分し、債権者へ公平に配分する

破産手続きでは、一定の範囲の税金や給料などについて、他の債権よりも優先して配当や弁済をすることになります。民事再生や会社更生でも、債権の内容による取扱いの優劣はありますが、それぞれルールが異なりますので注意が必要です。

⑤　担保権者（別除権者）の権利行使は妨げられない

会社更生手続きでは、担保権の実行が制限されているのに対し、破産の場合は、民事再生と同様、質権や抵当権を持つ債権者は、破産手続きによらず担保権を実行できます。担保権を実行して回収できなかった部分は、破産手続きにおいて配当に参加することができます。担保権の実行では全額回収できないことが予測できれば、その予想不足額を届け出ないと破産手続きにおいて債権者として扱われません。

⑥　金銭による平等弁済

破産管財人によって、総財産は金銭に換価され、債権額に応じて各債権者に平等に配当されるのが原則です。

換価

金銭に換えること。

⑦　手続きに時間と費用がかかる

破産手続きは、債権者に債権回収を制限しつつ、公平・公正に手続きを進める必要があります。そのため、他の倒産処理手続きと同様、一定の時間と費用がかかることになります。

⑧　一般的に配当は少ない

破産手続きを利用するに至った債務者は、保有資産に対して多額の負債を抱えているのが通常です。事業者であれば事業を停止している場合がほとんどであり、資産価値は劣化し、債権回収は困難になります。また、債権者・債務者双方のために、破産手続きのスピードも重要です。そのため、配当がない場合も多く、配当がある場合でも、配当率は数％にとどまる場合が多いといえます。

■ 法人の破産手続き

個人（自然人）の場合、免責手続きがあるなど、法人とは異なる点がありますので、この項目と次の項目では、法人の破産手続きを中心に説明します。

破産手続きは、経済的苦境にある債務者について残っている財産を裁判所から選任された破産管財人の手で処分し、債権者に公平に配分する手続きです。

破産手続きは、地方裁判所に対する申立て（破産手続開始の申立て）からはじまります。申立てができるのは、債務者、債権者、債務者の取締役などです。債務者申立ての場合を自己破産、債務者の取締役などが申し立てる場合を準自己破産といいます。会社が債務者として自己破産する場合は、取締役会設置会社であれば取締役会決議を経て代表取締役が会社を代表して破産申立てをします。準自己破産の場合、取締役会決議は不要です。

■ 破産管財人はどんなことをするのか

破産手続きでは破産管財人が主導して手続きを進行します。破産管財人は、破産者の財産を管理・処分する権限を有しています。破産管財人は裁判所が選任します。

破産手続きの中で、不動産の任意売却、特許権などの知的財産権の譲渡、事業譲渡、商品の一括売却などを破産管財人が行

手続終了までの期間

平均すると破産手続開始決定を受けてから終結決定が行われるまでの期間は6か月程度となっている。破産手続終結決定を裁判所が行い、その旨が公告され破産手続きは終了する。

破産管財人による不動産の売却

平均すると破産手続開抵当権などの担保が付いている場合がほとんどであり、担保権者は不動産を競売にかけることもできる。しかし、競売よりも市場で売却した方が高く売れる場合が多いので、破産管財人による不動産の売却に協力した方がよい場合が多い。他方、破産管財人としては、破産財団が増えなければ不動産を売却しても意味がないので、売却代金の何％かを破産財団に組み入れるよう、担保権者と交渉することになる。

破産手続きの流れ

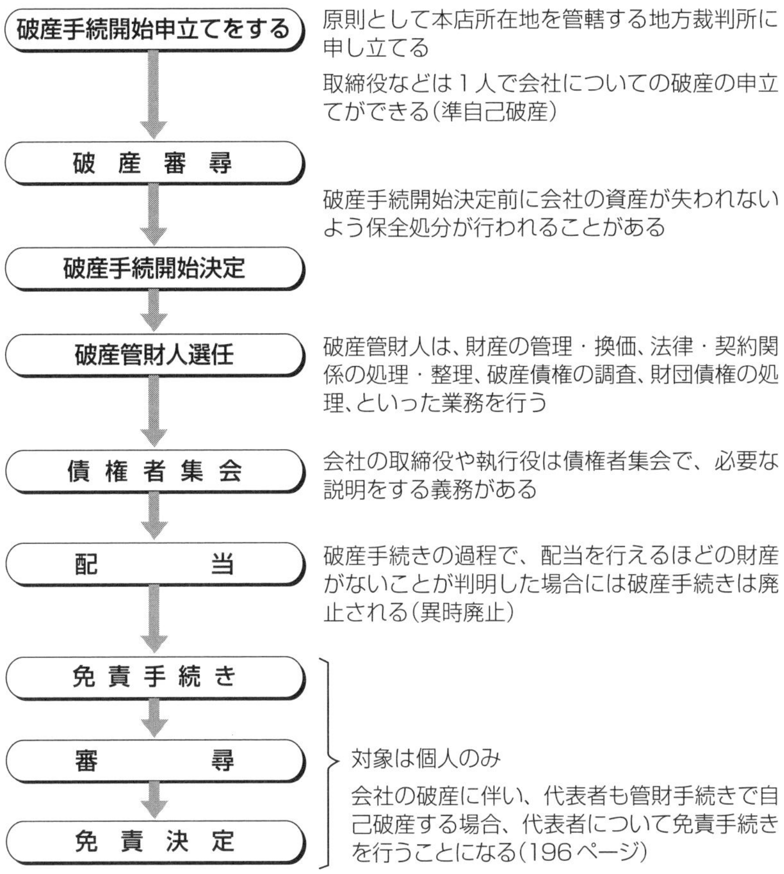

う場合には、裁判所の許可を得る必要があります。また、必要があれば、破産管財人は、裁判所の許可を得て、破産管財人代理を選任することができます。破産管財人代理は、破産管財人の業務についての代理権を有しています。

破産手続きの流れ

債権者集会を経て配当が行われる

■ 破産手続開始決定について

破産手続開始の申立てがされた場合、裁判所は破産手続開始原因があるかどうかを審理します。その際、原則として、裁判官が、債務者（会社の破産の場合は会社の代表者）や代理人となる弁護士に対して破産の経緯や債務の状況について事情を伺う審尋が行われます。

申立書類の審査や債務者等の審尋を経て、破産手続開始原因があると判明した場合、裁判所は破産手続開始決定をします。破産手続開始原因は、「支払不能」と「債務超過」の２つです。ただし、個人の破産の場合は、「支払不能」のみが破産原因になります。

弁済禁止等の保全処分

破産手続開始決定をするまで時間がかかると見込まれる場合、債務者の財産の流出を防ぐために、裁判所は債務者に対して弁済禁止等の保全処分を行う。

破産債権

破産者に対し破産手続開始前の原因に基づいて生じた財産上の請求権であって、財団債権でないものをいう。

■ 財産処分と債権調査

破産手続開始後は、破産管財人によって債務者の財産が処分され、破産財団を形成していきます。その一方で、債権調査が行われ、債権者は債権届出書を提出し、破産管財人は届出のあった債権について認否書を作成します。届出のあった債権について破産管財人が認め、債権調査期間等において他の債権者から異議がない場合は、債権の内容が確定します。

■ 債権者集会について

破産者に対して債権を有している者は、破産手続きを通じて弁済を受けるので、破産手続きの進行に大きな関心をもっています。そのため、破産手続きが進行している間に、債権者集会

債権者への金銭配当

最後配当	最終的に行われる配当。債権者に対してなされる基本的な配当の形態である
中間配当	破産手続きの途中で行われる配当。配当可能な金銭を用意できた段階で随時行われる
追加配当	最後配当の額を債権者に通知した後に、新たに財産が見つかった場合に行われる配当
簡易配当	配当金額が 1000 万円未満の場合などに行われる、簡易な手続きによる配当
同意配当	債権者が同意することで、簡単な手続きによって行われる配当

が開催されます。債権者は、債権者集会の中で破産管財人からの報告を聞くことで、破産手続きの進行状況を知ることができます。

債権者集会の期日には、破産管財人、破産者、届出をした破産債権者を呼び出し、裁判所が債権者集会を指揮して進行します。

■ 配当について

破産管財業務を行うことで、配当できるだけの現金が用意できた場合には、破産管財人は配当を行います。

配当が終了し、破産管財人の任務が終了した場合には、破産管財人は報告書を裁判所に提出する必要があります。報告書を提出した後に開催される債権者集会が終結すると、裁判所は破産手続終結決定をします。

また、破産手続開始決定があった後、破産者の財産により破産手続きのための費用をまかなうことができない場合には、裁判所は破産手続廃止決定をします（異時廃止）。

中間配当

破産者のすべての財産を現金化する前に行う配当のこと。破産の規模が大きいと、中間配当が2回以上行われることもある。

簡易配当／同意配当

配当金額が1000万円に満たない場合などには手続きが簡略化される簡易配当が行われる。また、債権者全員が同意している場合には、簡易配当よりもさらに簡単な手続きである同意配当がなされる。

破産申立て①

破産手続開始原因は法人と個人とでは異なる

支払不能／債務超過

破産手続きの中では、弁済期にある債務を一般的継続的に弁済できない状態のことを支払不能、債務者の負債総額が総資産の価値を上回る状態のことを債務超過という。債務者が支払不能や債務超過に陥っていることは、破産手続開始原因となる。

■ 支払不能とは

破産を申し立てても、破産手続開始原因がなければ、申立ては棄却されます。支払不能は個人にも法人にも共通した破産手続開始原因です。一般的には、借金の支払いができない状態を広い意味で支払不能といいますが、破産法では、債務者が抱えている債務のうち、弁済期が来ているものを、一般的・継続的に弁済することができない客観的状態を意味します。

また、破産手続開始原因が発生する前の段階で何とか手を打とうという場合には、任意整理や特定調停、民事再生などを検討しますが、この場合も支払不能になるおそれがあるかどうかが手続開始のポイントになっています。

■ 債務超過も破産手続開始原因になる

債務超過とは、帳簿上の債務の評価額の総計が、資産の評価額の総計を上回ってしまっていることをいいます。債務者の財産をすべて売り払って現金にしたとしても、債務全額を弁済することができない状態を意味するものと考えておけばよいでしょう。

なお、合名会社や合資会社については、債務超過は破産手続開始原因ではありません。法人が破産する場合は基本的に管財事件になります。

個人が破産する場合、破産手続きでは、資産と負債の清算の手続きが行われるだけであり、債務を免れるためには別途免責手続きを経て免責が認められることが必要です。これに対して、

破産手続き開始原因

破産手続開始原因	支払不能	債務超過
法人	○	○(注)
個人	○	×

(注) 存立中の合名会社や合資会社は、無限責任を負う出資者がいるので、債務超過であったとしても、支払能力があるかもしれないので、債務超過が破産手続開始原因とならない。

法人が破産手続開始決定を受ける場合、破産手続きの終了と共に債務者である法人の法人格自体が消滅しますから、前述した個人破産と異なり免責手続きは不要です。

■ 申立てをする時期

破産の申立ては、債務者が支払不能や債務超過に陥り、債務の弁済をすることが不可能になった場合に行います。

法人の破産申立ての場合は、債権者に知られることなく迅速に申立てを行うのが基本になります。債権者が債務者の窮状に気づき、債務者に対する個別の債権の回収を始めたり、債務者に納品した商品の引き揚げを始めてしまうと、その後に破産の申立てをしても混乱が大きくなってしまいます。手形を振り出している会社であれば、手形の不渡りが出れば債権者は債務者の資金繰りの悪化に気づきます。

他方、個人の場合は、債権者の取立てを止めるために、受任した弁護士が申立て前に債権者に対して受任通知を送付した上で、一定の時間をかけて債権調査を行う場合が多いといえます。また、法人の場合でも、すでに取立て騒ぎなどの混乱が生じている場合には、例外的に、事態の鎮静化のために申立て前に受任通知を送付することもあります。

破産申立て②

申立費用から関係者への説明まで把握しておく

■ 申立書類の準備

法人の場合は、申立書、債権者一覧表の他、商業登記事項証明書、取締役会議事録、決算書などを提出します。個人の場合は、申立書、債権者一覧表の他、住民票、資産目録などを提出します。申立書類の準備に時間がかかってしまい、破産の申立てが遅れることで会社の財産が流出するという事態は防がなければなりません。破産の申立てを行う場合には、迅速な書類の準備も必要になります。

同時廃止事件

破産者の財産を換価処分しても、破産手続きの費用すらまかなえないと見込まれる事案については、破産手続開始決定と同時に破産手続廃止決定をする。これを同時廃止という。個人の場合、同時廃止となることも多いが、法人の場合、同時廃止となることはほとんどない。同時廃止になると、破産管財人は選任されない。予納金も官報公告費用のみで足りる。

■ 申立費用について

破産を申し立てる際に必要となる費用には、申立代理人となる弁護士に破産申立てを依頼する場合の弁護士費用、予納金、申立手数料があります。予納金は、主に破産管財人の報酬などに充てられます。予納金の額は一律ではなく、負債総額の規模などに応じて異なります。また、官報公告費用についても予納金として納付します。申立手数料とは、申立書に貼る印紙の代金です。法人で債務者申立ての場合には1000円が必要です。個人で債務者申立ての場合は免責手続きの申立手数料500円と合わせて1500円が必要です。債権者申立ての場合は申立手数料が高くなります。その他、破産手続開始決定書などを送付するために予納郵券が必要です。

■ 少額管財手続きとは

少額管財手続きとは、なるべく同時廃止事件ではなく管財事

少額管財手続き

1	どんな制度なのか	管財事件を簡略化・迅速化することで、予納金を低額に抑え、破産管財人による公正な管財手続きを利用しやすくするための実務上の運用。裁判所によって運用は異なる。
2	対　象	東京地裁などでは、個人の場合、同時廃止事件とならない事案は少額管財事件となる。法人の場合でも少額管財手続きが利用され、管財業務について相当程度の負担が見込まれる事案のみ通常管財事件となる。
3	予納金	低額に抑えられる（東京地裁などでは原則 20 万円）
4	手続きにかかる期間	迅速に手続きが遂行される（東京地裁などの場合、3か月程度）

件として破産管財人に関与させて公正な処理を図りつつ、手続きを簡略・迅速にして、予納金を少額化し、破産手続きを利用しやすくする実務上の運用です。運用の有無やルールについては、裁判所によって異なります。個人だけでなく法人についても少額管財手続きが利用されています。ただし、管財業務に相当程度の負担が見込まれる事案については通常の管財事件となります。東京地裁などの場合、少額管財手続きを利用できるのは、弁護士が申立代理人となる場合のみです。

少額管財事件になると、通常の管財事件に比べて手続きが簡略化・迅速化されます。東京地裁などの場合、手続きにかかる期間は、原則として３か月で、後に指定する第１回債権者集会までに換価を終えて事件を終局させることになっています。

■ 申立て前に受任通知を送付すべきか

会社ではなく個人が破産した場合には、破産の申立てをする前に、通常は弁護士が金融機関などの債権者に対して受任通知書を送付します。債務者との交渉窓口を受任した弁護士に一本化して、金融機関からの取立てを止めさせるという目的で、弁護士の受任通知書が送付されています。

これに対して、会社の破産の場合には、原則として、破産の申立て前に弁護士の受任通知書を債権者に送付するべきではありません。債権者が、債務者の資金繰りの悪化に気づいていない段階で、破産手続きについての弁護士の受任通知書を債権者に送付してしまうと、債務者が破産してしまうと焦った債権者が無理な取立てを行おうとして、かえって無用の混乱を起こしてしまうからです。

ただし、債務者の窮状が世間に知れ渡っており、すでに債権者間で混乱が生じているような場合には、弁護士の受任通知書を送付することで混乱を収めることができる場合もあります。

■ 従業員への説明

会社が破産手続きを行う場合には従業員の協力が必要になります。

まず、申立書類を作成するためには、通常、代表者だけでなく経理担当者等の協力が必要になります。また、破産管財人が会社の事務所などの管理を引き継ぐまでの間は、従業員の協力を得て会社の財産を保全しておく必要があります。

また、従業員に対して破産に至った経緯と破産に伴い解雇をする旨を説明します。離職票や源泉徴収票など従業員が必要としている書類も提供します。給与の未払いがある場合には、労働者健康福祉機構の立替払いの手続きも必要です。

さらに、破産手続きを遂行する際には、残務処理やさまざまな調査が必要であり、代表者だけでなく経理担当者などの従業員の協力が必要になる場合があります。そのため、一部の従業員については直ちに解雇をせず、または、解雇した上で破産財団から日当を支払うなどして、破産手続業務に協力してもらうことが必要な場合もあります。

破産手続開始決定前の保全処分

裁判所は、破産の申立てから破産手続開始決定がなされるまでの間に、債務者の財産の流出を防止したり、債権者の権利行使を制限する措置を講じることができる。
たとえば、裁判所は、債務者の不動産の処分禁止の仮処分や、弁済禁止の保全処分を行う。処分禁止の仮処分により債務者は不動産を売却できなくなる。また、弁済禁止の保全処分により債務者は自由に弁済ができなくなる。特に問題のある事案については、裁判所は、保全管理人を選任し、破産手続開始決定による破産管財人の選任を待たず、債務者の財産に関する権限をすべて保全管理人に委ねることもできる。さらに、裁判所は、債務者の財産に対する強制執行や仮差押の手続きの禁止や中止を命じることができる。

自己破産・免責申立に必要な手続費用（東京地方裁判所）

	自己破産（管財事件）申立費用	
	法人の破産	個人の破産
収入印紙	1000円	1500円 （破産申立て分：1000円、 免責申立て分：500円）
予納郵券	4200円 ただし、大型の事件の場合、追加での予納郵券の支払を求められることがある	

破産管財人が選任される場合の予納金（東京地方裁判所）

①少額管財事件の場合

	法人少額管財	個人少額管財
予納金	最低20万円～	最低20万円～
官報掲載費用	1件につき1万4786円	1件につき1万8543円

※少額管財事件でも、業務の程度や処理の難しさといった事情によって20万円以上の予納金が必要になるケースはある

②本人申立てや債権者申立てによる破産の場合

借金総額　円	法　人	個　人
5000万円未満	70万円～	50万円～
5000万円以上　～　1億未満	100万円～	80万円～
1億円以上　～　5億未満	200万円～	150万円～
5億円以上　～　10億未満	300万円～	250万円～
10億円以上　～　50億未満	400万円～	400万円～
50億円以上　～　100億未満	500万円～	500万円～
100億円以上　～	700万円～	700万円～

※弁護士をつけない本人申立事件や債権者が申し立てる事件、少額管財事件とならない事件については、②の表が適用される
予納金の金額はあくまで目安であり、たとえば5000万円未満の法人の破産でも事件の内容によっては、70万円以上の予納金の支払を求められることはある

破産手続開始決定

破産者の権利が制限される

■ 手続きの流れ

破産の申立てがなされて、債務者に破産手続開始原因がある場合には、申立棄却事由がない限り、裁判所は破産手続開始決定をします。裁判所は、破産手続開始の決定と同時に破産管財人を選任し、破産債権の届出期間、破産者の財産状況を報告するための債権者集会の期日、破産債権の調査をするための期間を定めます。

破産手続開始決定がされると、まず、債務者に対して破産手続開始決定がなされたことが公告されます。具体的には、破産手続開始の決定がなされた旨の他に、破産管財人の氏名、債権の届出期間、債権者集会の期日、破産者に対して債務を負担する者は、破産者に弁済をしてはならない旨などの事項を公告します。また、債務者が把握している債権者に対しては、債務者は、公告したことと同じ事項を個別に通知した方がよいでしょう。

■ さまざまな制限がある

破産者が破産手続開始のときに保有している財産は、原則として破産財団を構成します。破産財団から債権者に対して配当がなされます。

破産財団に属している財産を管理し、破産財団に属している財産を売却する権限をもっているのは破産管財人のみです。破産手続開始決定がされた後は、会社の取締役であっても、会社の財産を売却することはできなくなります。

破産手続開始決定の効果

破産財団に属する財産に対してなされた強制執行や仮差押などは効力を失う。破産管財人は、強制執行や仮差押に影響を受けることなく破産者の財産を売却して現金にして、債権者に対する配当にあてることができる。破産手続開始決定がされた場合には、破産者が当事者となっている訴訟は中断する。破産者が第三者に対して提起していた訴訟については、破産管財人が訴訟を受け継ぐことができる。

破産した会社の登記

破産手続開始決定がなされた旨が記載される。

破産手続開始前前に生じていた破産者に対する債権

原則として、破産債権として、破産手続きの中でのみ債権回収が可能になるので、個別に債務者に対して権利行使することはできない。また、破産手続開始の決定があった後に、破産者に対する国税滞納処分はできない。

会社の破産と代表取締役の破産

	会社の破産	代表取締役などの個人の破産
財産の管理処分権	経営陣はすべての会社財産に対する一切の管理処分権を失う	自由財産を除く財産に対する一切の管理処分権を失う
債権者への説明義務	取締役や執行役は資産・負債の状況や破産に陥った事情などについて説明する義務を負う	資産・負債の状況や破産に陥った事情などについて説明する義務を負う
居住の制限	取締役や執行役は、裁判所の許可を得ないで引越しや長期の旅行などをすることができなくなる	裁判所の許可を得ないで引越したり、海外旅行など長期の旅行をすることはできない
破産者の引致（強制的な連行）	説明義務違反や手続妨害を行うと、取締役などが裁判所に呼び出される	説明義務違反や手続妨害を行うと、裁判所に呼び出される
通信の秘密の制限	会社宛ての郵便物であっても破産管財人に配達されるようになる	管財手続きの場合、本人宛ての郵便物は管財人に配達されるようになる
その他の注意点	・破産手続きの終了により、法人格は消滅し、債権者に対する責任を負わなくなる ・会社の代表者が会社の債務について連帯保証している場合、会社の破産手続きと共に、代表者個人の破産手続きが必要になるケースが多い	・破産した本人は、免責決定が確定するまで、弁護士や公認会計士など、一定の職業に就くことができなくなる ・説明義務違反などがあると、免責決定が認められにくくなる ・一度免責を受けると原則としてその後７年間は免責を受けられなくなる ・一定期間住宅ローンの利用やクレジット・カードの作成・利用が難しくなる

■ 自己破産するとデメリットもある

破産手続開始決定がなされると、居住の制限、郵便物の破産管財人への送付嘱託、個人の破産者の資格制限など、上図のような制限を受けます。そうした制限も、個人破産の場合には、免責を受けて復権するまでのことになります。法人破産の場合には、破産終了とともに法人格が消滅します。

PART6
6

破産管財人と管財事件

破産者の財産は破産管財人が管理する

■ 管財事件の手続きの流れ

申立人に配当できる財産や不動産がある場合には、裁判所は破産管財人を選任して、破産者の財産の換価・配当という手続きをとります。この手続きが本来の破産手続きです。このように破産管財人が選任される場合を管財事件といいます。他に同時廃止という手続きがありますが、法人の破産については、同時廃止となることはほとんどありません。

管財事件は通常、以下のような手続きで進行していきます。

① 破産管財人の選任

破産管財人に選任されるのは、実務運用上は弁護士です。選任は裁判所が行います。破産管財人が選任されると破産者の財産を管理・処分する権限はすべて破産管財人に移ります。破産管財人は破産者の財産を迅速・正確に調査して、すべての債権者に公平に分配できるように手続きを進めていきます。

② 債権届出期間の決定

裁判所は破産手続開始決定の日から２週間以上４か月以内の日を債権届出期間として指定します。破産債権者はこの期間に債権を届け出ることにより破産手続きに参加することができます。

③ 債権者集会（財産状況報告集会）の期日の指定

管財事件の破産手続きでは、債権者集会が行われます。債権者集会では、財産や債権の状況や、管財業務の遂行状況などを債権者に報告する場となります。通常、裁判所は破産手続開始決定と同時に第１回債権者集会の期日を指定します。

④ 債権調査期日の指定

同時廃止

破産管財人を選任しないで、破産手続開始決定と同時に破産手続きを廃止する手続きのこと。個人の自己破産の場合、自己破産しようと決意するに至ったような債務者には、めぼしい財産が残っていないことが多いため、同時廃止の手続きが利用されるケースが多い。

債権者集会の招集権者

法律上は、破産管財人や債権者委員会、知れている（判明している）破産債権者の総債権について裁判所が評価した額の10分の１以上にあたる破産債権をもつ債権者などが招集の申立てをすることができる。実際には、裁判所が職権で招集するのが通常である。

債権者集会の開催通知

令和　年(フ)等　　　号

債権者集会開催のお知らせ

破産者 ○ ○ 株式会社についての債権者集会を下記のとおり開催しますので参集願います。

日時　令和　年　月　　日　午後　時　　分
場所　東京地方裁判所民事第　　号法廷
　　(または東京地方裁判所債権者集会場)
目的　管財業務の経過報告その他

令和　　年　月　日

東京地方裁判所民事第20部
裁判所書記官

債権届出期日の最終日との間に１週間以上２か月以内の間をおく必要があります。債権の存在や債権額・順位などを確定し、将来、債権者に配当するための準備がなされます。

⑤　破産財団の換価・配当

破産管財人の管理処分権が及ぶ破産者の財産のことを破産財団といいますが、管財業務において売却され、金銭に換えられます。破産管財人は裁判所の監督の下で、破産財団に含まれる財産を現金にして債権者に配当する準備をします。財団債権の中でも破産管財人の報酬などの破産手続きの費用が優先して支払われ、他の財団債権を弁済してもまだ配当原資が残っているときは、破産債権者に配当されます。なお、破産債権の中でも、配当を受ける順位について、優先劣後があります。

配当の実施

債権調査を終了し、すべての財産を換価して破産管財人の報酬や租税債権など財団債権を支払っても会社財産が残っていれば、その財産はすべて破産債権者へ配当されることになる。

PART6
7

破産財団と換価

破産財団を現金化して手続費用や配当に充てる

■ どのような財産があるか

破産財団を構成する財産は、破産手続費用や配当の原資とするため、現預金以外の財産は換価処分が必要です。事業者であれば、売掛金・商品在庫などの流動資産、土地・建物・生産設備・車両・什器備品などの有形固定資産、知的財産権・ソフトウェアなどの無形固定資産、投資目的で保有していた株式・債券などの資産があります。事業者でなくても、土地・建物・車両・過払金・株式・債券などさまざまな財産があります。

しかし、これらの財産をすべて換価できるとは限りません。中古市場が形成されていない物は売却先を個別に探索する必要がありますし、倒産後は債権回収に応じない取引先も出てくる可能性があります。また、土地・建物などは、担保設定や、滞納処分による差押えがあれば、換価には担保権者や税務当局への配分を前提とする合意が必要になります。そして、換価が困難か、換価できたとしてもほとんど値段がつかない財産もあります。そのような財産については、時間と費用をかけて換価するのではなく、破産管財人が破産財団から放棄し、破産者の自由な処分に委ねることになります。

配当の種類

それがなされる時期によって、中間配当・最後配当・追加配当・簡易配当・同意配当があるが、中小零細事業者の破産の場合には、配当があったとしても、よほどのことがない限り簡易配当手続きがなされるだけである。配当が終了し、破産終結決定がなされると破産手続きは終了する。

■ 土地・建物

土地・建物は、抵当権などの担保が設定されている場合が多く、また、担保される債権の残額は、土地・建物の売却見込額を上回る場合が多いといえます。しかし、担保権を実行して競売にかけるよりも市場で売却した方が高く売れる可能性がある

破産財団の換価

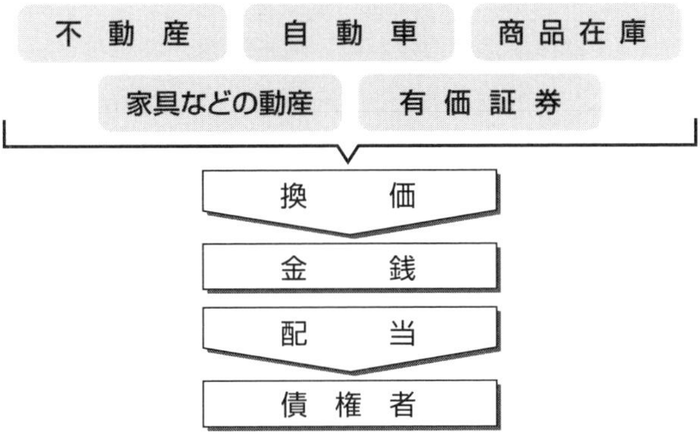

ので、担保権者としては、破産管財人による売却に協力するメリットがあります。また、破産管財人としては、破産財団の増殖につながらなければ売却する意味がありませんので、売却代金の何％かを破産財団に組み入れるよう、担保権者と交渉することになります。

また、土地・建物に、滞納処分による差押えがされている場合もあります。この場合、破産財団への組入額を確保しつつ、国税局（法人税、消費税など）や市町村（固定資産税など）に売却代金を配分することで、売却に協力してもらうことになります。ただし、民間の担保権者と異なり、柔軟な合意が難しい場合があります。

破産財団

破産者が破産手続開始のときに保有している財産。一部の財産は自由財産として破産財団から除外される。

■ 売掛金

売掛金は、取引先に請求書を送付するなどして回収することになります。しかし、破産した事業者とは、今後の取引の継続は基本的にはありませんし、破産によって取引先に迷惑をかけている場合が多いので、支払いを渋る取引先も出てくる可能性があります。売掛金の回収は、早期に着手することが重要です。

また、破産者が、売掛金を債権譲渡担保にして借入れをしている場合があります。債権譲渡については、確定日付ある通知または承諾がなければ、破産管財人に対抗することはできませんし、債権譲渡が否認対象行為となる可能性などもあります。破産管財人としては、それらの法的問題を検討して回収に臨む必要があります。また、第三債務者（売掛先）としては、破産管財人または債権譲受人に支払うのではなく、供託をする可能性もあります。

■ 商品在庫

換価の前提として、納品した取引先が勝手に商品を引き揚げたりしないように、保管場所や保管方法には注意が必要です。また、納品した取引先が所有権留保（44ページ）などを主張する場合がありますが、所有権留保を破産管財人に主張するためには引渡しなどの対抗要件が必要になります。破産管財人としては、契約書などをチェックして対抗要件の具備などを確認した上で、対応することになります。

商品在庫の売却先としては、まず、従来の販売先が考えられます。消費者向けの商品については、競合他社への売却が考えられます。そのような売却先が見つからなければ、迅速な破産手続きの遂行の観点から、買取業者にまとめて買い取ってもらう場合もあります。

なお、医薬品の販売など、商品の種類によっては販売に許認可が必要となり、破産管財人の売却の適法性について疑義が生じる場合もありますので、注意が必要です。

裁判所の許可

事業譲渡、不動産の売却、商品の一括売却など重要な事項については、裁判所の許可が必要となる。

■ 破産財団からの放棄

時間と費用をかけて換価を試みても破産財団の増殖につながる見込みがない財産については、破産管財人は、裁判所の許可

さまざまな資産の処分

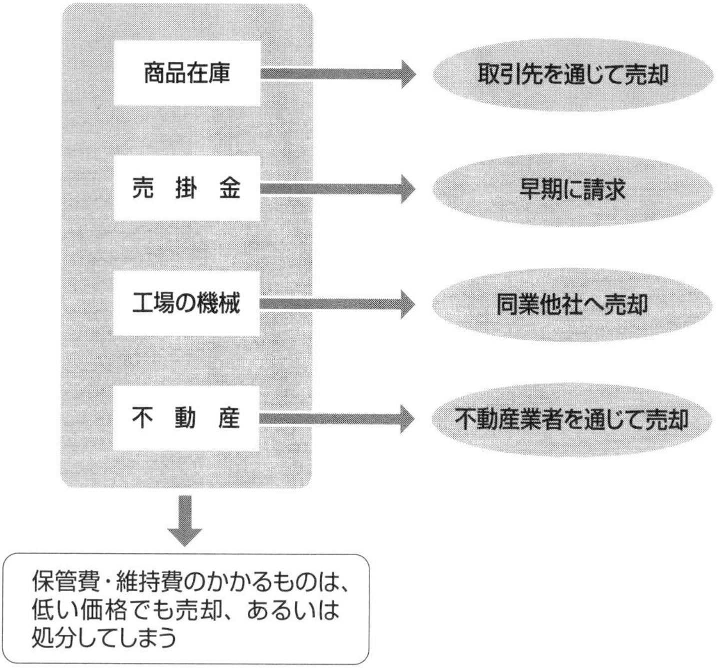

を得て、破産財団から放棄することになります。放棄した財産は、破産者に帰属します。

なお、法人の破産の場合、破産手続きの終了によって法人格が消滅しますので、破産財団から放棄した財産の行く末が問題となります。破産手続終了後に、放棄した財産を処分する必要が生じたときは、利害関係人が清算人の選任の申立てをして、破産者の法人格が復活し、清算人が財産を処分することになります。多くの場合、破産管財人であった弁護士が清算人に選任されます。

PART6 8

双方未履行双務契約

破産管財人が契約を解除できる場合がある

■ 双方未履行双務契約とは

双方未履行双務契約とは、破産手続開始時において、破産者との双務契約で、双方の債務の履行が完了していない契約をいいます。

破産手続開始後も、破産者が締結した既存の契約は存続するのが原則です。しかし、破産手続きは、破産者の財産と負債を清算する手続きなので、破産財団の増殖に有益な契約であれば存続させてもよいのですが、無益な契約は解消して早期に清算したいところです。たとえば、事業を停止した破産者が、破産前に自社製品の付属品の製造を下請業者に委託し、納品も代金の支払いも完了していなかった場合、契約を存続させて部品を手に入れたところで、事業を停止しているので意味がなく、代金を支払うだけ損になります。そこで、双方未履行双務契約については、契約の相手方の利益にも配慮しつつ、破産管財人に解除権を認める制度になっています。

■ 破産管財人は解除か履行を選択できる

破産管財人は、必要ないと考えれば、双方未履行双務契約を解除することができますし、存続させた方が有益であると考えれば、履行を選択することもできます。

解除を選択した場合、契約の相手方の損害賠償請求権は破産債権となり、破産手続きにおける配当の可能性があるのみになります。契約に基づいて破産者に引き渡した物などが破産財団にあるときは、相手方は取り戻すことができます。

双務契約

契約の当事者が互いに契約上の債務を負い、対価的な関係にある契約。売買契約や請負契約などは双務契約だといえる。

電気・ガス・水道などの継続的な給付を行う契約

継続的な給付を行う契約を締結している事業者は、破産手続開始の申立てがなされる前に破産者が料金を支払っていなかったことを理由として、供給を停止することはできない。

委任契約と破産

委任契約は当事者間の信頼関係が前提となるので、当事者の破産によって契約は終了する。

双方未履行双務契約の具体例

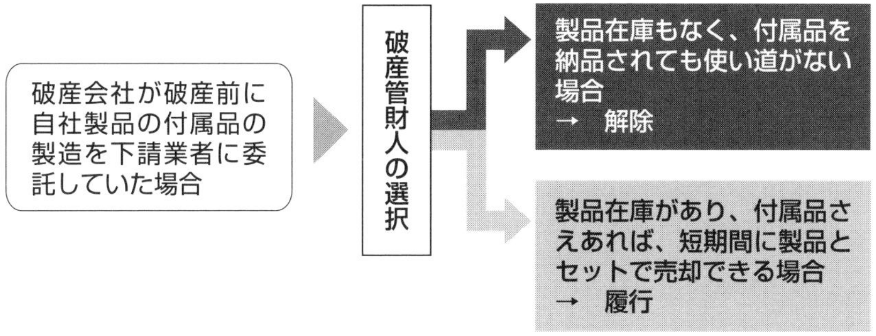

他方、履行を選択した場合、契約の相手方の債権は、双務契約における公平性を考慮して、財団債権となり、破産債権に優先して弁済を受けることができます。前述の例でいえば、短期間に製品在庫を付属品とセットで処分するために、破産管財人が履行を選択した場合、下請業者は、付属品を納入する必要がありますが、代金債権は財団債権として保護されます。

破産管財人が解除か履行を選択しないときは、契約の相手方は、相当期間を定めて催告することができます。それでも選択しないときは、破産手続きは清算が目的ですので、解除したものとみなします。

なお、双方未履行双務契約の解除権については、契約類型に応じてさまざまな特則があります。たとえば、賃貸人が破産した場合、賃借人が賃借権の対抗要件を備えているときは、賃借人保護のため、他に解除原因がない限り、賃貸借契約を解除することはできません。

また、契約において、破産手続開始決定が契約解除事由として定められていることがありますが、破産管財人の選択権を奪うものとして規定の効力が否定される場合がありますので、注意が必要です。

雇用契約における使用者が破産した場合

破産管財人からも労働者からも労働契約の解約の申入れができる。このとき、破産管財人からも労働者からも損害賠償請求ができない。ただし、破産管財人から労働者を解雇する場合には、30日前に解雇を予告するか、30日分の解雇予告手当を支払うことが必要になる。

取戻権・別除権

担保権の実行は破産後も原則として自由にできる

■ 取戻権はどのような権利なのか

破産手続開始の時点で破産者のもとにある財産は、一見すると破産者が所有している財産のように見えます。しかし、その中には、本当は他人の所有物である財産も紛れ込んでいる可能性があります。このような場合、財産に対して権利を有する者は、破産者の財産の中からその財産を取り戻すことができます。この破産者のものではない財産を取り戻す権利のことを取戻権といいます。取戻権を行使できる者としては所有権者が典型例になりますが、賃貸借契約が終了した場合の賃貸人の目的物返還請求権なども取戻権に該当します。

■ 別除権とはどのような権利なのか

担保権は、債務者が債務を弁済できなくなった場合に備えて確実に債権の回収を図ることを目的に設定されています。そのため、破産者に対して担保権を有する者は、破産手続きとは関係なく自由に担保権を実行することで債権の回収が可能です。このような担保権者の権利のことを別除権といいます。担保権のうち、特別の先取特権、質権、抵当権などが別除権となります。

たとえば、抵当権を有している場合、破産手続開始決定後であっても、抵当権者はいつでも破産者の所有している不動産を競売にかけることができ、競売代金から優先して債権の弁済を受けることができます。破産者に対して破産手続開始前の原因に基づく債権を有している者は原則として破産手続きの配当によって弁済を受けますが、別除権である抵当権を有していれば

別除権

破産管財人が管理している破産者の財産（破産財団）とは「別」に「除」いて権利を行使できるので、別除権という名前がつけられている。

特別の先取特権

先取特権のうち、特定の動産や不動産について認められる、他の債権者より優先して弁済を受けられる権利のこと。

別除権の行使による債権の回収

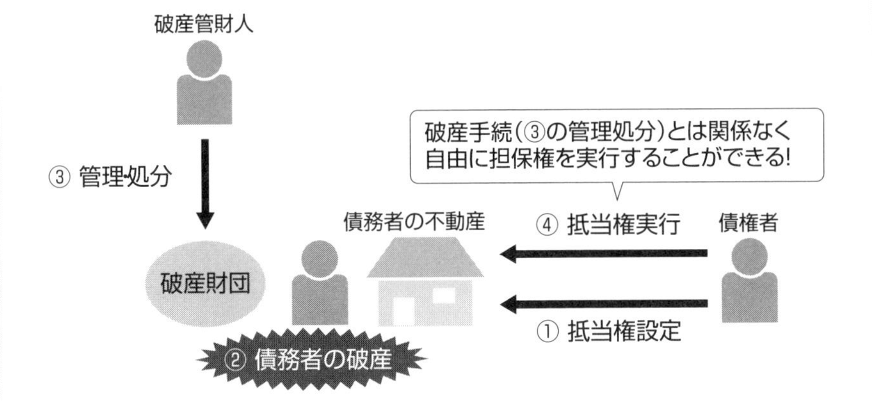

破産手続きとは関係なく弁済を受けることができます。

また、担保権の実行手続きが開始されている場合に、破産手続きが開始したとしても、担保権の実行手続きは中止しません。通常の債権者が強制執行手続きを行っている場合、債務者が破産すると強制執行手続きが中止します。この点で、担保権の実行手続きと通常の強制執行手続きは異なっています。

強制執行

任意に義務が履行されない場合に、裁判所によって強制的に履行があったのと同じ状態を作り出す手続きのこと。

■ 不足額については配当を受けることができる

別除権により担保権を実行したとしても、担保の目的となっていた財産の価額が少なければ、債権全額の回収は不可能です。その場合でも、不足額については、別除権を有していた者であっても破産手続きの中で配当を受けることができます。

別除権を有している者は、最初に担保の目的となっている財産から債権の回収を行い、それでも債権全額の回収ができない場合にのみ破産手続きから配当を受けることができます。ただし、不足額の見込額の債権届出と、別除権の実行がなければ、配当を受けることはできない点に注意する必要があります。

担保となっている財産から債権を回収する方法には、任意売却と競売があります。任意売却か競売を行い、担保となっている財産から債権を回収した後に、別除権者も不足額について破産手続きの配当を受けることができます。

■ 管財人側の対抗手段は任意売却

競売

債務者の不動産を差し押え、不動産を金銭に換えて、その代金によって債権を回収するという執行方法のこと。不動産競売は、債権者が管轄の裁判所に対して、申立てをすることから始まる。

任意売却は、破産管財人が担保目的物の買い手を見つけてきて、担保権者の了承のもとに担保権を抹消し、担保目的物を買い手に売却する手続きです。担保権者が権利を行使する際には、通常は担保の目的となっている財産の競売が行われます。しかし、競売を行うよりも任意売却を行った方が担保となっている財産を高値で売りさばくことができるので、実務上は積極的に任意売却が行われています。

具体的な任意売却の方法としては、まず破産管財人が担保目的物の買い手を探してきて、売買代金の配分について担保権者と協議した上で、売買契約を締結します。次に、買主の支払う代金の一部を別除権者が有する債権の弁済にあてて、担保権を抹消します。その後、担保権のなくなった状態の財産を買主に渡して、買主が支払った売買代金の残りを破産者に対する債権者への配当に回します。

なお、任意売却は別除権者である担保権者の了承が必要な手続きなので、担保権者が了承しなければこのような任意売却を行うことはできません。しかし、競売をするよりも任意売却を行った方が高値で売れ、担保権者の利益につながってくるので、合理的な提案であれば、担保権者の了承が期待できます。

■ 担保権消滅請求について

前述したように任意売却は、別除権者である担保権者の了承がなければ行うことができません。しかし、破産管財人が、多額の代金を支払ってくれる買主を見つけてきたとしても、担保

担保権消滅許可の申立てについて

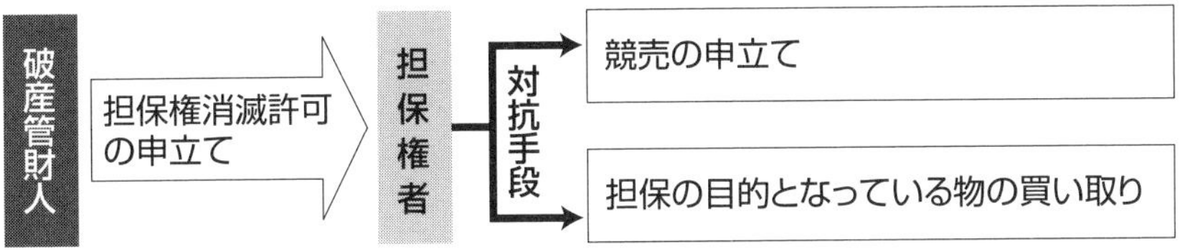

権者が了承しないことで任意売却ができないというのでは不合理です。

そのため、担保となっている財産を任意に売却して担保権を消滅させることが破産債権者の利益にかない、担保権を有する者の利益を不当に害しない場合には、破産管財人は裁判所に対して担保権消滅の許可の申立てができます。担保権消滅請求に対して、①担保権を実行するか、②担保となっている財産を買い取るかという、２つの対抗手段が担保権者には用意されています。「担保権を実行する」とは、たとえば抵当権であれば不動産の競売を申し立てることをいいます。担保権者が担保権実行の申立てをした場合には、担保権消滅請求に対して裁判所は不許可決定をします。「担保となっている財産を買い取る」とは、破産管財人が担保権消滅請求を行った際に示した売得金額（破産管財人が、売却によって相手方から取得できる金銭）を５％以上も上回る金額を提示して、担保権者か他の第三者が担保の目的となっている不動産を買い取ることをいいます。破産管財人が示した条件よりも良い条件で担保目的物を買い取るのであれば、破産管財人が主導する任意売却に応じる必要はありません。

担保権者が、担保権の実行や、担保の目的となっている財産を買い取るといった手段を講じなければ、裁判所は担保権消滅請求に対して許可決定を出します。

PART6
10

相殺権の拡張

破産のしくみと
手続き

清算のために相殺しやすくなる

■ どのような権利なのか

相殺とは、自分が相手に対して持っている債権（自働債権）と、相手が自分に対して持っている債権（受働債権）を対当額で消滅させることをいいます。破産手続きの中では、相殺を行うための条件が通常の場合とは異なっています。

通常、お互いの債権が同じ金銭債権で、自働債権の弁済期が来ている場合に相殺することができます。双方の債権が同種の債権でない場合や、自働債権の弁済期が来ていない場合には、相殺はできません。

しかし、破産手続きの中では、破産者に対する債権が金銭債権ではない債権も金銭債権と同じように扱われます。また、弁済期の到来していない債権であっても、弁済期が来ているものとして扱われます。

そのため、債権者は、破産手続きの中では、破産者に対する債権の弁済期が到来していない場合や、債権の一方が金銭債権でない場合でも相殺が可能です。たとえば、破産者に対して貸金債権を有しており、その貸金債権の返還期日はまだ来ていないという場合でも、貸金債権を自働債権として相殺することが可能です。また、破産者に対して物の引渡しを請求するという債権を有している場合でも、その債権を自働債権とした相殺ができます。

破産者に対する債権が解除条件付のものであっても、債権者は相殺ができます。解除条件付の債権とは、ある条件を満たすと債権は消滅するという条件がつけられている債権です。ただ

相殺のメリット

相殺をすると、自働債権についても受働債権についても、弁済するためにいちいち現金の支払いをせずにすむ。そのため、相殺は簡便な決済方法であるといえる。また、相殺をすることで債権回収をしたのと同じ効果を得られるので、相殺は担保としての性格も有している。通常は、相殺を行うためには、自分の持っている債権と相手の持っている債権が同種のもので、自分の持っている債権が弁済期にあることが必要とされている。

相殺権

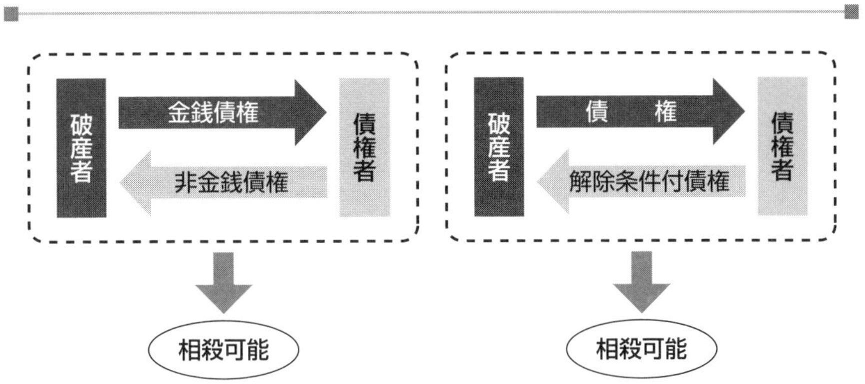

し、解除条件付の債権を用いて相殺をする場合には、条件が満たされて債権が消滅してしまう場合に備えて、相殺によって消滅する債務の額について破産財団のために担保を提供するか、寄託をする必要があります。

たとえば、債権者が、破産者に対する解除条件付の債権を自働債権として相殺をして、100万円の債務を消滅させる場合には、破産財団に対して100万円を担保として提供するか、寄託を行うことになります。破産手続きが終了するまで解除条件が満たされなかった場合には、担保となった金銭は、担保の提供をした債権者に返還されます。

破産者に対する債権が停止条件付のものである場合、債権者は相殺ができません。しかし、停止条件が満たされた場合に備えて、債権者は相殺ができる金額について、寄託を請求することができます。停止条件付の債権とは、条件を満たした場合に発生する債権です。停止条件が満たされなければ、債権が発生しないので、寄託した金銭は一般の債権者への配当に回されます。停止条件が満たされた場合には、相殺がなされ、寄託された金銭が寄託を請求した債権者に支払われます。

寄託
破産管財人に保管してもらうために預けること。

相殺の制限

債権者間の公平のために制限される

■ 相殺を制限する理由

破産に至るということは、基本的には、債務者が経済的苦境に陥り、負債のすべてを弁済することはできない状態になるということです。そのため、一部の債権者が抜け駆け的に債権を回収すると、債権者間で不公平な事態が生じます。そこで、相殺権についても、債務者が経済的苦境に陥る前に双方の債権債務が発生していた場合など、以前から相殺による債権保全の期待が生じていた場合のみ保護されるべきだといえます。そのため、破産時においては、債権者による相殺権の行使が一定の制限を受けることになります。

相殺権は一方的に行使できる

相殺は一方的に行うことができるので、破産者に対して債権をもつ者は破産管財人に意思表示をすることで、相殺権を行使できることになる。

■ 債務の負担時期による相殺の制限

破産者に対して債務を負担した時期が、債務者が経済的苦境に陥った後の場合は、相殺による債権保全の期待は保護すべきではありません。そこで、次のような制限があります。

① 破産手続開始後

破産債権者は、破産手続開始後に破産財団に対して債務を負担したときは、相殺をすることはできません。

② 破産手続開始の申立て後

破産手続開始の申立て後に破産者に対して債務を負担した場合であって、その当時、破産手続開始の申立てがあったことを知っていたときは、相殺をすることはできません。

③ 支払停止後

支払停止後に破産者に対して債務を負担した場合であって、

相殺権の行使が不公平となるケース

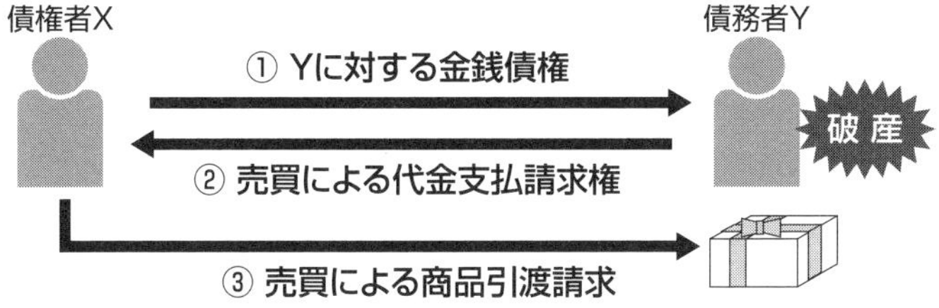

Xが①と②を相殺

➡もし、破産後に売買契約を締結した場合、商品の引渡しを受けることができるXは、他の債権者に優先して債権の回収ができてしまい、不公平!

その当時、支払の停止があったことを知っていたときは、原則として、相殺をすることはできません。支払停止とは、支払不能であると外部に表明する態度のことです。弁済を停止する旨の通知を債権者に送付することや、夜逃げなどが支払停止にあたります。破産申立代理人の弁護士が、受任通知を債務者に送付した場合も、原則として支払停止にあたります。

④　支払不能後

支払不能後に、自分の債務の支払いは相殺によって免れる目的で、破産者となる者に財産を処分させたり、債務を引き受けさせたりする内容の契約を締結し、その契約によって破産者となる者に対して債務を負担した場合であって、その当時、支払不能であったことを知っていたときは、相殺をすることはできません。

ただし、上記②～④については、例外的に相殺できる場合があります。法律で定められた原因により債務を負担した場合、破産手続開始申立て・支払停止・支払不能があったことを知った時より前に生じた原因により債務を負担した場合、破産手続開始の申立て時より１年以上前に生じた原因により債務を負担した場合です。法律で定められた原因とは、相続、事務管理、不当利得などのことです。このような場合には、相殺による債権保全の期待を保護すべきだといえますので、相殺を認めています。

■ 破産債権の取得時期による相殺の制限

破産者に対して以前から債務を負担していたとしても、破産債権を取得した時期が、債務者が経済的苦境に陥った後の場合は、相殺による債権保全の期待は保護すべきではありません。そこで、次のような制限があります。

① 破産手続開始後

破産手続開始後に生じた債権は、そもそも破産債権ではありませんが、破産手続開始後に他人の破産債権を取得することがあります。この場合は、相殺をすることはできません。

② 破産手続開始の申立て後

破産者に対して債務を負担する者は、破産手続開始の申立て後に破産債権を取得し、その当時、破産手続開始の申立てがあったことを知っていたときは、相殺をすることはできません。

③ 支払停止後

支払停止後に破産債権を取得し、その当時、支払停止があったことを知っていたときは、原則として相殺することはできません。

④ 支払不能後

支払不能後に破産債権を取得し、その当時、支払不能であったことを知っていたときは、相殺することはできません。

ただし、上記②～④については、例外的に相殺できる場合があります。法律で定められた原因により破産債権を取得した場合、破産手続開始申立て・支払停止・支払不能があったことを知った時より前に生じた原因により破産債権を取得した場合、

相殺権の濫用

規定にあてはまらない場合でも、債権者間の実質的な公平を著しく害するときは、相殺権の濫用にあたるとして、相殺が制限される場合もある。

相殺権行使が制限される場合

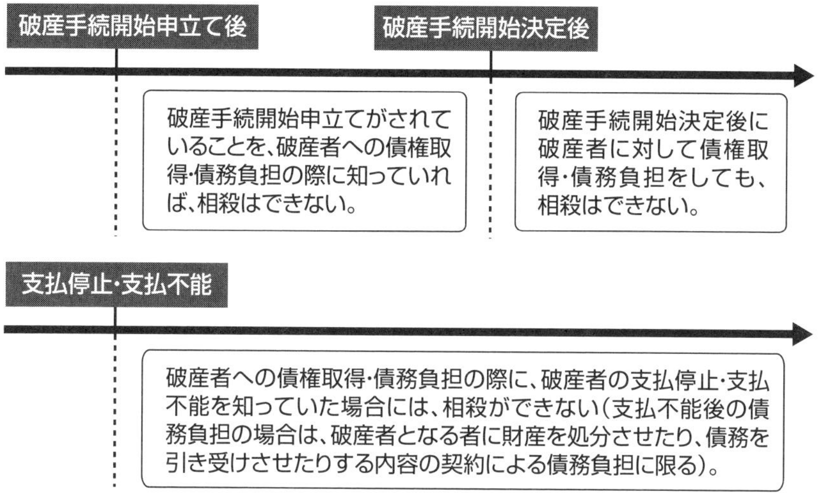

破産手続開始の申立て時より１年以上前に生じた原因により破産債権を取得した場合、破産者との契約により破産債権を取得した場合です。破産者との契約により破産債権を取得した場合の相殺とは、たとえば、以前から預金取引のあった事業者に対し、事業者の支払停止後に、銀行が貸付けを行う場合などのことです。このような場合については、経済的苦境に陥った者であっても、契約の相手方に相殺による債権保全の期待を与えて取引をする余地を認める必要があるため、相殺を認めています。

■ 破産管財人による相殺の制限

以上は、債権者による相殺についての説明ですが、他方、破産管財人からも相殺をすることが考えられます。破産管財人からの相殺は、債権者の一般の利益に適合し、裁判所の許可を得た場合にのみ、行うことができます。

PART6 12

否認権

破産者の行為を否定できる

■ どんな権利なのか

破産手続きでは、債務者の財産を現金化して、債権者に対して公平な配当が行われます。

しかし、会社の資金繰りが苦しくなると、会社の経営者は現金を作るために会社の財産を安い値段で売却してしまったり、取立ての厳しい債権者にだけ弁済を行おうとします。このように、破産手続きを行う前の段階で、破産者が自らの財産を減少させるような行為をしたり（詐害行為）、破産者が一部の債権者に対してのみ弁済を行ったりすると（偏《へん》頗《ぱ》行為）、債権者に対する公平な財産の分配ができなくなります。そのため破産手続開始決定がなされる前に破産者が詐害行為や偏頗行為を行っていた場合には、破産管財人はこれらの行為の効力を否定して、流出した財産を破産者の財産の中に戻させることができます。このような破産管財人の権利のことを否認権といいます。

■ 詐害行為否認

詐害行為とは、破産者の財産が減少し、すべての債権者が不利益を受けるような行為のことをいいます。たとえば、A、B、Cの債権者がいて、3人の債権者はそれぞれ1000万円の債権を破産者に対して有していたとします。このとき、破産者が総額900万円の財産を有していれば、債権者A、B、Cはそれぞれ300万円ずつの配当を受けることができるはずです。しかし、破産者が900万円の価値のある財産を600万円で売却してしまうと、債権者A、B、Cへの分配額は200万円に減少してしまい

否認権

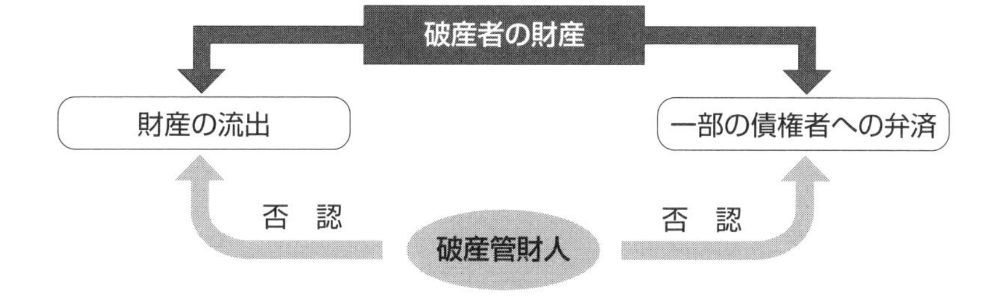

ます。このような場合に、破産者の行為を否認する必要性が出てきます。具体的な否認対象行為は次のとおりです。

①　基本類型

破産者が破産債権者を害することを知ってした行為や、支払停止または破産手続開始の申立て（支払停止等）の後にした破産債権者を害する行為は、原則として否認することができます。

②　不相当に過大な給付による債務消滅行為

債務額を大幅に上回る価値の物による代物弁済など、不相当に過大な給付による債務消滅行為は、債務額を上回る部分に限り、上記①の要件に従って否認することができます。

③　無償行為

支払停止等があった後やその前6か月以内にした無償行為は、否認することができます。

④　相当対価処分行為

相当な対価による財産の処分は、原則として否認対象行為にはなりませんが、不動産などを売却すると、財産が金銭に代わるので、隠されたり、費消されやすくなります。そこで、隠匿等の処分のおそれを現に生じさせ、破産者に隠匿等の処分をする意思があり、その意思があることについて処分の相手方も知っていた場合は、例外的に否認することができます。

無償行為否認

詐害行為のうち、無償行為については、類型的に詐害性が認められやすい行為なので、広く否認権の行使が認められている。

■ 偏頗行為否認

偏頗行為とは、破産者が負担している特定の債務のみを弁済したり、特定の者に対してだけ担保を提供する行為のことをいいます。たとえば、A、B、Cの債権者がそれぞれ1000万円の債権をもっており、破産者が900万円の財産を有していれば、債権者A、B、Cはそれぞれ300万円ずつの配当を受けることができるはずです。しかし、破産者がAに対してのみ900万円を弁済してしまうと、BとCはまったく弁済を受けることができません。このような破産者の行為が偏頗行為です。具体的な否認対象行為は次のとおりです。

①　基本類型

支払不能後または破産手続開始の申立て後にした行為は、原則として否認することができます。支払停止後は支払不能と推定されます。

②　非義務行為

法的に義務がないのにした行為については、支払不能になる前30日以内にされた行為であれば、原則として否認することができます。

■ 対抗要件否認

支払停止等があった後に登記などの対抗要件を具備する行為をした場合、その行為が不動産売買などの原因行為があった日から15日を経過した後に支払停止等があったことを知ってしたものである場合は、対抗要件を具備する行為を否認できます。

■ 否認権の行使方法

否認権は、①訴えの提起、②訴訟における抗弁としての主張、または、③否認の請求という破産法上の手続きによって、破産管財人が行使する必要があります。ただし、実務上は、訴え提起などを行わなくても、否認権行使の相手方と交渉を行い、任

非義務行為
たとえば、弁済期が到来していない債務を弁済する行為などである。

対抗要件
すでに効力の生じた法律関係あるいは権利関係の取得・喪失・変更を第三者に主張（対抗）するために必要とされる要件のこと。不動産の場合には登記が（民法177条）、動産の場合には引渡しが（同法178条）が対抗要件となる。対抗要件を備えないと、権利を取得できない可能性がある。

抗弁
原告の主張を単に否定するのではなく、別個の事実を主張して争う被告側の主張のこと。

ケースで見る詐害行為や偏頗行為の否認

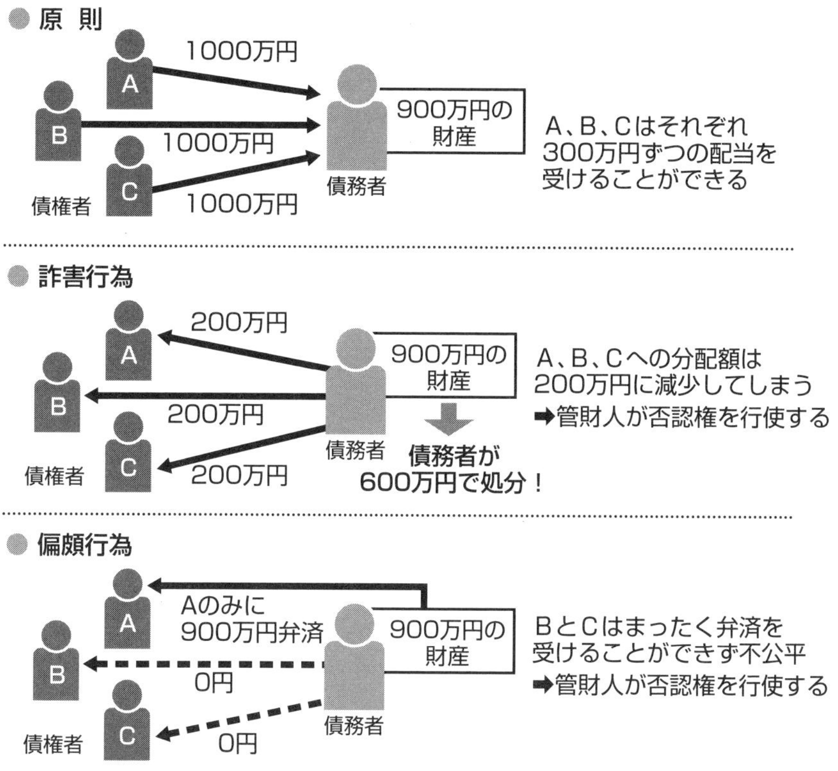

意に財産を返還してもらうような処理が行われています。また、破産手続きの迅速性の要請から、否認の対象となった財産のすべてを返還してもらうのではなく、財産の一部を返還してもらうことで話合いをまとめるという処理も行われています。

否認権を行使すると、否認対象行為は最初からなかったことになり、財産は破産者のもとに戻ります。否認権は、破産手続開始の日から2年を経過し、または、否認対象行為があった日から10年が経過したときは行使できなくなります。

債権調査と債権の確定

破産債権には優先順位がある

■ 破産債権にはどんなものがあるのか

破産債権は、破産者に対し破産手続開始前の原因に基づいて生じた財産上の請求権のうち、財団債権に該当しないものをいいます。財団債権とは、破産債権とは別に随時弁済を受けることのできる債権です。財団債権に該当する債権は破産債権にはなりません。

また、破産手続開始前に生じた原因によって生じた債権であれば、破産債権となります。債権に条件や期限がつけられていたとしても、破産手続開始前に契約を締結して債権発生の原因を作っていれば、その債権は破産債権となります。さらに、財産上の請求権でなければ破産債権にはなりません。たとえば、歌手が破産した場合の、歌手に対する公演請求権は破産債権にはなりません。

破産債権には順位がつけられています。優先順位の高い順から、優先的破産債権、一般破産債権、劣後的破産債権、約定劣後破産債権となり、優先順位の高い債権から弁済を受けることになります。

優先的破産債権とは、一般の先取特権など優先権がついている債権です。たとえば、国税・地方税の債権は優先的破産債権になります。また、労働債権や葬式代を請求する債権も一般の先取特権が認められますので、優先的破産債権になります。

劣後的破産債権に該当する債権には、破産手続きが開始した後に発生した利息債権や、破産手続きに参加するために必要になった費用を請求する債権があります。

一般の先取特権

法律に定めた一定の債権を担保するために認められる法定担保物権。①共益の費用、②雇用関係、③葬式の費用、④日用品の供給により生じた債権を有する者は、一般の先取特権を有する（民法306条）。

破産債権と財団債権

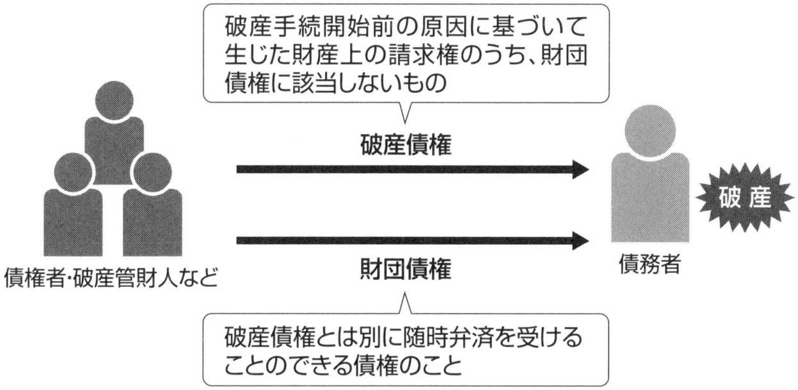

約定劣後破産債権とは、破産者と債権者との間で、「劣後的破産債権よりも劣る債権とする」という合意のなされた債権です。劣後ローンなどが約定劣後破産債権にあたります。

優先的破産債権、劣後的破産債権、約定劣後破産債権のいずれにも該当しない債権が一般破産債権になります。

劣後ローン
金融機関からの借入れの一種で、弁済において他の債権よりも劣後する旨の特約があるもの。事業再生などの場面で利用される。出資の払戻しが認められない株式に近く、債務者の財務体質の強化を図ることができる。

■ 債権者が債権を届け出る

破産手続きは債権者への配当（弁済）を目的とする手続きですから、破産者に対して債権者がどれだけの債権があるのかを確定しなければなりません。その手続きが債権の届出と債権調査です。

破産者の債権者は、別除権の行使が認められるケースなどを除くと、原則として破産の手続きでしか債権を回収することができません。そのため、債権を回収しようとする債権者は裁判所が指定した債権届出期間内に自分の債権を裁判所に届け出なければなりません。届け出られた債権については裁判所書記官が破産債権者表を作成し、コピー（謄本）を管財人に渡します。

なお、破産者の財産がほとんどない場合、債権届出をした債権者であっても、配当が受けられません。

■ 破産管財人による債権の調査が行われる

債権を調査する期日（債権調査期日）には、届出のあった債権について、債権者の氏名・住所、債権の額と原因、優先権や別除権など注意しなければならないことはないか、などを調査します。管財人は届け出られた債権の中身が真実かどうかを調査期日までにチェックしておきます。債権者は、他の債権者の債権の届出内容について異議を述べることができます。他の債権者の債権額が不当に大きくなれば、自分の債権に対する弁済額が減ってしまうので、債権者には債権の届出内容について異議を述べることが認められています。債権調査により管財人の否認や他の債権者から異議がなく破産債権者表が確定すれば、破産債権者表の記載は破産債権者全員に対して訴訟における確定判決と同じ効力を持ちます。

債権調査

破産者に対して債権者がどれだけの債権があるのかを確定するための手続が債権調査である。債権調査により破産管財人の否認や他の債権者から異議がなく破産債権者表が確定すれば、破産債権者表の記載は破産債権者全員に対して訴訟における確定判決と同じ効力を持つ。

■ 破産債権の確定

債権者が届出をした債権の内容は、破産管財人が認め、届出をした他の破産債権者が異議を述べなければ確定します。

債権の内容について破産管財人が認めなかったり、他の債権者から異議が出た場合には、その債権を届け出た債権者は裁判所に対して査定の申立てができます。これを破産債権査定申立てといいます。破産債権査定申立ては、債権調査の期日（調査期間の末日）から１か月以内に行われます。裁判所はこの申立てに基づいて破産債権の査定決定を行いますが、この査定決定にも不服がある場合には債権査定異議申立ての訴えを提起することができます。この訴えが終結した時点で、破産債権の額などが最終的に確定します。

破産債権の種類と優先順位

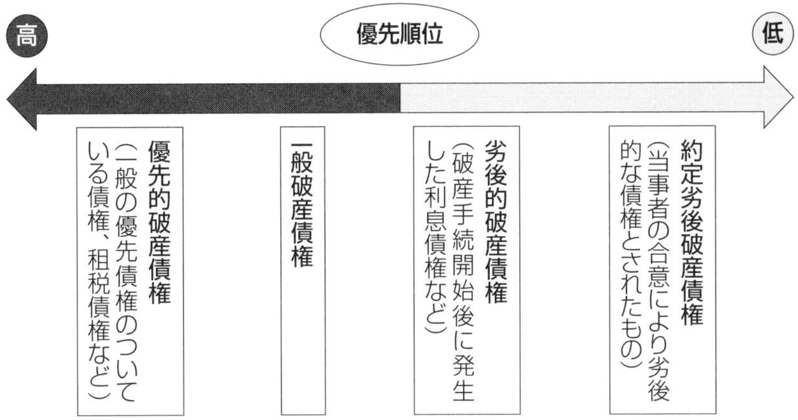

■ 財団債権について

財団債権とは、破産手続きとは関係なく破産者の財産から随時弁済を受けることができる債権です。財団債権に対しては、債務者の財産から最も優先的に弁済されます。

なお、破産債権者の共同の利益のために行う裁判上の費用の請求権や、破産財団の管理、換価、配当に関する費用の請求権は、財団債権となりますが、破産債権者全体の利益のために支出された費用なので、財団債権の中でも優先的に弁済をすることが認められています。

また、破産手続開始前の原因に基づいて生じた租税債権であって、破産手続開始時点で、納期限の到来していないものや、納期限から１年を経過していないものは、財団債権となります。

さらに、破産手続開始前の３か月間の破産者のもとで働いていた労働者の給料の請求権や、退職金請求権の一部は財団債権になります。労働者の保護という観点から、給料に関する債権は優先的に支払うことが認められています。

PART6
14

債権者集会と配当

破産のしくみと
手続き

債権者に情報を開示して手続きの透明性を確保する

■ 債権者集会とは何か

破産手続開始決定がなされると、債権者は抵当権などがない限り、自由に債権回収をすることができなくなります。債権者は破産手続きによって破産財団から債権額に応じた按分比例による分配を受けられるだけになります。ですから、破産手続開始決定後は債権者が全額回収することはまず不可能です。

債権者からすれば最終的に少しでも多くの配当を受けられるように破産財団の管理が適切になされ、換価がより高額であることを期待するものです。そこで、債権者に十分に情報を提供してチェックしてもらう必要があり、設けられたのが債権者集会です。債権者集会には、①財産状況報告集会、②任務終了計算報告集会、③破産手続廃止に関する意見聴取集会があります。

なお、債権者に対する配当がない場合には、破産管財人から破産財団が少なく配当ができない旨の説明がなされ、裁判所が破産手続廃止決定をします。

債権者集会の種類

裁判所は、破産手続開始決定と同時に財産状況報告集会の期日を定める。財産状況報告集会では、破産管財人は、破産手続開始に至った事情や、破産者・破産財団に関する経過及び現状などを報告する。また、異時廃止の決定をするときは、原則として債権者集会での意見聴取が必要になる。さらに、破産管財人の任務が終了したときは、任務終了による計算の報告のために債権者集会を招集する必要がある。実際には、多くの事案で、上記の債権者集会を１回でまとめて行う。

■ いよいよ配当

配当の前提として、破産財団に属する財産の換価が終了して配当原資が確保されている必要があります。また、債権調査により配当を受けることができる債権とその内容を確定しておく必要があります。破産財団に属する財産の換価と債権調査が終了し、破産管財人報酬などの破産手続きにかかった費用を差し引いてもなお配当できるお金が残った場合は、いよいよ配当手続きに入ることができます。

破産財団の換価と配当

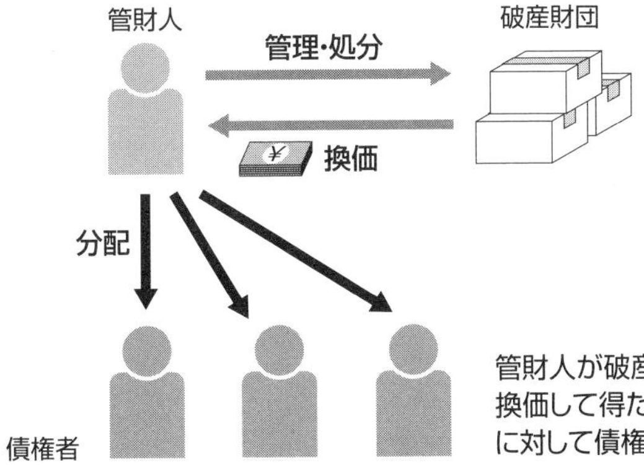

管財人が破産財団に属する財産を換価して得た金銭は、届出債権者に対して債権額に応じて分配される

管財人が破産財団に属する財産を換価して得た金銭は、届出債権者に債権額に応じて分配していきます。配当には、それがなされる時期によって、中間配当・最後配当・追加配当などがありますが、ほとんどの破産の場合には、配当があっても、よほどのことがない限り最後配当か簡易配当が１回行われるだけです。配当額が総額で1000万円以下の場合は、簡単な手続きにより行うことができる簡易配当が実施されます。

最後配当の手続きとしては、まず破産管財人が配当表を作成します。その後、最後配当の手続きに参加することができる債権の総額と、最後配当をすることができる金額を公告・通知します。配当表に不服がある者は異議を申し立てることができます。異議がなければ配当表が確定します。

配当は、通常、銀行振込によって行われます。配当が終了し、破産管財人は、任務終了の計算報告書を裁判所に提出します。任務終了計算報告集会の終結後、破産終結決定がなされ、裁判所が決定公告を行うことで、破産手続きは終了します。

中間配当

破産管財人は、配当をするのに適当な金銭があると認めたときは裁判所の許可を得て中間配当をすることができる。大規模な事件で、破産手続きが長期間に渡ることが予想される中、一定の配当原資が確保された場合などに、例外的に実施される。

追加配当

最後配当の配当額の通知を発した後に配当すべき金銭が生じたときは、「追加配当」を行わなければならない。破産手続終結決定後も同様である。

個人の破産手続き

自力で解決できなくなったらムリをしないこと

■ 破産すれば借金はなくなるか

これまで、会社などの事業者が破産するケースを中心に解説してきましたが、個人が破産する場合の手続きについて見ていきましょう。

破産という手続きは多額の負債を抱えて債務者が経済的に破たんしてしまった場合に、その財産関係を清算して、すべての債権者に公平な弁済（配当）をすることを目的とした裁判所の手続きです。別の言い方をすれば、多額の借金を抱えて動きがとれなくなった個人や会社の財産関係をいったんご破算にして、混乱が生じることを避け、返せるものはできるだけ返すなどして、被害を一定範囲に食い止め、同時に、経済的に破たんした債務者に健全な形で再出発の機会を与える制度です。

破産の申立てをすることができるのは、原則として、債権者と債務者です。申立人が債権者（貸主）である場合を債権者破産といいます。債務者（借主）自身が破産の申立てをする場合を自己破産といいます。債務者がもうこれ以上支払はできないとついにギブ・アップした場合に、自己破産が行われます。

なお、会社などの法人の代表者が、会社を代表して申立てをする場合も自己破産です。債務者は、自ら破産を申し立てることによって、債権者による個別の権利行使（取立て）にいちいち応じる必要がなくなり、再起を図ることに専念できます。

■「破産手続開始決定＝借金帳消し」ではない！

破産はたしかに債務整理の切り札です。しかし、破産手続開

破産のしくみ

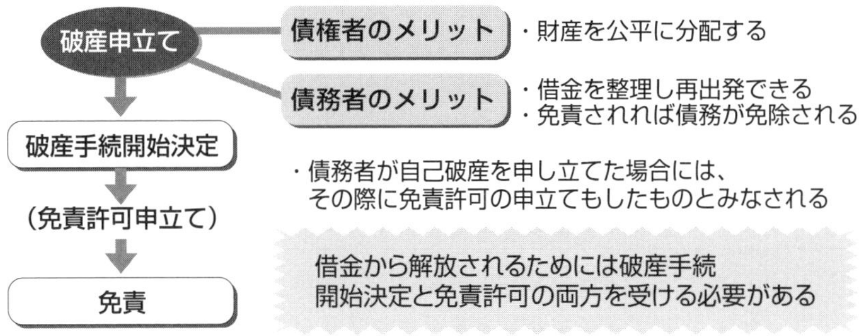

始決定を受ければ借金が帳消しになるかといえば、そうではありません。破産手続開始決定は、あくまで債務者に返済能力がないということを裁判所が認めただけのことであり、破産手続きの入口をくぐったにすぎません。借金の支払義務は残っています。次項で述べる同時廃止をする場合であれば、破産手続き自体が進められませんから、借金は全額残ります。借金から解放されるには、破産手続きに続いて免責手続きが必要です。この手続きで免責が認められてはじめて、借金はゼロになるのです。

個人の債務者が破産の申立てをした場合には、その際に免責許可の申立てもしたものとみなされます。会社の破産に伴い経営者個人が自己破産する場合についても、経営者が支払義務を免れるためには、免責許可決定を受けることが必要です。事案によっては、免責不許可となる場合もありますので、破産申立ての際は、免責許可の見通しの検討も必要です。

結局、債務者が借金から本当に解放されるには、破産手続開始決定手続に始まる破産という手続きと免責手続きの２つの大きなステップを踏むことが必要なのです。

免責が認められない場合もある

免責が認められないというケースはそれほど多くはない。法律では免責を許さない場合（免責不許可事由）を定めている。ただ、免責不許可事由があると必ず免責不許可になる、というわけでもない。免責不許可の理由があっても、裁判所の裁量によって免責を許可することができる。これを裁量免責という。結局は裁判官が状況を総合的に判断して免責許可の決定をしている。

PART6
16

同時廃止

破産のしくみと手続き

財産のない人は同時廃止になる場合が多い

■ 財産がない場合には同時廃止

自己破産しようと決意するに至った債務者には、すでにめぼしい財産は残っていないのが普通でしょう。破産手続きに必要な費用を捻出できるだけの財産がない場合には、それ以上破産手続きを進めてみても意味がありません。このような場合には、破産手続開始決定と同時に破産手続きを終結してしまいます。これを同時廃止といいます。現在では、自己破産を申し立てる個人の多くが同時廃止になっています。

これに対して破産者に不動産や株式、預貯金など多少なりとも財産が残っている場合、つまり「破産手続きに必要な費用を捻出できるだけの財産」があるときには、破産手続開始決定と同時に裁判所によって破産管財人が選任されます。また、個人事業主の場合、否認対象行為や免責不許可事由の疑いがある場合、本人が弁護士に依頼せずに申し立てた場合、申立書類の内容が十分でない場合などは、破産管財人による調査が必要なので、財産が乏しくても管財事件になる場合があります。

個人事業主や会社の代表者の破産

個人事業主や会社などの法人の代表者（取締役や代表取締役）が自己破産を申し立てる場合には、たとえ財産がまったくなくても同時廃止になることは、ほとんどないというのが実情である。

管財事件

破産手続開始決定の後、破産管財人が選任され、破産手続きが進められる場合。

■ なぜ同時廃止というのか

債務者の財産が乏しいことが最初から分かっている場合は、破産手続開始決定と同時に、破産手続きを廃止する決定をするので、「同時廃止」といいます。これに対して、破産管財人によって破産手続きを進めてみて、債務者の財産が乏しく配当も実施できないとわかったときは、破産手続きを廃止する決定をします。これを「異時廃止」といいます。

個人が破産したら現金はどうなるのか

東京地裁などの場合、現金が33万以上ある場合は、同時廃止ではなく管財事件になる。しかし、生活に必要な資金として99万円以下の現金は自由財産になるので、管財事件の予納金を納付する必要はあるものの、管財事件になっても破産者は最大99万円まで現金を保有することができる。

同時廃止になるか管財事件になるか

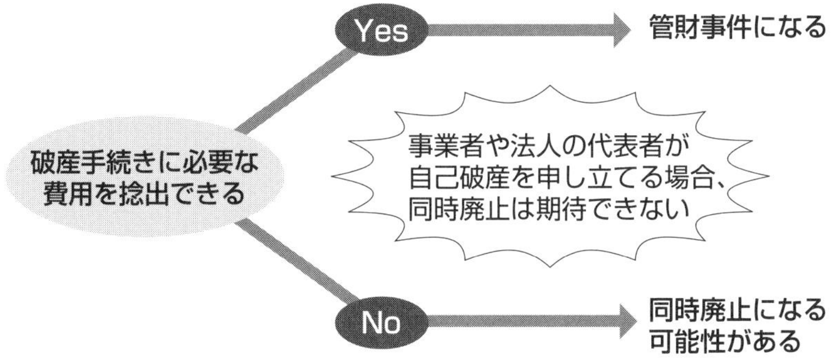

同時廃止になれば、破産管財人報酬のための予納金を用意する必要がありませんので、債務者の負担は軽くなります。東京地裁などでは、予納金を原則20万円に抑えた少額管財事件の運用がありますので、同時廃止ではなく管財事件になることも多いです。東京地裁などでは、現金が33万円未満であり、他の換価の対象になる財産の価値が20万円未満であることが同時廃止の要件となります。また、破産者に不動産がある場合でも、担保権が設定され、被担保債権が不動産の価格の1.5倍を超えるようなオーバーローンの場合は、同時廃止となる場合があります。ただし、このあたりの取扱いは、各裁判所によって異なりますので、注意が必要です。

同時廃止の決定がなされると後は免責手続きを残すのみとなります。後述する管財事件のような居住制限や通信の秘密の制限などはありませんし、そもそも処分すべき財産もないわけですから、財産の管理・処分の権限も失うことはありません。ただ、免責許可決定が確定するまでは、「弁護士や司法書士といった職業に就くことができなくなる」「後見人や保佐人になることができなくなる」といった資格制限を受けます。

PART6
17

自己破産する際の手続き

3つのチェック・ポイントがある

■ 弁護士等への相談

破産の申立ては、本人が自ら行うこともできますが、準備が大変であり、多くの場合、同時廃止ではなく管財事件になり、予納金が必要になります。また、弁護士等の受任通知により取立行為を止めることもできます。そこで、弁護士等に相談するのが無難といえます。個人破産の場合、弁護士費用等の捻出が難しい場合は、民事法律扶助という立替払い等の制度を利用することができる場合もあります。

相談の結果、破産申立てが適切であるとの結論に至ったときは、申立てに必要な書類を準備していきます。また、弁護士等は、個人の自己破産の申立てを受任したら、通常、債権者に対し、受任通知を送付します。受任通知送付後は、貸金業法により、貸金業者の取立行為は禁止されますので、債務者としては生活の平穏を取り戻すことができます。

どこの裁判所に申し立てるのか

① 申立人が、個人事業主や会社（法人）のような「営業者」である場合には、その営業活動の中心である場所（主たる営業所）の所在地を管轄する地方裁判所に申し立てる。
② 申立人が個人である場合には、その住所地を管轄する地方裁判所が破産手続開始決定申立の管轄である。もし申立人が住所不定であるような場合は、実際に生活している場所（居所）を管轄する地方裁判所に申し立てる。

受任通知

通常、弁護士に自己破産の申立を委任すると、弁護士は、貸金業者宛に「債務者○○の債務の整理について受任したので、以後連絡は弁護士宛にするように」という内容の書面（受任通知）を発送する。書面が貸金業者に到達すると、貸金業者は直接の取立行為ができなくなり、破産申立て前でも電話・電報・訪問・郵便による取立行為は止まる。

■ 破産申立て

破産手続きについては、地方裁判所によって手続運用が異なります。以下では、東京地裁の場合を例に説明します。個人の場合、基本的には、住所地を管轄する地方裁判所に申立てをします。弁護士に依頼すれば、弁護士が裁判所に直接行って申立書を提出した場合、原則として、申立日の翌日から３日以内に弁護士と裁判官との面接が行われます（即日面接）。面接において、裁判官は、弁護士から事情を聴取し、同時廃止にするか、管財事件にするかを判断します。管財事件の場合、通常は少額

破産手続きの流れ（東京地裁）

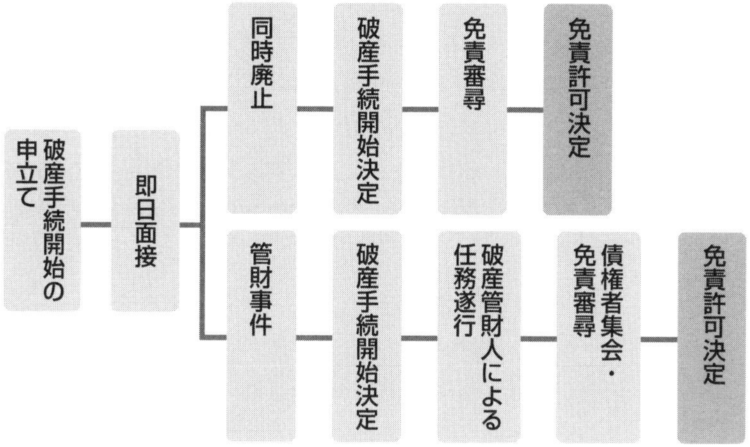

管財事件となり、20万円の予納金の納付が必要になります。また、約３か月後に債権者集会の期日が設定されます。管財事件の場合、破産者は債権者集会に出席しなければならなくなります。

■ 破産手続開始決定

破産手続開始決定は、特に問題がなければ、申立てがあった週の翌週の水曜日午後５時に発令されます。破産手続開始決定は官報により公告され、申立書類の債権者一覧表に記載された債権者に通知されます。上記のとおり、申立ての翌週には開始決定がありますので、申立ての事実を債権者に別途通知する必要はない場合が多いのですが、強引な債権回収のおそれがある場合は、弁護士等から債権者に対し、申立ての事実を通知することもあります。

なお、受任通知の送付や、破産申立ての通知をしても、強引に債権回収が行われる場合があります。そのおそれがある場合は、最低限の申立書類で申立てを行い、裁判所に事情を説明して、早期に破産手続開始決定を発令してもらうことも有効です。

同時廃止の場合は、破産手続開始と同時に破産手続は廃止されますので、後は免責手続きを残すのみとなります。他方、管財事件の場合は、破産管財人が選任され、破産手続きが進行することになります。破産管財人については、破産手続開始決定前に、その候補者が選ばれ、破産管財人候補者と、債務者や１申立代理人弁護士との間で事前打ち合わせが行われます。

■ 管財事件の遂行

破産手続開始決定後は、破産者宛の郵便物は、破産管財人に送付され、破産管財人から破産者に交付されることになります。急いで確認したい郵便物がある場合は、破産管財人に事前に相談しておいた方がよいといえます。破産管財人は、換価可能な財産を換価したり、財産や収入の状況、負債の状況、否認対象行為の有無、免責不許可事由の有無などを調査します。破産者は、このような破産管財業務に協力しなければなりません。

換価
金銭に変えること。

また、破産者は、無断で住居を変更したり、長期間の旅行に行くことはできなくなります。個人の自己破産の場合、不動産の売却処分等がない限り債権者集会は１回で終わることが多く、破産管財人は、多くの場合、それまでに破産管財業務を終えることになります。

■ 債権者集会

管財事件の場合は、債権者集会が開かれます。破産法上、財産状況報告集会を開く必要があり、財産状況報告集会では、破産管財人が、破産手続開始に至った事情や、破産者・破産財団に関する経過及び現状などを報告します。また、異時廃止の決定をするときは、原則として債権者集会での意見聴取が必要になります。さらに、破産管財人の任務が終了したときは、任務

異時廃止
151ページ参照。

管財事件の進行

開始決定後
- 破産者宛の郵便物は、破産管財人に送付される
- 破産者は破産管財人の調査等に協力する義務がある
- 破産者は無断で住居を変更したり、長期間の旅行に行くことはできない

債権者集会
- 破産者の出席が必要

終了による計算の報告のために債権者集会を招集する必要があります。実際には、これらの内容を１回の債権者集会でまとめて行う場合がほとんどです。個人破産の場合、債権者集会は、破産者の免責審尋も兼ねて行われ、免責に関する破産管財人の意見が陳述されます。

■ 同時廃止の場合の免責審尋

東京地裁の場合、同時廃止の場合でも、免責審尋が行われます。東京地裁本庁では、大勢の破産者が順番に並び、それぞれ短時間の審尋を次々に受けることになります。ほとんどの破産者は、審尋において、氏名・住所・本籍などを確認されるだけで、込み入った質問がされることはありません。なお、大阪地裁の場合、同時廃止事件について、このような免責審尋は行われません。

■ 免責許可決定

債権者集会または免責審尋が終わってしばらくすると、ほとんどの場合、免責許可決定が通知されます。免責許可決定が確定すれば、ようやく手続きが終了します。官報への掲載までの期間を考えると、免責許可決定の通知を受けて、１か月程度経って何事もなければ確定したと考えてよいでしょう。

PART6
18

破産のしくみと手続き

免責手続き

免責許可が確定すると債務から解放されるが、免責されない債権もある

■ 免責の申立て

個人の自己破産の場合は、原則として、破産手続開始の申立てにより免責申立てをしたものとみなされます。つまり、破産手続開始の申立てとは別に免責の申立てをしなくても、破産手続開始の申立ての際に、免責の申立ても同時にしたことになります。

裁判所は、破産管財人や破産債権者が免責についての意見申述を行うことができる期間を定めなければなりません。破産管財人や破産債権者は、免責の当否について裁判所に意見を述べる機会を与えられるわけです。また、裁判所や破産管財人による免責の当否についての調査もあります。この調査が行われた場合には、破産者は調査に対する協力義務を負います。裁判所によっては運用により意見を述べるための審尋の期日を開く場合がありますので、免責の申立てをする裁判所に確認してみてください。

裁量免責

浪費やギャンブル、詐欺的行為など、免責不許可事由がある場合でも、誠実な破産手続きの遂行を含む、諸事情の総合的な判断により裁量免責となる場合が多い。そこで、免責不許可事由にあたる可能性がある場合でも、あきらめずに弁護士等に相談することが重要である。

■ 免責が決定されるとどうなる

免責許可の決定は、免責許可決定が官報に掲載され、掲載された日の翌日から２週間以内に即時抗告がされないことによって確定します。即時抗告とは、裁判の日から一定の期間内に提起することとされている上級裁判所への不服申立制度です。免責許可の決定は免責許可の確定により効力が生じます。

免責許可の決定が確定すると、一定の免責されない債権を除き、債務の支払いを免れることができます。免責許可の確定に

免責許可の申立てから免責決定まで

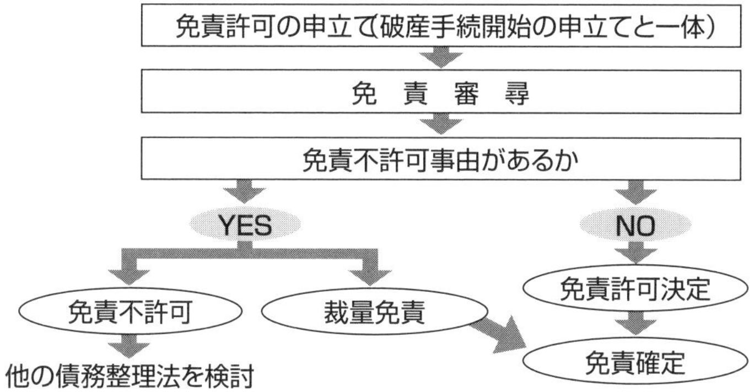

※破産法で定める免責不許可事由があっても、裁判所が免責相当と判断した場合には免責の決定がなされる。これを裁量免責という。

より、破産者は、一部の債務を除き、破産債権者に対する債務の支払義務がなくなります。また、復権（破産によって生じた資格や権利の制限などを消滅させ、本来の地位を回復させること）して破産者ではなくなり、法律上の資格制限から解放されます。なお、一度免責を受けると、原則として以後７年間は免責を受けられません。

■ 免責されない債権もある

ただ、免責許可の決定があれば、すべての債務を免れるわけではありません。税金や社会保険料は免責されません。養育費などの扶養義務も免責されません。また、悪意（積極的な害意）による不法行為に基づく損害賠償責任や、故意や重過失による生命や身体を害する不法行為に基づく損害賠償責任も同様です。さらに、破産者が把握していながら債権者一覧表に記載しなかった債権についても免責されません。

悪意による不法行為に基づく損害賠償責任

悪意による不法行為に基づく損害賠償責任は免責されない。法律用語として登場する「悪意」とは、通常、「一定の事実を知っていること」を意味するが、ここでの「悪意」とは、「積極的な害意」を意味するので、注意が必要。

Column

役員への責任追及

会社が破産した場合、破産に至るまでの過程で、取締役など会社の役員が違法行為に手を染めている可能性があります。たとえば、会社の金員を横領する、債権回収の見込みがない取引先へ多額の融資を行う、株主に違法な配当を行っている、などが考えられます。役員がこれらの行為をしていた場合、会社は、その役員に対して損害賠償請求をすることが可能です。

会社が役員に対して損害賠償請求をする際には、通常は民事訴訟を用いますが、破産法が定める査定の制度を用いることもできます。査定の制度とは、裁判所が破産手続きの中で、破産管財人の申立てか、裁判所の職権により、役員に対する損害賠償請求権の有無と額を判断する制度です。役員に対する損害賠償責任が問題となっても、査定の制度を利用すれば、破産手続きの中で役員の損害賠償責任に対する裁判所の判断が下されるので、役員に対する損害賠償請求訴訟を破産手続きとは別に行う場合と比べて、迅速に責任追及をすることができます。そして、裁判所が役員の責任を認めるときは「役員責任査定決定」がなされます。

役員責任査定決定に不服がある者は、1か月以内に異議の訴えを提起することができます。異議の訴えが提起されなかった場合には、役員責任査定決定は確定判決と同様の効力を有します。

破産管財人としては、査定の制度を用いるのか、それとも民事訴訟を用いるのかを選択することができます。役員が損害賠償責任を否定し、争う態度を示している場合には、異議の訴えの提起が想定されますから、査定の制度を用いずに最初から民事訴訟を用いる方がよいといえます。破産管財人は、状況に応じて、いずれかの手段を選択することが必要になります。

PART 7

M&Aのしくみ

M&A

事業の整理統合や事業を終わらせる手段にもなる

■ M&Aとは

M&Aは「Mergers And Acquisitions」の略称で、直訳すると「合併と企業買収」を意味します。わが国では、合併、会社分割、事業譲渡、株式譲渡などが代表的なM&Aの手段です。

M&Aは、新技術やノウハウの獲得、市場シェアの拡大など経営課題を解決するための有効な手段として、幅広い目的で活用されています。しかし、事業の拡大する手段だけでなく、事業の整理統合や事業を終わらせる手段としてM&Aが活用されることもあります。以下では、会社を終わらせる方向でM&Aを活用する場合における、経営者のとるべき行動や利害関係者への対応について見ていきましょう。

■ 合併・会社分割をする場合の対応

合併とは、2つ以上の会社が1つの会社になることです。新設合併の場合はすべての会社、吸収合併の場合は1つの会社を除いた会社が消滅します。会社法に合併の手続きが規定されていますので、それに従って進める必要があります。交渉相手を探し、交渉することが大きなハードルになりますので、合併先候補との交渉を有利に進められる状況を判断し、手続きを始めなければなりません。

会社分割とは、会社の事業の一部を、新しく設立した会社に承継させたり（新設分割）、他の会社に承継したり（吸収分割）することです。一部の不振な事業を切り離して、会社の事業を整理するために使われることが多いといえます。

新設合併

2つ以上の会社をすべて消滅させ、それらの会社の権利義務（資産や負債など）を新しく設立した会社（新設会社）に承継させる方法による合併。

吸収合併

1つの会社（存続会社）を残し、その他の会社（吸収会社）を消滅させ、吸収会社の権利義務を存続会社に承継させる方法による合併。

会社分割と事業譲渡の違い

会社分割は、分割した事業に関する権利義務の一切が、当然に分割先の会社に移転する。しかし、事業譲渡は、譲渡する事業に関する権利義務をどのように移転するかは、契約で定めることを要する。その他、事業譲渡の場合は、譲渡の対価が金銭で、会社分割の場合は、株式であるのが一般的であるという違いも見られる。

会社や事業を終わらせる方向でのM&Aの活用

- **合併の活用** → 自社を他社に吸収合併してもらうことにより自社の事業を終わらせる
- **会社分割の活用** → 不振事業などを会社分割により切り離す
- **事業譲渡の活用** → 事業の一部を他社に譲渡した上で、譲渡しなかった事業を廃業する（または譲渡しなかった事業で再建する）

会社分割は、一見すると事業譲渡と似ていますが、その中身は違います。ただ、事業譲渡や合併と同様に、会社法に会社分割の手続きが定められていますので、それに従って手続きを進めることが必要です。

新設分割の場合

自社において新設会社を設立するのであれば、交渉相手がいないので、手続きを進めやすいといえる。

■ 事業譲渡をする場合の対応

事業譲渡とは、会社の事業の一部または全部を他の会社や個人事業主に譲り渡すことです。譲り渡す会社（譲渡人）と譲り受ける会社や個人事業主（譲受人）との契約に基づき、事業に関係する権利義務（資産や負債など）が譲受人に移転します。事業譲渡があった後の譲渡人である会社は、廃業するか、譲渡しなかった事業で再建に向けて出発することになります。

事業譲渡では、事業を譲り受けてくれる会社や個人事業主を探さなければなりません。譲受人の候補先を探し出しても、事業譲渡の条件を十分に詰めて合意し、事業譲渡に関する契約に至らなければなりません。これらのハードルを乗り越えるには、譲渡人である会社としては、候補先との交渉を有利に進められる状況を判断し、手続きを始めなければなりません。

事業譲渡を進めるときの注意

事業譲渡を最終的に完了するためには、株主総会の決議が必要になる場合があるなど、会社法に手続きが決められているので、合併や会社分割と同様に、それに従って手続きを進めなければならない。

PART7
2

M&Aのしくみ

株式売却・株式交換

株式売却は他の事業再編と比較して手続きが簡単なのが特徴

■ 株式売却とは

株式売却とは、株式会社の場合で、その発行済み株式の全部を第三者に売却（譲渡）することです。会社の事業を他者に売却する事業譲渡と異なり、会社の経営権（経営体制）そのものを売却するのが株式売却の特徴です。したがって、株式売却は「会社の売却」と呼ばれることもあります。なお、会社の発行済み株式の一部を売却することは「資本提携」にあたります。

株式売却をすることで、それまでの経営者は会社と無関係になりますので、それまでの経営者にとっては会社を清算するのと同じ気持ちになるでしょう。ただ、会社は実際のところ存続していますし、それまでの経営者は売却によって利益を得ることもできます。

特に中小企業が廃業する大きな原因のひとつが後継者不足です。廃業を考えている理由が後継者不足で、株式会社の形態をとっている場合は、株式売却も検討に入れるとよいでしょう。資金不足によって廃業しても経営者が自己破産するしか道がないような場合には、弁護士などの専門家に相談して、株式売却を検討することも必要になります。

■ 株式売却の特徴

株式売却の特徴は、株式会社の形態をとっていれば、合併などと比較して手続きが簡単なことです。そのため、事業再編の実務では株式売却の手法が多用されています。

もし、ある株式会社を完全に支配するために、合併の手法を

株式売却の意味

事業再編における株式売却とは、会社の支配権の移転、資本注入を目的として、株式を売却（譲渡）することを指す。会社が行う株式売却には、自社が保有している他社の株式を売却するケースと、自社が保有している自社の株式を売却するケースがあるが、本書では、自社が保有している自社の株式を売却する株式売却（会社売却）を想定している。

株式売却のデメリット

① **一部の株主が株式売却に反対すると会社支配が不完全になること**

株式売却は、売買契約であるため、当事者の合意がないと契約が成立しない。ただし、全株式を取得しなくても、株式の過半数を手に入れれば、会社の支配権をほぼ手中に収めることができる。

② **大規模な企業を買収する場合などに多額の資金が必要になること**

株式売却は、株式を取得する対価として金銭を交付する手法であるため、このようなデメリットが生じる。

株式売却のメリット・デメリット

株　式　売　却

メリット

- 株主が株式売却による利益を得る
- 株式を売却するだけなので、手続きが容易
- 合併などと異なり、株主総会による決議が不要

デメリット

- 反対する株主が多数いると会社の支配権を獲得することが困難になる
- 買主は多額の資金が必要となる
- 株式会社の場合しか利用できない

用いる場合は、株主総会を開いて特別決議を得る必要があり、手続きが面倒です。さらに、合併に反対する株主からの株式買取請求への対応や債権者保護手続きも必要です。しかし、株式売却であれば、以下の売却手続きの流れで述べるように、株主総会の特別決議、反対株主の株式買取請求、債権者保護手続きなどを行わなくてよいのが原則です。

■ 会社の売却手続きの流れ

株式売却の手続きは、①基本合意、②対象会社の精査(デューデリジェンス)、③売却価格などの条件交渉、④双方の社内の内部承認手続き、⑤株式譲渡契約の締結、⑥名簿書換えや代金の支払いなどの実行（クロージング）の流れで進むことが多いといえます。

最も重要なのは、③売却価格の交渉です。特に中小企業にあたる株式会社は非上場であるのがほとんどで、株式の市場価格がありませんから、価格を決める必要があります。価格を決める方法として「類似業種比準方式」「純資産価格方式」などがあります。株式価格は相続税の算定にも関わりますので、税法では、評価法を細かく規定しています。しかし、会社の売却の

特別決議

株主総会において議決権を行使できる株主の議決権の過半数（定款で議決権の3分の1以上の割合を定めたときはその割合）の株式をもつ株主が出席し、出席した株主の議決権の3分の2以上の多数（定款でこれを上回る割合を定めたときはその割合）の賛成により成立する決議。

売却先が見つかりやすい場合

株式売却では、売却先を探すのが一苦労である。売却先が見つかりやすいのは、①会社に収益力があり、②バランスシートがしっかりしている場合である。

場合は、算出法の規定はありません。結局、税理士などの専門家に評価を依頼し、決めてもらうことになります。

ただ、いくら専門家に価格を決めてもらっても、売却先と合意しなければ意味がありません。算定した株式の価格は交渉の基礎として考えるのが妥当でしょう。また、複数の株主がいる場合は、各株主が価格に合意することが必要です。

会社の株式が譲渡制限付株式である場合には、原則として、会社が譲渡を承認する必要があります。取締役会設置会社であれば取締役会、取締役会設置会社以外の株式会社では、株主総会の承認を得なければなりません。

株式譲渡契約の締結後、株主名簿の書換えと代金の受領を行います。株券を発行している場合は、売却先にすべての株券を交付することが必要です。この際に、株券の一部が紛失してしまっていると、株券喪失登録という再発行の手続きが必要です。再度株式が発行されるまでに1年程度かかりますので、株券の一部が紛失しているときは、株主総会の特別決議で株券の廃止を決めることが有効です。

会社の売却先を探す方法

①自分で探す、②法律や税務の専門家（顧問税理士や弁護士）に頼む、③商工会議所に相談する、④取引銀行に相談する、⑤専門のM&A仲介会社に頼むといったものがある。

■ 株式交換を上手に利用する

株式売却の難点は、一部の株主が売却に反対している場合に会社の完全支配を達成できなくなることです。さらに、株式売却には、買主側の企業に多額の資金が必要になるというデメリットもあります。そのため、株式を購入する際、売主側の企業の株式を取得する対価として、売主側の株主に金銭ではなく買主側の企業の株式を交付するという株式交換の手続きを利用する方法があります。

株式交換とは、双方の企業が株式会社である場合で、双方の企業の株主総会における特別決議を得ることで、買主側の企業が売主側の企業の株式を100％取得できる制度です。株式交換を活用すれば、一部の株主が反対していても、売主側の企業の

株式売却の流れ

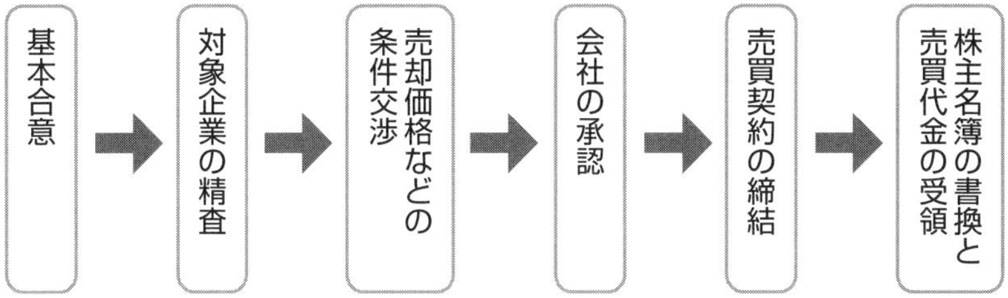

完全支配が可能になります。しかも、株式交換は、売主側の企業の株式を取得する際に、その対価として自社の株式を交付するので、買収資金が要りません。したがって、ある会社を株式取得により完全買収する場合には、株式売却でその会社の株式を3分の2まで取得した後、株式交換を行うことも考えられます。

3分の2の株式を取得するだけの資金を用意できないケースもあると思います。その場合には、売主側の企業の株主を説得することで、その株主総会において3分の2の賛成票を獲得することをめざします。

ただし、株式交換の場合、株式売却とは異なり反対株主に株式買取請求権が認められる可能性があります。株式買取請求権とは、株式交換に反対する株主が、会社に対して、自分の持っている株式を公正な価格で買い取ることを請求する権利です。具体的にいくらで買い取るかについては、会社と株主の協議で決定しますが、協議が整わない場合は、当事者の申立てにより裁判所が価格の決定を行います。また、株式交換をする場合は、債権者異議手続が必要になるケースもあります。そして、株式交換の方法を利用する場合は、双方の企業の間において、株式交換に関する合意が整っていることが前提になります。

株式売却にあたっての注意点

① 買収される企業が株券を発行しているかどうかで株式の譲渡方法が異なる
② 売却の対象となる株式に譲渡制限があるかどうか
③ 株式の売買代金をいつ支払うか
④ 会社について隠れた問題点が存在しないことを表明・保証する旨の条項を契約書に盛り込む
⑤ 株式譲渡人の連帯保証を外すこと（特に経営者が株式譲渡人である場合に注意）
⑥ 買収される企業が結んでいる各種契約の解除事由を確認すること
⑦ 株式譲渡後の競業禁止を契約書に盛り込むこと

合併

吸収合併と新設合併がある

■ 合併とは

会社に採算に見合わない不採算部門がある場合、他社との合併により、その過程で不採算部門の整理や見直しをすることが可能です。合併とは、複数の会社がひとつの会社になることです。会社法では吸収合併と新設合併の方法を認めています。

吸収合併は、合併する複数の会社のうちの1社（存続会社）が存続して、消滅する他の会社（消滅会社）を吸収する方式です。新設合併とは、合併する複数の会社のすべてが消滅して、新しい会社（新設会社）を設立する方式です。合併では吸収合併を利用するのが一般的です。

この他、よく耳にする言葉で「対等合併」というものがあります。対等合併とは、吸収合併の場合に、存続会社と消滅会社の合併比率（株式の価値）が1対1になるケースを指します。しかし、これは法律上の用語ではありません。それにもかかわらず、対等合併という言葉がなぜあるかというと、会計処理上、対等合併にする方が経営陣にとって優位な場合が多いからです。

対等合併とは異なり、業務不振の会社を救済するために行う合併のことを救済合併といいます。救済合併に関しては、最終的な合意に到達する可能性が高いといわれています。救済される方の会社に合併以外の生き残り策がなく、救済する方の会社に強い主導権があるため、交渉がまとまりやすいからです。反対に、対等合併に関しては、合併条件などの面で折り合いがつかず、最終的な合意に至らないケースも多いようです。

合併のメリット・デメリット

主なメリットとして、事業規模の拡大、事業部門の合理化による経費節減、事業の相互補完による競争力の強化の3点がある。
主なデメリットは、社風や企業体質の違いなどによる現場の混乱、事業規模の拡大がマイナスに働く場合の2点がある。

三角合併

吸収合併を行う際、存続会社は自社の株式だけでなく、自社の親会社の株式を合併対価として交付できる。存続会社がその親会社の株式を交付するタイプの合併を三角合併と呼ぶ。

吸収合併の手続きの流れ

1. **合併契約書の作成**
   - 存続会社と消滅会社との間の合併契約
   - 合併契約書の記載事項（効力発生日など）に不備がないようにする
2. **事前開示**
   - 株主や会社債権者のために合併に関する資料を備え置く
   - 存続会社と消滅会社の各本店に備え置く
3. **株主総会**
   - 原則として存続会社、消滅会社双方で株主総会の特別決議が必要
   - 簡易合併の場合には存続会社の総会決議を省略できる
   - 略式合併の場合（相手会社の 90%以上の株式をもっている場合）には相手会社の総会決議を省略できる
4. **反対株主の株式買取請求**
   - 合併に反対する株主は会社に対して公正な価格での株式の買取りを請求できる
5. **債権者保護手続き**
   - 債権者に対する公告を行う
   - 会社がその存在を知っている債権者には個別の催告が必要
6. **登記**
   - 効力発生日から２週間以内に登記をする
   - 存続会社については変更登記を、消滅会社については解散の登記を行う
7. **事後開示**
   - 効力発生日の後、遅滞なく、事後開示書面を作成し、本店に備え置き、株主と債権者が閲覧できるようにする
   - 事後開示書面を備え置く期間は、効力発生日から6か月間

事業譲渡

譲渡する資産・負債を自由に決められるメリットがある

■ 事業譲渡とは

事業譲渡とは、会社の事業を他の会社や個人事業主に譲渡（売却など）することです。事業譲渡の形態としては、会社が手がけている事業のすべてを譲り渡す場合（全部譲渡）と、一部の事業を譲り渡す場合（一部譲渡）があります。

事業を譲り渡す側（譲渡会社）も譲り受ける側（譲受会社）も株式会社である場合、全部譲渡をするときは、譲渡会社と譲受会社の双方における株主総会の特別決議が必要です。また、重要部分の一部譲渡をするときは、譲渡会社における株主総会の特別決議が必要です。ただし、簡易事業譲渡（譲渡資産の帳簿価額が譲受人の総資産額の５分の１を超えない場合）に該当するときは、譲受会社の株主総会決議を省略できます。略式事業譲渡（相手会社の90％以上の株式をもつ場合）に該当するときは、相手会社の株主総会決議を省略できます。

事業譲渡が効力を生じると、譲渡会社は、事業譲渡の日から20年間、一定地域内で譲渡した事業と同一の事業を行うことが禁止されます（競業避止義務）。事業譲渡に合わせて譲渡会社の商号を譲受会社に引き継ぐこともできます。なお、譲渡会社の商号をそのまま使用する（商号の続用）譲受会社は、譲渡会社の債権者に対して弁済責任を負うリスクがあります。

事業譲渡の手続きは以下のような流れで行われます。

①　事業譲渡契約の締結

事業譲渡契約は、財産や設備といった単なる「モノ」の譲渡ではなく、会社が手がけている事業そのものの全部または一部

事業譲渡の活用される場面

事業譲渡は、①会社を倒産から救う、②会社を清算する、③事業再編をするなどの場合に利用されている。

商号

会社が自己を表示するために用いる名称のこと。たとえば、「○○株式会社」「□□合同会社」など、登記された会社の名称が商号である。商号の登記については、使用可能な文字が定められている他、株式会社であれば「株式会社」の文字が商号に含めなければならないなどの規制がある。商号にローマ字を使用することはできるが、「株式会社」の部分を「Co., Inc.」などに代えて登記することは認められていない。

事業譲渡をめぐる法律・税務の問題点

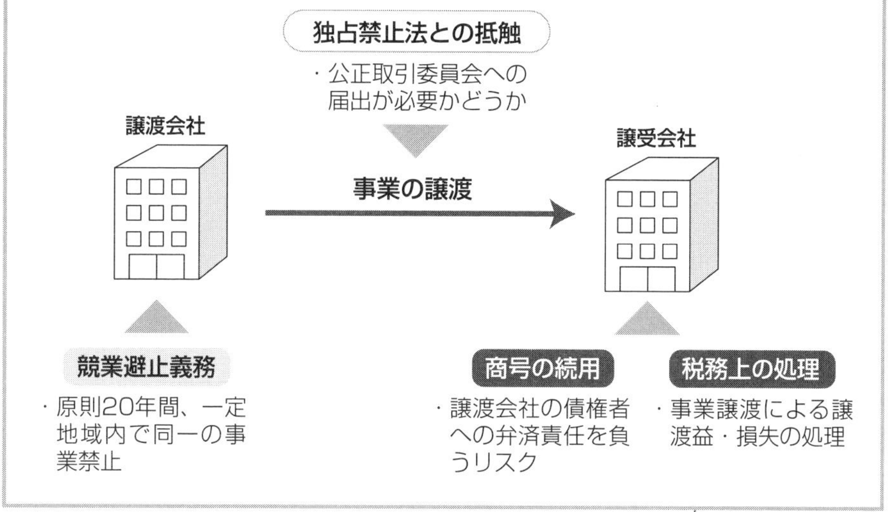

を譲渡する契約です。

② 取締役会決議（取締役会設置会社の場合）

事業譲渡について取締役会の決議が必要です。重要な財産の譲渡や譲受けに該当するときは、その決定を代表取締役などに委任することができません。

③ 株主総会の決議

前述したように、事業譲渡について株主総会の特別決議が必要となる場合があります。

④ 反対株主の株式買取請求

事業譲渡に反対する株主は、会社に対して、公正な価格で株式の買取りを請求する権利があります。

⑤ 権利義務の移転の手続き

事業譲渡の場合は、譲り渡す事業に関連した個々の資産や負債について、事業譲渡契約に基づき、個別に権利義務を移転させる手続きが必要です。

独占禁止法への抵触

独占禁止法は、一定の規模以上の事業譲渡も規制の対象としている。具体的には、国内売上高合計額が200億円を超える会社が、国内売上高合計額が30億円を超える会社から事業の全部を譲り受ける場合などは、原則として、公正取引委員会への届出が必要になる。

PART7
5

会社分割

吸収分割と新設分割の２つの方法がある

■ 会社分割とは

会社分割とは、１つの会社（分割会社）を２つ以上の会社に切り分けることです。会社分割には吸収分割と新設分割の２つの方法があります。吸収分割とは、分割会社が切り分けた事業を、既存の他の会社（承継会社）に継承させる方法です。新設分割とは、分割会社が切り分けた事業を、新たに設立する会社（新設会社）に継承させる方法です。会社分割を使う場面としては、①会社を倒産から救う、②会社を清算する、③事業再編する、④事業再生する、といった場面が想定されます。

会社の事業の一部を別の会社に移転させる方法として会社分割を利用するメリットとして、会社分割は譲渡対価としての金銭の交付が不要であるという点が挙げられます。また、会社分割は、特に債務の承継にあたって、事業譲渡や現物出資と異なり、個々の債権者の承諾を得る必要がありません。また、現物出資の場合に要求されている検査役（現物出資財産の価額の調査や会社の業務・財産状況の調査をさせるために、裁判所によって臨時に選任される株式会社の機関）の調査も不要です。

■ 会社分割の手続きについて

会社分割を行うためには、吸収分割の場合は会社分割契約書、新設分割の場合は会社分割計画書を作成します。そして、会社分割契約書、会社分割計画書の作成後、会社分割の効力発生日の前日までに、原則として、分割会社や承継会社において株主総会の特別決議による承認を受けることが必要です。株主総会

濫用的会社分割

再生実務では、整理屋集団により会社分割を悪用し、新会社に優良資産を移してしまうという濫用的会社分割が行われるケースがある。このような濫用的会社分割について、裁判所が詐害行為として取消しを認める場合や、分割会社の債権者が分割先の会社に対して債務の履行を請求できる場合がある。

債権者保護手続き

最低１か月の異議申立て期間を設定し、会社分割の内容を公告する。債権者が特定できる場合は、直接通知する。異議申立て期間中に異議を述べなかった債権者は、会社分割を承認したとみなされる。異議を申し立てた債権者に不利益が生じるおそれがある場合は、弁済や担保の差入れといった救済措置をとる必要がある。

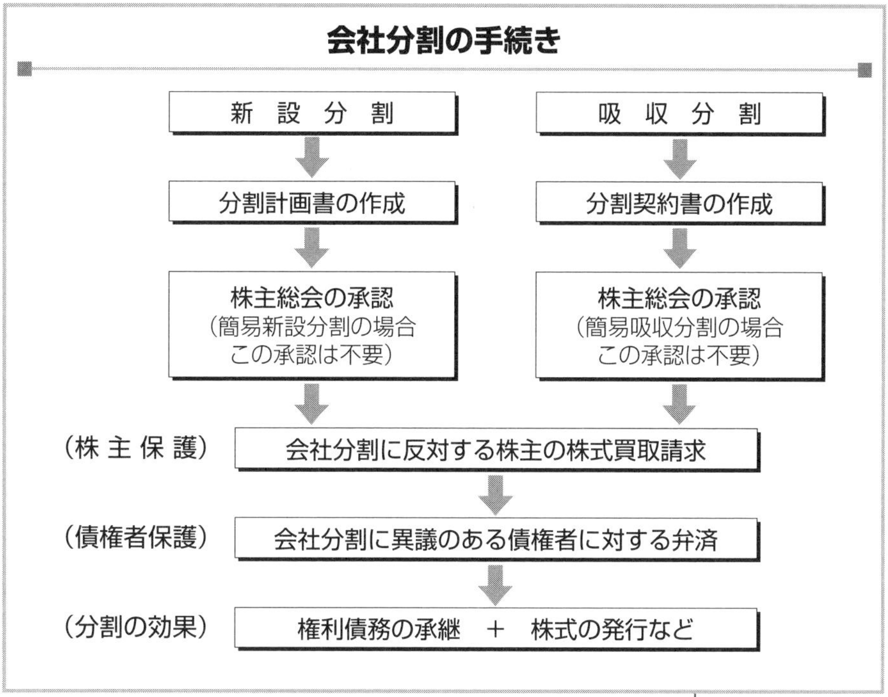

会社分割の手続き

の開催にあたり、それらに関する資料を総会開催の２週間前から会社分割の効力発生日まで会社の本店に置き、株主や債権者が閲覧できるようにしておかなければなりません。

株主総会決議に反対する株主は、自ら保有する株式を会社に対して公正な価格で買い取るよう請求できます（株式買取請求）。会社分割では債権者の保護も必要です。会社分割によって不利益を被るおそれのある債権者は、異議を申し立てることができます。従業員も承継の対象になりますので、従業員にも保護措置をとる必要があります。

最後に登記を申請します。吸収分割では、分割会社と承継会社の双方についての変更登記を申請します。一方、新設分割では、分割会社についての変更登記と、新設会社についての設立登記を申請します。

労働契約承継法

会社分割に伴い、分割会社の従業員の雇用関係がどうなるかについては労働契約承継法に規定がある。

PART7
6
株式交付

M＆Aのしくみ

他の会社を子会社化する際の自社株式の交付に関する手続き

■ 株式交付とは

株式交付とは、株式会社が他の会社を子会社にする際に、子会社になる会社の株式を譲り受ける対価として、自社の株式を交付することです。株式交付親会社は、株式交付を行う際には、次ページ図の株式交付計画を作成しなければなりません。

株式交付は、大まかに以下の流れに従って行われます。まず、株式交付親会社は、株式交付子会社の株式の譲り渡しを希望する者に対して、株式交付親会社の商号や株式交付計画の内容などを通知します。これに対して、株式交付子会社の株式を、株式交付親会社に対して譲り渡すことを希望する者は、その名称・住所、譲り渡しを希望する株式の数などを記載した書面を、株式交付親会社に対して交付しなければなりません。これを受けて、株式交付親会社は、実際に株式交付子会社の株式を譲り受ける者を選定して、自社の株式を交付する数を決定します。

そして、株式交付計画で定めた効力発生日に、株式交付親会社は、株式交付子会社の株式を譲り受けることになります。また、株式交付子会社の株主のうち、株式交付親会社に対して株式交付子会社の株式を譲り渡した者は、株式交付親会社の株式が割り当てられるため、株式交付親会社の株主になります。

株式交付親会社／株式交付子会社

子会社の株主に対して株式を交付する親会社を株式交付親会社といい、自社の株主が株式交付親会社の株式の交付を受ける子会社を株式交付子会社という。

反対株主の株式買取請求権

本文記載のように、株式交付に反対する株式交付親会社の株主は、株式交付親会社に対して、自己が保有する株式を公正な価格で買い取るように請求することができる。

■ 株式交付親会社における手続きと株式交付無効の訴え

株式交付親会社は、株式交付の効力発生日の前日までに、原則として、株式交付計画について株主総会の特別決議による承認を得なければなりません。また、株式交付計画を定めて、株

株式交付計画の主な記載事項

①	株式交付子会社の商号・住所
②	株式交付親会社が譲り受ける株式の数の下限
③	株式交付親会社が交付する株式の数
④	③について、株式割当てに関する事項
⑤	株式交付親会社が株式交付にあたり金銭などを交付する際に必要な事項
⑥	⑤について、金銭などの割当てに関する事項
⑦	株式交付親会社が株式交付子会社の株式の他に、株式交付子会社の新株予約権や新株予約権付社債を譲り受ける際に、その内容・算定方法など
⑧	株式交付子会社の株式などの株式交付親会社への譲り渡しの申込期日
⑨	株式交付の効力発生日

式交付の効力が発生した後6か月間は、株式交付計画の内容などを記載した書面、あるいは、PC上のデータなどを本店に備え置かなければなりません。株式交付が法令などに違反するために、株主に不利益が生じるおそれがある場合には、株式交付親会社の株主は、株式交付親会社に対して、株式交付の差止めの請求ができます。株式交付が行われる際に、株式交付に反対する株主は、株式交付親会社に対して、株式買取請求を行うことが可能です。

株式交付後に、株式交付の効力を覆すには、株式交付の無効の訴えによらなければなりません。株式交付の無効の訴えは、株式交付の効力が生じた日から6か月以内に、株式交付親会社を被告として、訴えを提起しなければなりません。株式交付の無効の訴えは、株式交付の効力が生じた日に、株式交付親会社の株主あるいは、株式交付親会社に対して株式交付子会社の株式を譲り渡した者など、一定の者に限り提起できます。

株式交付は新しい制度

株式譲渡は2019年12月公布の会社法改正で導入された新しい制度である。公布から1年6か月以内に施行される予定になっている。

Column

M&Aや会社の売却先の相談先

会社の売却では、売却先を探すのが一苦労です。経営者個人の人脈で探す場合、よほど運がよくないと成功しないといえるでしょう。

一般に、売却先が見つかりやすい場合とは、購入のために支払った以上の利益が出せると判断できる場合です。組織やビジネスモデルなど一部の業務を変えれば、収益を上げられると判断される場合（会社に収益力がある）や、会社を清算してもかなりの優良な資産が残る（バランスシートがしっかりしている）場合です。

会社の売却先を探す方法としては、①自分で探す、②法律や税務の専門家（顧問税理士や弁護士）に頼む、③商工会議所に相談する、④取引銀行に相談する、⑤専門のM&A仲介会社に頼むといったものがあります。⑤については、コンサルティング料金や仲介手数料、売却が成功した際の成功報酬など費用がかかります。料金はいろいろですが、成功報酬の場合、売却金額の２～５％程度が一般的で、料率は売却金額に応じて決まります。

上記の②～⑤のどれを依頼先にするかについて、規模の小さな会社の場合は、②で十分な場合が少なくありません。しかし、ある程度の規模の会社になると、株主や取引先など、利害関係者が多くなりますので、仲介の専門家に頼まざるを得ないケースもでてきます。多いケースが③と⑤です。④の取引銀行への相談は、銀行にもM＆Aのサービス部門はありますが、経営意欲を疑われてしまうと、その後の取引に支障が生じかねませんので、相談には注意が必要です。

仲介を相談する場合、注意すべきことは、①自分の意思を明確に伝える、②着手金と成功報酬の金額を認識しておく、③自分の希望にかなった仲介会社を選ぶといった点です。

PART 8

解散・清算のしくみと手続き

PART8
1

解散

会社が解散しても、直ちに法人格が消滅するわけではない

■ どのようなものなのか

解散は、会社の法人格を消滅させるきっかけです。あくまで「きっかけ」なので、解散すれば直ちに会社が消滅するわけではありません。会社を消滅させるには、解散後に清算という手続きを経る必要があります。清算は、債権債務の後始末や、残余財産の株主への分配などを行う手続きです。なお、解散しても清算手続きが行われない場合もあります。会社が破産した場合と合併した場合です。破産の場合は、破産手続きによって処理されます。一方、合併の場合は、消滅予定の会社は、合併と同時に解散し、清算手続きを経ずに消滅します。

総会決議による解散のメリット

①事業不振の会社を整理したい場合や、会社組織から個人事業主に変更したい場合など、さまざまな用途に利用できること（解散の理由を問わない）、②破産手続きと比べてコストが安いこと、③清算手続きは、破産などの手続きと比べると簡単で柔軟な処理が可能なこと、④破産などと比べた場合に、マイナスのイメージが薄いこと、である。

■ 解散事由について

以下では株式会社の解散を見ていきましょう。会社法では、株式会社が解散する原因（解散事由）を７つ規定しています。その中では、株主総会決議による解散が実務上最もよく行われています。

①　定款で定めた存続期間が満了すること

会社は、定款で会社の存続期間を定めることができます。存続期間が満了すると、満了日の翌日の午前０時に会社が解散します。会社の寿命を定款で決めるとイメージすれば理解しやすいでしょう。ただ実務上は、定款で存続期間が定められているケースはほとんどありません。

②　定款で定めた解散事由の発生

たとえば、「○○建物についての建設工事、及び、それに関

株式会社の解散事由の発生後の手続き

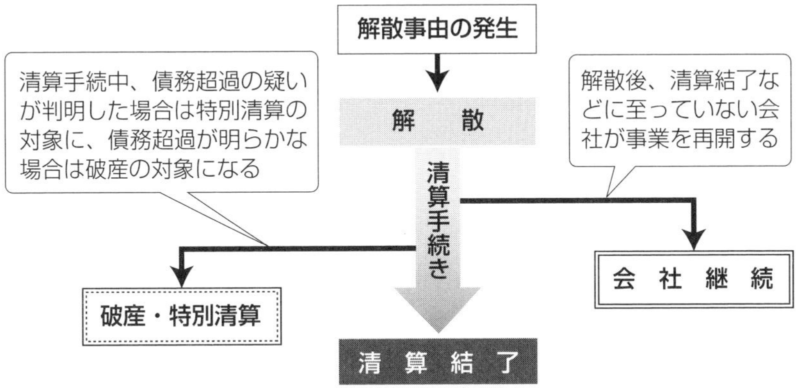

わる諸手続きが終了した場合には当社は解散する」と定款に定める場合です。ある一定の事柄が生じた場合には会社は解散すると定款に規定されている場合は、その事柄が生じると会社は解散します。ただ実務上は、定款に解散事由を定めている場合は少ないといえます。

③　株主総会で解散を決議した場合

株主総会で解散を決議する場合は特別決議が必要ですから、原則として、議決権を行使することができる株主の議決権の過半数を有する株主が出席し、出席した株主の議決権の３分の２以上の株主が同意した場合に解散が認められます。

なお、解散の理由は何でもかまいません。

④　合併

合併は、消滅会社の権利義務を承継会社や新設会社がそのまま（包括的に）引き継ぐのが特徴です。その点では、相続による権利義務の承継と同じと考えるとよいでしょう。

⑤　破産手続開始の決定

会社について破産手続開始の決定がなされた場合には、裁判

清算人会設置会社の場合

監査役会を設置している株式会社は、清算人会の設置が義務付けられており、清算人が３名以上必要になる。

所が破産登記の手続きをするので、解散登記を申請する必要はありません。また、破産の場合は、裁判所が選任した管財人（破産管財人）が破産手続きの処理を行うため、会社法の規定による清算手続きは原則として行われません。

⑥　解散を命じる裁判があった場合

解散を命じる裁判は、公益上の理由から会社の存続を認めがたい場合に、裁判所の判断で会社を解散させる制度です。たとえば、会社が正当な理由なく成立後１年以内に開業しない場合などに適用される制度です。裁判の申立資格があるのは、法務大臣、株主、社員、債権者、その他利害関係人です。また一定の条件を満たす株主であれば、裁判を起こして、会社の解散を請求できます。

⑦　休眠会社のみなし解散の制度

会社法には、清算手続き（特別清算を含む）以外にも、会社を消滅させる手続きとして、休眠会社の「みなし解散」の制度があります。みなし解散は、会社に関する最後の登記があってから12年間経過した会社を「休眠会社」として強制的に解散させてしまう制度です。休眠会社の整理によって解散したとみなされた場合は、登記官が職権で解散登記を行います。なお、みなし解散から３年以内であれば、株主総会の特別決議によって会社の営業を再開（継続）できます。

■ 会社継続とは

解散したものの清算結了に至っていない（清算手続きが終了していない）会社が、解散前の状態に戻って事業を再開することを会社継続といいます。なお、株式会社の場合、会社継続ができるのは、次の４つの解散事由によって解散した場合だけです。解散事由は、①定款で定めた存続期間満了、②定款で定めた解散事由の発生、③株主総会の決議、④休眠会社のみなし解散です。

休眠会社とは

株式会社のうち、会社に関する登記が12年間なされていない会社のこと。休眠会社は、一定の手続きを経て解散したとみなされる（みなし解散）。実体のない会社の登記を放置しておくと、現実に会社として活動しているかのように見えてしまい登記の信頼性が損なわれるからである。

みなし解散とは

休眠会社が期限までに事業を廃止していない旨の届出や登記をしなかった場合に、解散したものとみなされる制度。実体のない会社を存続させる必要はないので、活動していないと認められる会社を消滅させることにした規定である。具体的には、法務大臣が休眠会社（最後の登記から12年間経過した株式会社）に対し公告をし、2か月以内に届出や登記がなかった場合にみなし解散となる。

株式会社の解散と会社継続

- 定款所定の存続期間の満了によって解散した会社
- 定款所定の解散事由により解散した会社
- 株主総会の決議によって解散した会社

➡ 清算結了までは、特別決議により事業を再開（会社継続）できる

- 解散したものとみなされた休眠会社

➡ 解散後３年以内であれば、特別決議により事業を再開（会社継続）できる

■ 会社継続はどのような手続きを行うのか

株式会社の場合、会社を継続するには、株主総会で会社継続の特別決議をして、同時に新たに取締役を選びます。また、代表取締役を置く場合は株主総会で代表取締役も選びます。そのため、会社継続の登記を申請するときは、取締役、代表取締役の就任登記もあわせて申請することになります。なお、解散の登記や清算人の登記について抹消登記の申請は不要です。登記官が、解散の登記や清算人の登記を職権で抹消するからです。

休眠会社のみなし解散の場合は、解散後３年以内であれば、株主総会の特別決議によって会社継続ができます。ただし、会社継続の登記をする前提として、清算人の就任登記をしなければなりません。みなし解散の場合、登記官は職権で解散の登記を行いますが、清算人の登記は行わないからです。

会社継続をしたときは、会社を代表すべき取締役が、会社継続の登記と取締役などの就任登記を同時に申請します。

解散と総会の開催時期

株主総会決議で解散する場合に、注意すべきことは、株主総会の開催時期である。解散の効力は、解散決議が成立した時点で発生し、それ以降は清算に向けての事業活動しかできなくなる。したがって株主総会の開催日は慎重に決める必要がある。

PART8
2

解散・清算の
しくみと手続き

清算

解散後は債権債務を整理し、残余財産を株主に分配する

■ どのようなものなのか

解散後の会社の処理

会社を終わらせる場合には、解散登記をすればそれで終わりというわけにはいかない。会社などの法人が事業活動を終わらせることを解散というが、その後に残務処理や財産整理を行わなければならず、これらを行うのが清算の手続きである。

解散した会社について債権債務などの後始末をして、残った財産を構成員（株式会社では株主）に分配する手続きを清算といいます。清算に関する業務は清算人が担当します。一般的には会社から委任を受けた弁護士などが処理を行っています。清算中の会社は、清算の目的の範囲内でのみ存続を許されるため、清算とは無関係の事業活動を行うことはできません。以下では株式会社の清算（通常清算）について見ていきます。

会社法では、株式会社の清算について、①清算人の職務や員数、②清算人を選ぶ方法、③代表清算人を選ぶ方法、④清算人会の設置、⑤監査役・監査役会の設置などを規定しています。

株式会社の通常清算と特別清算

株式会社の清算手続きは、通常清算と特別清算の2つがある。原則的な清算手続きは通常清算であり、債務超過の疑いがあるときは特別清算に移行する。

①　清算人の職務や員数

清算人の職務は、現在の業務を終了させること、債権を回収すること、債務を弁済すること、会社に残った財産を株主に分配することです。清算人は１名以上でよいとされています。

②　清算人を選ぶ方法

会社法では、清算人の選任方法として、定款で定める方法、株主総会で選ぶ方法、解散時の取締役を清算人にする方法、裁判所が選ぶ方法、の４つを規定しています。

代表清算人を定めない場合

代表清算人を定めない場合には、清算人全員が清算株式会社を代表する。

③　代表清算人を選ぶ方法

会社法では、代表清算人を置くかどうかは任意とされています。代表清算人を選んだ場合は、その人が清算中の会社を代表します。代表清算人の選任方法は、株主総会決議で選ぶ方法、定款の定めに基づく取締役の互選による方法があります。

清算人の選任

●清算人となる者

① 定款で清算人として定められている者

② ①が規定されていないときは総会普通決議で選任された者

③ ①②で選任されない場合、会社の取締役

④ ①～③で選任されない場合、裁判所によって選任された者

・清算人は１名以上で OK
（清算人会設置会社は３名以上）

・任意に代表清算人を置くことができる

・監査役会設置会社は清算人会を必ず置く

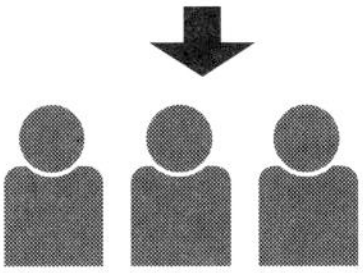

清算人

④　清算人会の設置

会社法では、監査役会を設置している会社は、３人以上の清算人を選任した上で、清算人会の設置が義務付けられています。反対に監査役会を設置していない会社は、清算人が３名以上いても、清算人会の設置は必要ありません。

⑤　監査役・監査役会の設置

清算中の会社に設置できる機関は、清算人、清算人会の他には監査役、監査役会だけです。監査役については、清算手続きに入る前に公開会社と大会社であった会社は、清算中の会社においても必ず設置します。なお、清算手続きに入る前に公開会社と大会社であった会社が、指名委員会等設置会社の場合には監査委員が監査役となり、監査等委員会設置会社の場合には監査等委員が監査役となります。

監査役・監査役会の任意の設置

本文で取り上げた場合以外は、監査役の設置を義務付けられることはない。ただし、定款の定めによって監査役・監査役会を任意に設置することは可能である。なお、清算中の会社については監査役の任期の定めはない。

■ 清算人はどんな手続きをするのか

まず、清算人は、解散日現在の財産目録と貸借対照表を作成し、その内容について、株主総会の承認を得ます（会社の財産

清算中の会社の業務の後始末

本文で述べている業務の後始末とは、たとえば、解散前に結んだ売買契約に従って、商品を購入することをいう。

労務・税務処理も必要

従業員は解雇することになるので、就業規則や法律の定めに従って退職金や解雇予告手当を支払う。もちろん、税務処理も忘れてはいけない。

調査）。次に、現在の業務を終了させます。清算人は、会社について完了していない業務の後始末をします。

清算人は、解散後すぐに、２か月以上の期間を定めて、債権者に対して債権を申し出るよう官報による公告を行います。また、債権者とわかっている人に対しては、個別に債権を届け出るように催告をします。

清算人は、会社の債務（負債）を弁済するために、会社の財産を処分して換価します。主な会社の財産として、不動産、機械などの設備、有価証券などがあります。さらに、売掛金や貸付金の取立てや、担保権の実行によって債権を回収します。

そして、清算人は、会社財産の処分や債権の回収によって得た資金などをもとに、債務の弁済に充てます。なお、債権者に対する公告期間中は、裁判所の許可を得ないと債務の弁済が行えません。すべての債務を弁済した後に、財産が残っていれば、その財産を株主に分配します。残余財産の分配は金銭で行うのが原則ですが、金銭以外の財産による分配も可能です。

最後は、商業登記の手続きです。会社を代表すべき清算人が、法務局に清算結了の登記の申請を行うことになります。

清算関係の帳簿の保存

清算人は、清算結了の登記の日から10年間、清算した会社の帳簿と、事業・清算に関する重要な資料（帳簿資料）を保存する義務を負う。なお、利害関係人は、裁判所に対して、清算人に代わって帳簿資料を保存する人を選任するように申し立てることができる。

■ 清算はどのような流れで進むのか

株式会社が株主総会決議によって解散した場合の清算手続きについては、まず、株主総会で解散決議を行います。この決議の際に、清算人の選任も併せて行う場合が多いようです。

清算人が解散決議後すぐに行うべきことが２つあります。解散と清算人の登記の申請と、債権者に対する官報公告です。これらの手続きと並行して、清算人は、解散日現在の財産目録と貸借対照表を作成し、その内容について株主総会の承認を得ます。さらに、清算人は、現在の業務の終了、財産の換価、債権の回収などを進めていきます。

債権者に対する公告期間が経過したら、債権者に債務を弁済

株式会社の清算手続きの流れ

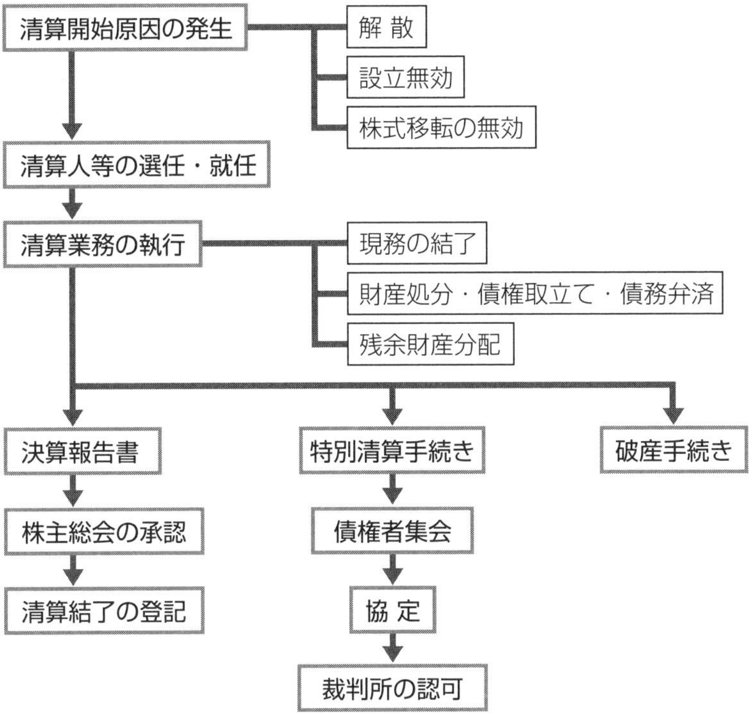

します。そして、債務の弁済後に残った財産があれば、株主に分配します（残余財産の分配）。

残余財産の分配が終わり、清算事務が終了したら、清算人は決算報告を作成して、株主総会の承認を得ます。決算報告が株主総会で承認されると清算手続きは終了となり、会社（法人格）は消滅します。清算人は、株主総会で決算報告が承認された時から2週間以内に、清算結了の登記を申請しなければなりません。

PART8
3

特別清算

解散した株式会社について、債務超過のおそれがある場合に利用できる

■ どのようなものなのか

特別清算とは、解散して清算中の株式会社が、債務超過の疑いがある場合などに利用できる手続きです。会社の全財産をもって、すべての債務を弁済し、会社の活動を終了させる手続きであって、清算型の倒産処理手続きに分類されるため、破産手続きと似た部分があります。もっとも、破産と比較した場合に、特別清算には次の４つの特徴があります。

①　利用できる会社が制限されている

特別清算は、解散して清算中の株式会社のみが利用できます。ただし、協定型の特別清算を利用する場合、債権者集会で多数の同意を得ることが難しいことも多く、中小企業で特別清算を利用するケースはまれのようです。一方、破産は、個人、法人のいずれも利用可能です。

②　破産では選任される管財人が選任されない

特別清算では、裁判所の監督の下、株主総会決議によって選任された清算人が清算事務を遂行するため、管財人は選任されません。清算人には、これまでの経営者である取締役を選任することもできます。会社の財産状況をよく知っている者が清算人に就任すれば、清算手続きをスムーズに行うことができます。

③　破産よりも柔軟に負債処理ができる

特別清算では、債権者集会での多数の同意に基づいて定めた協定に基づく弁済が可能ですが、債権者ごとに異なる条件で和解することもできます。債務弁済計画に対して多数の債権者の同意が得られるのであれば、特別清算の選択ができます。

どんな場面で利用されるのか

親会社が経営危機に瀕している子会社を清算するために用いられることがある。具体的には、親会社が子会社に対して資金を貸し付けて、その資金を使って子会社は親会社に対する債務以外の債務を弁済する。こうして、子会社に対する債権者が親会社だけという状態にして、親会社と子会社の間で協定の締結や和解を行い、子会社の特別清算を終了させる。また、会社分割や事業譲渡を行い、不採算部門を新設した他の会社に移転し、その移転先の会社を特別清算手続きによって消滅させるということも行われている。

協定案の可決と協定の認可

協定は債権者集会で協定案を可決し、裁判所から協定の認可を受けることが必要である。協定案を可決するには、原則として、出席した議決権者の過半数かつ議決権総額の３分の２以上の同意が必要である。

破産と特別清算の比較

破　産		特別清算
個人でもどんな会社・法人でも利用可能	利用できる団体	解散して清算中の株式会社のみ
管財人が清算事務を行う	管財人	管財人は選任されない
債権額に比例して配当	負債処理	債権者ごとに異なる条件で和解可能
少額管財でも最低 20 万円	手続費用	破産よりも安くすむ可能性がある

④　破産より手続費用が安くすむ場合がある

特別清算では、たとえば、後述する協定型の場合、申立て時に総債権者の３分の２以上の同意があれば、予納金は５万円ですみます（東京地裁の扱い）。

■ どんな手続きをするのか

特別清算の手続きには「協定型」「和解型」の２つのパターンがあります。協定型とは、債権者集会で協定案（債務弁済計画）を示して、債権者集会でその協定案を可決し、裁判所の認可を受けて債務の減免を図る手続きのことをいいます。これに対し、和解型とは、個別に債権者との間で和解を行い、債務を減免してもらう手続きのことをいいます。

清算中に債務超過の疑いが生じたときは、通常清算から特別清算に移行します。特別清算では、会社の解散の特別決議後、①特別清算の申立て、②特別清算の遂行（債権者集会など）、③和解契約の許可や協定案の認可、④特別清算の終結決定の４つの手続きが追加されます。以下、手続きを見ていきましょう。

特別清算の手続きは、後述するように、申立てを受けた裁判

和解型と協定型

債権者が少ない場合には、個別に債権者との交渉を行う和解型の手続きを利用する。債権者の数が多く、すべての債権者との間で合意を形成することが不可能な場合には、協定型の手続きを選択する。

所が特別清算手続きの開始決定をすることで始まります。清算人は会社の財産状況を調査して債権者集会で報告し、会社の資産や負債を確定させます。その資産や負債を前提として、清算人は債務弁済計画を作成し、和解型の場合は、債権者との間で和解契約を締結し、裁判所の許可を受けます。協定型の場合は、債権者集会で協定案として可決し、裁判所の認可を受けます。

そして、和解契約や協定に基づき債務の弁済が完了すれば、清算人の申立てにより裁判所が特別清算終結決定を行い、特別清算手続きが終了します。

破産手続きに移行する場合

裁判所は、協定の実行の見込みがないときや、特別清算を行うことが債権者の一般の利益に反するときは、破産手続開始の決定をしなければばならない。また、裁判所は、協定が否決されたときや、協定の不認可が確定したときは、破産手続開始の決定ができる。

■ 特別清算の申立ての手続き

特別清算の手続きを利用するには、裁判所に申立てを行う必要があります。申立資格があるのは、清算人、監査役、株主、債権者です。申立ての条件は、債務超過の疑いがあること、もしくは清算（通常清算）の遂行に著しい支障を来すべき事情があることです。ただ、実際には、ほとんどのケースで債務超過の疑いがあることを理由として特別清算の申立てがなされています。

債権者、株主、清算人などが特別清算の申立てを行うことができますが、清算株式会社（清算が開始された会社）に債務超過の疑いがあるときは、清算人が特別清算の申立てをしなければなりません。債権者については、債権の額が少なくても、また金銭債権以外についても申立てが可能です。

特別清算の申立ては書面で行わなければならず、申立てにあたっては裁判所に予納金を納める必要があります。申立書には、当事者の氏名・住所、申立ての原因となった事実などを記載します。さらに、定款、解散登記のされた登記事項証明書、株主名簿、貸借対照表、損益計算書といった書類を申立書に添付します。

特別清算の手続きの流れ（協定型の場合）

会社の解散 ▶ 特別清算開始の申立て ▶ 財産の保全 ▶ 特別清算手続開始決定 ▶ 財産調査・債権者集会への報告 ▶ 債権者集会での協定案の可決 ▶ 裁判所による協定認可決定 ▶ 特別清算の終結決定

■ 特別清算開始決定の効果

裁判所は、特別清算開始手続の申立てがなされて、会社に債務超過といった特別清算開始原因がある場合には、特別清算開始命令を出します。ただし、特別清算手続きの費用の予納がないとき、特別清算によることが債権者の一般の利益に反するとき（特別清算よりも破産手続きを利用した方が債権者の受ける弁済額が増加する場合など）には、特別清算開始命令は出されません。特別清算開始決定がされると、清算株式会社に対する強制執行や仮差押の申立てができなくなる他、すでに強制執行などが行われている場合は、その手続きが中止されます。

また、担保権者に対して不当な損害を与えない場合には、裁判所は担保権の実行を中止することができます。特別清算の手続きの中では、原則として担保権の実行は禁止されていませんが、担保権実行のタイミングによっては清算事務に支障が出る可能性があります。その場合には、裁判所は担保権の実行中止を命じます。さらに、相殺も制限されます。清算株式会社の債権者が特別清算開始後に清算株式会社に対する債務を負担したり、清算株式会社の債務者が特別清算開始後に清算株式会社に対する債権を取得したりしても、相殺はできません。

PART8
4

清算する場合の税務処理

手元に資金がなくても税金を徴収される場合があることに注意する

■ 法人税についての税務処理

会社の本来の事業によって得られた利益がゼロや赤字になったとしても、法人税がかかる場合があります。具体的には、土地などの保有資産を売却した際に得た売却益や、債務の免除（借金の棒引きに伴う債務免除益）を受けて、最終的な利益がプラスになった場合などがあります。ただ、経費扱いとなる役員退職金の支給などを行い、最終的な利益を減らして課税所得を圧縮して法人税を減額するなど、ある程度の節税対策は可能ですので、専門家に相談してみましょう。

債務の免除（債権の放棄）とは、財務状況などが悪化して借金が返済できなくなった債務者に対して、金融機関などの債権者が債権を放棄することです。債務の免除により、免除された債務の分だけ会社の利益が増えます。そのため、債務の免除によって得られた利益は、無税処理できる一定の場合を除き、有税処理をすることになります。

もっとも、金融機関が貸付金を棒引きするケースや、売掛債権を有する債権者が、これ以上回収の見込みがないと判断し、債権放棄するケースは、現実にはそれほど頻繁に起こりませんが、これらにより法人税が発生する場合には、納税のための資金を確保しておく必要があります。

法改正などに注意

特に税法関係は、法改正などで取扱いが随時変更される可能性が高い。税務処理については、法改正などの動向に注視して、経営判断をする必要がある。

債務の免除の有税処理

債務の免除によって得られた利益は、有税処理するときは、法人税上の益金として課税対象となる。

■ 消費税についての税務処理

会社が清算中で事業を停止していても、消費税の課税対象となる事業者であれば、モノの売り買いをすれば消費税はかかり

簡易課税制度が適用される条件

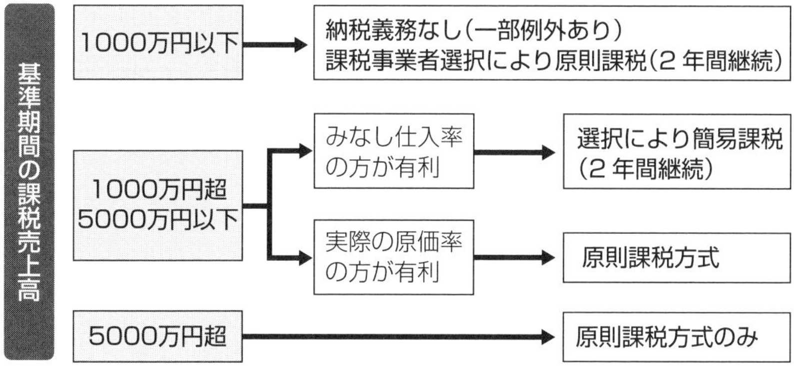

ます。たとえば、保有している課税資産を売却する場合などです。ただ、この場合も、簡易課税制度を使うと税負担が少なくなるケースが多いので、検討してみるとよいでしょう。

簡易課税とは、売上の金額のみを用いて、一定の計算式で消費税を算出する方法です。２期前（基準期間）の消費税の課税対象となる売上高が5000万円以下の小規模事業者に対して、経理作業の軽減策として設けられた特別措置です。会社を清算する場合は、課税対象になる売上が資産の売却ぐらいしかないため、簡易課税制度を利用できる可能性があります。経理作業もより簡単になりますし、納めるべき消費税が減額できる可能性もあります。

また、課税対象となる事業者から外れるまで資産売却などを行わないという選択肢もあります。消費税には免税点という制度があり、２期前の課税売上高が1000万円以下で、かつ、前年度開始日から６か月間の課税売上高が1000万円以下である場合には、納税を免除されます。免税の適用を受けられるようにな

前期中の届出が必要

簡易課税制度の適用を受けるには、簡易課税制度の適用を受ける旨の届出書を、前期中に所轄の税務署へ届け出る必要がある。

るまで、会社の事業を休止するか、事業を縮小して、その後に資産を売却するというわけです。

■ 税金の還付

会社が倒産しそうな時には、金融機関からの与信を保つため、粉飾決算によって利益を過大に出して申告することがあります。しかし、会社を清算する段階で、逆に払い過ぎた税金を返してもらいたいと思うのは、虫のよい話ではありますが、理解できないこともありません。その場合は、粉飾した経理部分を修正し、確定申告をし直すことによって、支払った法人税の還付か、支払う必要のある法人税の控除を受けられることがあります。

確定申告をし直すことができるのは、払い過ぎた時（粉飾決算をした時）から５年以内の法人税に関するものであることが必要です。ただし、確定申告をし直しても、還付などを認めるかどうかは、税務署長の裁量によるという点も注意が必要です。粉飾決算は違法行為ですから、それを会社側から「帳消しにしてください」とは主張できません。

■ 税務申告の手続きについて

会社を清算する際の税務申告の手続きは、①解散確定申告、②清算事業年度確定申告、③清算確定申告の順で、法律に従って行わなければなりません。

①　解散確定申告

従来の事業開始年度から解散が確定した日までの会社の事業に関する確定申告です。「解散が確定した日」は、株主総会で解散の決議がなされた日のことで「解散（の）日」ともいいます。会社を清算する場合、従来の事業開始年度から解散日までの期間が１事業年度となるため、申告が必要になるわけです。

②　清算事業年度確定申告

解散後の残余財産確定作業が１年以上に及ぶ場合に必要な申

粉飾決算

貸借対照表や損益計算書などにおいて売上げや資産の水増しを行い、実際の利益よりも多く見せかけること。

5年を経過した場合

払い過ぎた時から5年を超えている場合でも、手立てがないわけではない。清算手続きに入ると、残余財産を確定する作業に入る。この過程で、過去の粉飾決算によって裏付けのない資産が計上されている事実に突き当たる。この場合、差額は評価損や除却損など損失となるため、その修正すべき金額を期限切れ欠損金として、当事業年度の損金として取り扱うことができる。

税務申告の手順

❶ 解散確定申告
従来の事業開始年度から解散が確定した日までの会社の事業に関する確定申告。解散が確定した日から2か月以内に行う。

▼

❷ 清算事業年度確定申告
解散後の残余財産確定作業が1年以上に及ぶ場合に必要な確定申告。申告は清算事業年度が終了した日から2か月以内に行う。

▼

❸ 清算確定申告
残余財産確定作業が終了した日から1か月以内に行う確定申告。

告です。残余財産とは、会社の借金などの負債をすべて清算した後に残る会社財産です。残余財産確定作業は、この会社財産を確定するまでの一連の作業です。具体的には、資産価値のあるものは売却して現金化し、売掛債権も回収して現金化します。基本的に換金可能な資産はすべて現金化します。それらの現金をもとに債務をすべて清算し、残った財産があれば、それが残余財産です。そして、残余財産確定作業が1年以上に及ぶ場合、解散日の翌日から1年の期間を1事業年度（清算事業年度）とします。清算事業年度確定申告は、その間の会社の確定申告をするわけです。

③　清算確定申告

残余財産確定作業が終了した日から1か月以内に行う確定申告です。会社にとってはこれが最後の確定申告になります。申告対象となる期間は、直近の清算事業年度開始日から残余財産確定作業が終了した日までです。

保有財産・債権債務の整理・処分

会社の財産が過大に評価されている場合に要注意

■ 財産はどのように処分したらよいのか

会社には、さまざまな財産があります。会社を解散する場合、これらの財産を処分しなければなりません。処分の際に心がけなければならないことは、①財産の漏れ落ちがないようにすること、②なるべく高い値段で処分することの２点です。

①財産の漏れ落ちがないようにするには、財産リストを作成することをお薦めします。高い値段で売るためには、仲介業者や購入してくれそうな知り合いなどを探す、高く売れるようにメンテナンスをしっかりとすることが挙げられます。

②処分する財産には、不動産、有価証券、設備、自動車などが挙げられます。まず、処分金額が最も大きいと思われるのが不動産です。登記識別情報（または登記済権利証）、登記事項証明書、公図、固定資産税などの納税通知書といった売却に必要な書類を整え、まず、どの程度の金額で処分できるかを見積もります。

気をつけなければならないのは、同じ不動産でも土地と建物とでは売却額が大きく変わる可能性があるということです。土地は、取得した時期が昔の場合、取得金額よりも高く売れる可能性が高いといえます。反対に建物は、年月が経つにつれて価値も減りますので、思ったよりも安い値段でしか売れない場合もあります。また、不動産の場合、担保がついていることがありますので、担保権を抹消することも必要になります。

有価証券は、専門の仲介業者に、なるべく高い値段で処分してもらえるようにして売却を依頼するのが一般的でしょう。設

整理・処分

会社の財産が過大に評価されている場合があるので要注意。

土地の処分についての注意点

土地が工場に使われている場合には、土壌が汚染されているおそれもある。汚染土壌だった場合は、浄化する必要がある。処分先が見つからない場合は、処分先の選定から土地の査定、売却までを不動産仲介業者に任せることも考えられる。ただ、この場合も、なるべく高い値段で売却することだけは、仲介業者に念を押しておく必要がある。

不動産情報の入手方法

企業が保有する不動産についても、「決算書にすべての不動産が記載されていない」というケースが考えられる。決算書には書かれていない不動産の情報を入手したい場合、その不動産の所在地がわかれば、不動産登記簿を見るとよい。登記簿を見れば、その不動産に担保が設定されているか、用途制限はないかなどを確認できる。

会社法上の４種類の計算書類

貸借対照表	事業年度末(当期末)の会社の財政状態を具体的な数値で表した書類
損益計算書	一定の期間中における会社の経営成績を数値で表した書類
株主資本等変動計算書	事業年度中の純資産がどれだけ変動したのかを示す書類
個別注記表	計算書類を理解するために必要となる重要な事項を注記として記載してまとめた書類

備や自動車は、メンテナンスをしっかりとして、高い値段で売れるようにします。専門業者もいますが、特に汎用性の乏しい設備である場合には、高い値段で売るために自分でツテを頼って処分先を探すことも必要になります。

■ 決算書を見て債権債務を整理する

会社の債権債務の確認をする際、重要な判断資料になるのは決算書です。決算書は、会社の一定期間の経営成績や財政状態をまとめたもので、会社法上は「計算書類」、金融商品取引法上は「財務諸表」として必要書類が規定されています。会社法では、貸借対照表・損益計算書・株主資本等変動計算書・個別注記表のことを計算書類といいます。たとえば、損益計算書を見れば、会社が展開する事業の収益性を把握できます。

しかし、会社の債権債務を把握する上で一番重要な財務諸表は貸借対照表です。貸借対照表には、決算日において会社が保有している資産・負債の状態が一覧表として表示されており、債権債務の把握に極めて有用です。

貸借対照表に記載されていない簿外資産・負債

買収企業は、その会社の買収金額を、貸借対照表に表示された財産に基づいて決定する。その際、貸借対照表のデータが信用できるものであることを当然の前提としている。そのため、もしその会社の貸借対照表に記載されていない簿外債務があれば、その前提が崩れ、交渉の成否に悪影響が出ることは必至である。したがって、会社の再編にあたっては、簿外資産・債務をきちんと整理することが重要になる。

解散・清算の際の社内手続き

必要に応じて削除や削減をすべき項目がたくさんある

■ 清算業務担当者を決める

会社を清算する際に社内で行うべき最初の手続きは、業務の担当者を決めることです。清算業務には、会社の解散に関する通知文書の作成・送付、市町村・年金事務所・労働基準監督署・公共職業安定所などの公共機関への手続き、従業員の賃金・退職金の支給、外部からの問い合わせへの対応など、さまざまな仕事があります。担当者は、会社の事情を十分に把握している、信頼できる社内の人材の中から選ぶのがよいでしょう。

事務所の移転
外部の関係者と連絡を緊密に取り合うためには、従来の事務所で業務を行った方がよい場合もある。したがって、事務所を移転する場合は、業務を効率的に行うメリットと、狭い事務所に移ることによって経費を削減できるメリットのどちらがより重要かということを検討した上で決断する。

■ 未回収の債権などがないか確認する

解散・清算をする際、借入金の返済は相手からの請求がありますので、まず忘れることはないのでしょう。しかし、債権の回収に関しては、忙しさに忙殺されて回収漏れが起こることも考えられますので、注意が必要です。具体的な手続きとしては、債権を確認し、リストを作ります。また、売掛債権が手形の場合もありますが、現金化まで時間がかかりますので、できる限り手形ではなく、現金で決済してもらえるように取引先に頼むなど、回収法の工夫も考える必要があります。

資金繰りについて
清算手続中の資金繰りに困らないようにするためには、解散・清算前の段階で、経営者が資金繰りのメドを立てておくことも必要である。資金繰りについては、向こう3か月間程度のスパンで資金繰りが可能かどうかをあらかじめ予測・確認しておきたい。場合によっては、経営者の個人資産から資金を拠出することも考えなければならない。

■ 契約関係の解約や見直しをする

水道・電気・ガス・通信といったライフラインの契約に関して、その一部は業務を行うために必要な支出になりますから、解散と同時に自動的に解約することはできません。しかし、事業をしていた当時に比べて必要なサービスは明らかに減るため、

解散・清算時に進めるさまざまな手続き

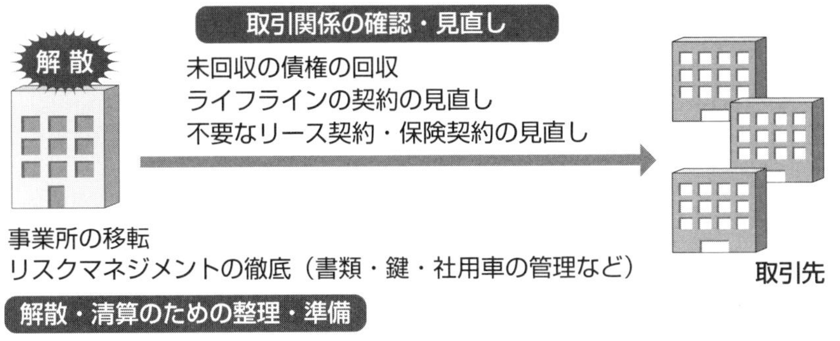

契約内容を見直すことは必要です。たとえば、電気については、アンペア容量を削減することが考えられます。

機械や設備のリース契約は、原則として、業務に必要ないものは解約すべきでしょう。警備などのセキュリティ契約も、業務に必要なレベルまで契約内容を変更するか、解約することを検討します。総務や経理事務など、社内の一定の事務についてアウトソーシング（外部への業務委託）を活用している場合、アウトソーシングは、可能な限り解約すべきでしょう。オフィスについての火災保険や役員の賠償責任保険など、解散・清算前の時点では会社がさまざまな保険契約を結んでいることがありますが、事業を止めた時点で不要になる保険契約はすみやかに解約します。清算の結了まで必要な保険であっても、保険内容の変更などを検討し、できる限り出費を抑えるようにしましょう。また、事務所の移転などの契約変更も忘れずに検討するようにしましょう。

リスクマネジメント

リスクマネジメントについてもしっかりと行う必要がある。
第1は、社内の資料、契約書などの書類の管理である。書類をいい加減に扱い、悪意のある第三者などに渡った場合、関係者に大きな迷惑をかけるからである。
第2は、会社の現金・通帳・印鑑など貴重品の取扱いや、社用車の取扱いなど、大事な財産が盗難に遭わないための管理である。会社の貴重品や社用車は、保管する鍵を金庫で厳重に管理し、鍵を持つ人間は最小限にしたり、金庫のダイヤル番号を変更したりする必要がある。

従業員への事情説明や解雇

解雇される従業員の心情に配慮した対応が求められる

■ 従業員の解雇に向けた手続き

会社を清算する場合、従業員を解雇せざるを得なくなりますが、従業員は事業の継続を望む場合が多いようです。会社としては、清算せざるを得なくなった事情を丁寧に説明して、納得してもらう必要があります。具体的には、自社を取り巻く経営環境、事業継続のために行った施策、資金繰りの状況などを詳しく説明して理解を求めます。

清算について従業員の理解が得られたら、解雇の手続きを行います。従業員を解雇する場合には、少なくとも30日前に解雇予告をしなければならず、30日前に解雇予告をしない場合には、解雇予告手当の支払いが必要です（52ページ）。たとえば、当日に解雇する場合（即日解雇）には、解雇予告手当として少なくとも30日分の平均賃金を支払わなければなりません。

なお、一定の従業員については、会社が解雇をする際に、解雇予告や解雇予告手当の支払いが原則として不要です。しかし、そのような従業員でも、解雇予告や解雇予告手当の支払いが必要となる場合がある点に注意を要します（次ページ図）。

また、解雇予告や解雇予告手当の支払いを行っても、解雇に合理的な理由や社会通念上の相当性がなければ、その解雇は無効です（解雇権の濫用）。しかし、会社の清算に伴う解雇であれば、通常は解雇権の濫用にあたらないと判断されるでしょう。

■ 退職金の支給や有給休暇の買上げなどに配慮する

会社を清算して従業員を解雇する場合には、退職金の支給や

従業員へのサポート

解雇する従業員に対しては、同業他社の求人情報を収集して提供することが求められる。同業他社への再就職は、従業員の負担が少ないのがメリットである。同業他社に再就職すれば、それまで培った知識や技術などを活かして働くことができるため、未経験の業種の会社に再就職するよりも従業員の負担は少ない。自分で会社を立ち上げるなどして起業する従業員にも、できる限りの支援を行うことが必要である。年配の従業員になると再就職が難しいため、起業をするケースもある。その場合、会社が保有している設備や備品を従業員に譲渡すれば、起業への支援になる。
なお、会社の事業そのものを従業員に譲渡するという支援も可能である。この場合には、取引先に説明して取引を継続してもらえるように働きかけるとよい。

解雇予告や解雇予告手当が必要になる場合

	原則不要である者	必要になる場合
①	日々雇い入れられる者	1か月を超えて引き続き使用されるに至ったとき
②	2か月以内の期間を定めて使用される者	所定の期間を超えて引き続き使用されるに至ったとき
③	季節的事業に4か月以内の期間を定めて使用される者	所定の期間を超えて引き続き使用されるに至ったとき
④	試用期間中の者	14日を超えて引き続き使用されるに至ったとき
⑤	労働者の責めに帰すべき事由に基づいて解雇するとき	労働基準監督署長による認定が受けられないとき
⑥	天災事変その他のやむを得ない事由のために事業の継続が不可能となったとき	労働基準監督署長による認定が受けられないとき

有給休暇の買上げが問題になります。

退職金は、退職金制度を設けている会社に関して問題になります。退職理由が会社都合か自己都合かによって金額に差が出てくる制度を採用している会社が多いようです。清算による解雇は、会社都合による退職として退職金を計算します。退職金制度に定められた額の退職金を支払うだけの資金余力がない場合は、従業員と交渉して退職金の額を決めることになります。

また、退職金をいつ支払うかも問題です。資金繰りのメドが立たず、すぐに退職金が支払えない場合は、退職金の支払時期を決めるために従業員と交渉する必要があります。

有給休暇の買上げについては、法定の日数を超えて付与している場合を除いて、通常のケースでは認められていません。しかし、会社の清算手続きの結了後は、有給休暇を取得できなくなるため、その分を買い上げるのであれば、例外的に法律違反にはあたらないと考えられています。

有給休暇の取得

従業員からすべて消化したいとの申し出があれば、会社は応じなければならない。しかし、従業員が有給休暇を取得して出社しなくなると、清算業務に支障が出るので、未消化の有給休暇については買上げという形で対応することが考えられる。

関係者への事情説明

迷惑をかけないように最大限の配慮をする

■ 取引先に混乱や不安を与えないようにする

会社を解散する際には、社内だけでなく、社外に対しても、きちんとした対応をしなければなりません。特に取引先への対応を怠ってはいけません。取引先からすれば、会社の解散によって、製品流通の流れ（サプライチェーン）が途切れることになるわけですから、場合によっては、事業の継続も危うくなる可能性があります。今までお世話になってきたことなどを考えれば、このような迷惑をかけないようにすることが必要です。取引先へは最低限、①解散せざるを得ない事情、②現在進行中の取引業務の進捗状況と今後の対応、③新規の取引の停止を説明します。現在進行中の取引業務については、最後までしっかりと行うことを約束すべきでしょう。

取引先への配慮

取引先に対しては、文書による通知を行って、会社の解散を正式に伝える。文書には、今までの取引に対する御礼と会社を解散するに至った事情、取引業務への今後の対応に関する事項を書く。また、特に大切な取引先に対しては、文書による通知に加えて、謝罪を込めて直接、説明に伺うようにすべきである。できれば、説明に伺う際には営業担当者などが同行するとさらに誠意が伝わる。

■ 金融機関にはどのように説明すべきか

経営者にとって、最も気がかりになるのは、借入金の返済です。金融機関への説明は、何よりも優先してすみやかに行う必要があります。そして、説明の際には特に、①解散しなければならなくなった事情、②返済をどのように行うかの２点をしっかりと説明する必要があります。

借入れが複数の金融機関におよぶ場合は、借入先の金融機関すべての同意を得た上で、対応窓口を１つの金融機関にしてもらうような話合いもしてみた方がよいでしょう。金融機関との説明の際に注意すべきことは、①返済条件の緩和をお願いする、②追加担保の差入れは断る、③預金を返済に回す、④業務の進

金融機関に提出する書類

金融機関への説明の際には、返済計画について、特に詳細な説明が必要になる。資産はどの程度あって、これらをどのように処分していくつもりなのかを記した返済計画関連資料、会社の資金繰りの状況を説明する資料などを作成しておくことが必要になる。また、解散しなければならなくなった事情を説明する際には、株主総会における会社解散決議の議事録などの証拠書類も提出する。

関係者への事情の説明

関係者

- **取引先**
  - ・文書で通知し、会社の解散を正式に伝える
  - ・現在進行中の取引業務に対する対応を検討する
  - ・取引先の貸倒処理に支障が生じないように債権・債務を整理する
- **金融機関**
  - ・解散に至った事情と今後の返済計画について説明する
  - ・返済が困難な場合は返済条件の緩和を要請する
  - ・担保が実行される場合は任意売却の検討や保証債務の履行を念頭におく
- **一般債権者**
  - ・債権者全員にほぼ同時に届くように書面で通知する
  - ・マニュアルを準備し、問い合わせに対する対応を整える
  - ・大口債権者に対しては直接訪問して説明する

捗状況については定期的に報告する、の４点です。

■ 一般債権者にはどのように説明すべきか

一般債権者（担保権をもっていない債権者）は、金融機関と違って非常に数が多くなる可能性があります。したがって、一般債権者に対しては、特に金額が多い場合などを除いて、文書で通知する方法をとることが考えられます。この際、債権者全員に対して、ほぼ同時に通知が届くように心がけなければいけません。また、社内で問い合わせの体制や、回答マニュアルなどを作成しておくことが必要です。一般債権者が非常に多い場合や、協定型の特別清算（225ページ）をする場合など、債権者集会を開かなければならないケースもあるでしょう。一方、大口の一般債権者に対しては、金融機関同様、直接訪問して説明すべきです。

一般債権者に対する事情説明で注意すべき点は、①債務の弁済方法の説明、②仕入れをした商品などの対応、③清算手続中も必要な契約に対する対応、の３点です。

債務の整理と貸倒損失

代金が支払われない状態になっても、破産や会社清算などの手続きに沿って処理をすれば、取引先は、その未払債権について、帳簿上債権者の損失として取り扱うことができる。これを貸倒処理というが、社内における債務の整理に漏れがあると、この貸倒処理ができず、取引先にさらに迷惑をかけてしまう可能性が出てくる。そのため、取引先と話し合い、債務の整理に漏れがないようにすることが大切である。

Column

官公庁への届出

会社を解散する場合には、税務、社会保険、労働保険に関する届出と登記申請が必要です。

税務関係の届出としては、所轄の税務署に対して、「異動届出書」と「給与支払事務所等の廃止届出書」などを提出します。都道府県税事務所と市区町村でも手続きをします。

社会保険（健康保険と厚生年金）については、事業所についての「健康保険・厚生年金保険適用事業所全喪届」と、従業員が解散によって健康保険と厚生年金保険の被保険者の資格を失うことについての「健康保険・厚生年金保険被保険者資格喪失届」「健康保険被保険者証」（全員分）を提出します。提出先は、事務所の所在地を管轄する年金事務所です。また、事業所が解散となったことを証明するために、「解散登記の記載がある登記簿謄本（写）」もしくは「雇用保険適用事業所廃止届（事業主控）」を添付します。

労働保険については、「労働保険確定保険料申告書」「労働保険料還付請求書」といった書類を提出します。労働保険に関する書類の提出先は、事業所の所在地を管轄する労働基準監督署または都道府県労働局です。雇用保険については、「雇用保険適用事業所廃止届」「雇用保険被保険者資格喪失届」「雇用保険被保険者離職証明書」を提出します。提出先は、事業所の所在地を管轄する公共職業安定所です。

また、220 ～ 223ページでも解説しましたが、解散と清算結了についての登記申請も必要です。解散・清算の手続時には、解散決定・清算人と代表清算人を選任する株主総会決議の議事録や登記申請書が必要です。就任した清算人は遅滞なく、会社の財産を調査し、財産目録と貸借対照表を作成し、決算報告を受ける必要があります。清算人は、株主総会で決算報告が承認された日（清算結了日）から２週間以内に清算結了登記を申請しなければなりません。

PART 9

倒産防止のための助成金・給付金などのサポート制度

倒産予防のための共済制度

中小企業倒産防止共済（経営セーフティ共済）

企業が倒産するきっかけのひとつに、「取引先が倒産してしまい、売掛金が回収できなくなったために、資金繰りが立ち行かなくなった」という場合があります。業績には問題がなくても突然の自然災害や火災、経営者の急死など、予測できない事態が起きて取引先が倒産してしまうこともあり得ます。そこで、独立行政法人中小企業基盤整備機構（中小機構）では、このような事態に備えるものとして、中小企業倒産防止共済という制度を設けています。

・要件などについて

たとえば製造業・建設業・運送業その他であれば資本金等の額が３億円以下、従業員数が300人以下などのように、業種ごとに定められた資本金等の額と従業員数の条件に合致する中小企業のうち、引き続き１年以上事業を行っている業者です。月額5000円から20万円の範囲内で掛け金を支払うと、取引先事業者が倒産して売掛金債権等が回収困難となったときに、「無担保・無保証人」「無利子」で共済金の貸付けを受けることができます（共済金の貸付けを受けると、貸付金額の10％が積み立てている掛金金額から控除されます）。

貸付けを受けることができる金額は、①回収困難となった売掛金債権等の額、②掛金総額の10倍に相当する額（最高8000万円）のいずれか少ないほうを上限とする額です。

償還の期間や方法は貸付額によって違います。詳細については、独立行政法人中小企業基盤整備機構のホームページ（https://www.smrj.go.jp/kyosai/tkyosai/index.html）を参照してください。

休業・一時帰休・整理解雇・出向

会社側の事情による休業

会社の経営が悪化し、労働者が出勤してきてもやってもらう仕事がなければ、労働者を解雇することも考えなければなりません。しかし、会社の経営が悪化している原因を考え、回復の見込みがあるのであれば、いったん労働者を休業させ、回復したときに復帰させるということも選択肢のひとつになり得ます。

このように休業とは、労働基準法をはじめとする法律の規定に基づき、業務に就くことを免除または禁止することを指します。休業には、使用者の都合による休業と労働者の都合による休業に分けられます。

会社側の事情によるものとしては、①労働災害による休業、②業務の停止による休業（経営上の事情による操業停止など)、③業務命令による休職があります。

労働基準法では、使用者の責に帰すべき事由による休業について定めており、会社都合によって労働者を休業させる場合には、平均賃金の100分の60以上の手当（休業手当）の支払を義務付けています。このように会社都合で休業させた場合で一定の条件に該当すると雇用調整助成金を受給できる場合があるため、積極的に活用するとよいでしょう。

一時帰休とは

一時帰休とは、不況による業績悪化や感染症の拡大などに伴い、会社が一時的にすべての事業または一部の事業を停止し、一定期間にわたり継続して、あるいは就業時間中に断続して、従業員（労働者）を休業させる制度です。労働協約や就業規則などに、会社の業績上必要があるときに一時帰休の命令ができるとする定めがあれば、会社が従業員に対して一時帰休を命ずることができます。一時帰休は解雇とは違いますので、従業員としての地位を失いません。具体的な導入の流れは、以下のとおりです。

① 休業内容の決定

対象従業員の決定、休業の日数や形態（連休・飛び休など）の決定、休業手当の額の決定（平均賃金の60%以上）などを行います。すでに就業規則などの定めがあれば、それに基づきます。

② 従業員や労働組合との協議・通知

一時帰休に関する労働協約の定めがあれば、その内容を確認します。労働協約には、一時帰休の導入に際して「労働組合の同意が必要」「労働組合との協議が必要」「労働組合への事前通知が必要」などと定めている場合がほとんどです。なお、労働協約や就業規則などで、一時帰休に関する定めを設けていなければ、一時帰休をする際に個々の従業員への説明と同意が必要だといえます。

整理解雇

解雇には、主として普通解雇、懲戒解雇、整理解雇の３種類がありますが、このうち経営不振による合理化など、経営上の理由に伴う余剰労働者の人員整理のことを整理解雇といいます。経営者としては、現状のままでは事業を継続することが困難な場合に整理解雇を検討することになります。整理解雇を行うためには一定の要件を満たす必要があり、「現在の経営状況は悪くはないが将来予想される経営の不安に備えて今から人員削減をしておきたい」といった理由では、整理解雇は認められません。具体的には、以下の①～④の要件（整理解雇の４要件）を満たして、はじめて整理解雇は有効なものとして認められます。

① 人員削減の必要性

会社の存続のため、やむを得ず人員削減せざるを得ないという事情が必要です。具体的には、会社の実態から判断して、会社の存続のために人員整理を決定するに至った事情について、やむを得ない事情があると認められれば、整理解雇の必要性を認めるのが裁判例の傾向です。

② 解雇回避努力義務

解雇された労働者は大きな打撃を受けますから、整理解雇を避けるための経営努力なしに解雇はできません。

③ 被解雇者の人選の合理性

整理解雇の対象者（被解雇者）を選ぶ際には客観的で合理的な基準を設定し、これを公正に適用する必要があります。たとえば、女性のみ、高齢者のみ、特定の思想をもつ者のみを対象とするのは不合理ですが、欠勤日数、遅刻回数、勤続年数などの勤怠状況や会社貢献度を基準とするのは、客観的で合理的といえるでしょう。

④ 解雇の手続きの妥当性

整理解雇にあたって、労働組合や労働者への説明・協議、納得を得るための手順を踏んでいない整理解雇は無効となります。

整理解雇を知らせるタイミングですが、部門を閉鎖する日が決定した段階で、なるべく早めに整理解雇を実施した方が対象となる社員のためです。結局は、社員の再就職準備期間として必要な３か月ほどの猶予を見て、知らせるのが妥当といえます。また、退職勧奨、希望退職、整理解雇の実施によって１か月以内に30人以上の退職者が出る見通しが立っている場合、実際に社員が退職し始める１か月前までに「再就職援助計画」を作成してハローワークに提出する必要があります。なお、再就職援助計画の認定後、退職予定者に対して、再就職を実現するための支援を民間の職業紹介事業者に委託して行うなど、一定の方法で再就職を支援した場合は「労働移動支援助成金（再就職支援コース）」の申請ができるので、活用を検討するとよいでしょう。

出向

出向には２つのタイプがあります。１つは、労働者が雇用先企業に身分（籍）を残したまま、他企業で勤務するもので在籍出向といいます。もう１つは、雇用先企業から他企業に完全に籍を移して勤務するもので、移籍出向または転籍といいます。

余剰人員を出向という形で会社外にいったん出すことで、その間に経営状況を立て直すことが可能になります。出向先の会社が人手不足で困っている場合には、両社にとってメリットは大きいといえます。また、労働者の解雇は、会社の経営状態が悪化していたとしても難しいのが現状です。整理解雇を行うためには４要件（244ページ）が必要と考えられており、特に、解雇を回避するために他の手段を尽くした（解雇回避努力義務）と言える必要があります。裁判例では、出向命令が雇用調整の目的であったとしても、解雇を回避するための手段としての側面があると判断しています。そのため、解雇を行う前に、出向命令を検討することは一つの方法です。

一方で、在籍出向は労働契約が出向元に残るものの、業務内容や勤務場所、賃金などが変わる可能性があり労働者が受ける不利益の程度が大きくなる可能性もあります。そのため、出向命令を出す場合には、就業規則などで出向の根拠を基に命令を出すなど手続きを整えた上で、労働者の不利益の程度に留意しつつ実施する必要があります。なお、転籍では、労働契約の当事者は労働者本人と転籍先企業になりますので、労働時間・休日・休暇・賃金などの労働条件は、当然に転籍先で新たに決定されます。転籍には、労働者の個別的な同意が必要と考えられています。

解雇を考えたときに活用できる助成金

雇用調整助成金

経済上の理由により、事業活動を縮小せざるを得なくなってしまった事業主が、雇用している労働者を解雇せずに、労働者を一時的に休業や出向させる、教育訓練を受けさせるなどの方法をとる場合に利用できるのが雇用調整助成金です。

・要件について

事業主が「経済上の理由」により、「事業活動の縮小」を余儀なくされ、「労使間の協定」に基づいて①労働者を休業させる場合、②出向させる場合、③教育訓練を受けさせる場合に支給されます。

雇用調整の実施について労使間で事前に協定し、雇用調整を実施する必要があります。協定では、休業手当の支払率やどの程度の期間休業を行うのか、休業対象者は誰かなどの取り決めを事前に行います。協定の範囲内で実施された休業等が助成対象となるため協定書の取り決め方は重要です。労使協定は、労働者の過半数で組織する労働組合がある場合にはその労働組合との間で行い、労働組合がない場合には労働者の過半数を代表する者との間で書面により行う必要があります。

助成金の対象となる従業員は、雇用保険の加入期間が６か月以上であることが必要です。

雇用調整助成金の支給は、１年の期間内に実施した休業・教育訓練・出向について支給対象となります。支給を受けられる日数は、１年間で100日分、３年で150日分が上限となり、過去に受給していた場合は１年間以上空けないと受給することができません（クーリング期間）。

なお、雇用調整助成金は、災害や感染症などによる影響で事業活動が急激に縮小する場合などに、要件を緩和した特例措置が設けられ、国が間接的に事業主の雇用維持を助けることもあります。

直近では、令和２年４月１日から９月30日までの期間に限り特例措置が実施されています（特例措置については令和２年８月現在、年末までの期間の再延長が検討されています）。特例措置により、事業活動の縮小についての生産量要件・雇用量要件の緩和や対象者の拡充など、さまざまな要件が緩和されています。

・手続きについて

通常時の受給手続きについては、次のような流れで手続きを行います。

① 休業等実施計画届の提出

② 支給申請

なお、新型コロナウイルス感染症特例措置によって、申請の簡素化が何度か行われています。本来であれば、休業実施前に計画届を提出する必要がありましたが、休業実施後であっても事後的に提出することが可能になりました。さらに、申請のさらなる簡素化により、特例措置期間（令和２年４月１日から９月30日まで）については計画届の提出自体が不要になっています（特例措置期間については、令和２年８月現在、年末までの再延長が検討されています）。

労働移動支援助成金

事業規模の縮小や経済的な事情により労働者を解雇する、あるいは退職してもらわざるを得なくなることもあります。このような離職を余儀なくされた労働者に対して、求職活動のための休暇を付与した事業主や、民間の職業紹介事業者に労働者の再就職支援を委託して再就職を実現させた事業主に支給される助成金が労働移動支援助成金です。

労働移動支援助成金は、離職を余儀なくされた労働者を早期に雇い入れた事業主も対象としています。つまり、事業規模の縮小などにより労働者を解雇などしなければならない事業主と、そのような労働者を雇い入れる事業主の双方が助成金の対象となります。労働移動支援助成金は、前者の事業主を対象とした「再就職支援コース」と後者の事業主を対象とした「早期雇入れ支援コース」の２つに分けることができます。

・要件について

再就職支援コースを受給するためには、受給しようとする事業主が雇用保険に加入していること、対象となる労働者（支給対象者）が雇用保険の被保険者（一般被保険者または高年齢被保険者）として継続して雇用された期間が１年以上であることが前提となります。

また、その事業主が納めるべき労働保険料を過去２年間に滞納している場合や、過去５年間に助成金を不正受給した場合や不正受給しようとした場合など、一定の場合には助成金を受給することができません。この他、再就職支援コースを受給するにはいくつかの要件を満たす必要があります。再就職支援コースの受給額は、支給対象者１名当たり次ページ図のようになっています。なお、１事業所１事業年度で500人が上限とされています。

一方、早期雇入れ支援コースは、そのような退職者を受け入れる事業者を支援するための助成金です。具体的には、再就職援助計画や求職活動支援書の対象者を、離職日の翌日から３か月以内に期間の定めのない労働者として雇い入れることが要件となっています。支給額は、通常30万円ですが、一定の要件に該当する事業主や職業訓練を実施すると加算の助成金を得ることも可能です。

・手続きについて

再就職支援コースの受給申請の基本的な流れは、再就職に関する計画を都道府県労働局などへ提出した後、再就職支援の措置を実施し、支給申請を行うという流れになります。再就職に関する計画の提出前に、職業紹介事業者と委託契約を締結するなど順序を逆にすると受給できない可能性があるため留意する必要があるでしょう。

具体的に再就職支援コースを受給するための手続は、以下の流れで行うことになります。

① 再就職援助計画等を作成し、提出もしくは認定を受ける
② 再就職支援などの措置を実施する
③ 再就職支援コースの支給申請をする
④ 助成金を受給する

■ 再就職支援コースの受給額 ……………………………………

(1) 再就職支援（①～③の合計額もしくは 60 万円のいずれか低い方）

	中小企業	中小企業以外
①再就職支援	職業紹介事業者への委託総額 （訓練、グループワークへの委託費用を除く） ×1/2（45 歳以上の場合 2/3） の額	職業紹介事業者への委託総額 （訓練、グループワークへの委託費用を除く） ×1/4（45 歳以上の場合 1/3） の額
特例区分に該当する場合	職業紹介事業者への委託総額 （訓練、グループワークへの委託費用を除く） ×2/3（45 歳以上の場合 4/5） の額	職業紹介事業者への委託総額 （訓練、グループワークへの委託費用を除く） ×1/3（45 歳以上の場合 2/5） の額
②訓練加算	訓練実施に係る委託費用 ×2/3 の額 （上限 30 万円）	
③グループワーク加算	3 回以上実施で 1 万円	

(2) 休暇付与支援

	中小企業	中小企業以外
休暇付与支援	休暇付与 1 日当たり 8,000 円 （上限 180 日分）	休暇付与 1 日当たり 5,000 円 （上限 180 日分）
早期再就職加算	1 人につき 10 万円	

(3) 訓練実施支援

	中小企業	中小企業以外
訓練実施支援	訓練実施に係る委託費用 ×2/3 の額（上限 30 万円）	

事業継続をサポートする給付金制度

持続化給付金

持続化給付金とは、新型コロナウイルスの感染拡大の影響により、売上げが大幅に落ちてしまった事業者に対して、事業の継続ができるよう支援するために支給されるお金です。支給された給付金は返済する必要がありません。使い方にも制限がなく、受け取った給付金を事業に使わず、貯蓄に回すことも可能です。

持続化給付金は、中小企業はもちろんのこと、個人事業主やフリーランスの人も支給対象となっています。ただし、支給額の上限については、法人の場合は最大で200万円まで、個人事業者やフリーランスの場合は最大で100万円までとなっています。いずれも一度給付を受けた事業者は、再度給付を受けることはできません。

持続化給付金とよく似た制度に、前述した雇用調整助成金や労働移動支援助成金などの助成金があります。助成金を受給するためには、その企業が雇用保険の適用事業所であることが必要です。一方、持続化給付金は、助成金とは違い、雇用保険に加入していない事業者であっても受け取ることが可能です。また、労働者名簿や就業規則といった労務管理に関する書類の提出は必要ありません。

・要件について

持続化給付金の支給対象となる企業は、新型コロナウイルスの感染拡大の影響により事業収入が大きく減ってしまった中小法人です。株式会社だけでなく、医療法人や農業法人、NPO法人なども含まれます。具体的に、企業が持続化給付金の支給を受けるためには、次の３つの要件をすべて充たしていることが必要です。

① 2020年４月１日時点で資本金、または出資額が10億円未満であること

② 2019年以前から事業による事業収入を得ており、今後も事業を継続する意思があること

③ 2020年1月以降、新型コロナウイルスの感染拡大の影響により、前年同月比で事業収入が50％以上減少した月（対象月）があること

以上の3つの要件を充たせば原則として、持続化給付金を受け取ることができます。ただし、性風俗業や宗教団体などは例外的に持続化給付金の支給対象外となっています。

・給付額と算定方法

まず、2020年1月以降で新型コロナウイルスの影響により、月間の事業収入が前年同月比で50％以下になる月（対象月）を決めます。そして、対象月が含まれる事業年度の直前の事業年度の年間事業収入から、対象月の月間事業収入に12を乗じた額を差し引きます。この計算によって算出された額が支給額となります。中小企業の場合は、支給額の上限が200万円までとなっています。

・手続きについて

持続化給付金の申請はインターネットで行います。具体的な手続きの流れについては以下のとおりです。

① 持続化給付金ホームページにアクセスする

持続化給付金の申請用ホームページ（ https://jizokuka-kyufu.jp）にアクセスをします。パソコンだけでなくスマートフォンからも申請することが可能です。

② 申請用ホームページで仮登録を行う

ページの下部にある申請ボタンを押すと仮登録をすることができます。ここで申請者のメールアドレスなどを入力します。

③ 入力したアドレスにメールが届く

仮登録で入力したメールアドレスに本登録の手続き方法などが記載されたメールが届くので、ここから本登録を行います。

④ マイページを作成

IDとパスワードを入力すると、マイページが作られます。ここに、住所や連絡先などの基本情報や、売上額、口座情報などを入力します。

⑤　**必要書類を添付**

後述しますが、2019年の確定申告書類の控えなどの必要書類のデータを添付します。以上で、申請手続きは終了です。

家賃支援給付金

新型コロナウイルスの感染拡大の影響によって、売上げが急減している中で、工場や店舗オフィスなどの地代や家賃は、事業者にとって大きな負担となっています。そのため、テナント事業者の地代や家賃負担の軽減を目的として「家賃支援給付金」が創設されています。

・要件・手続き

給付対象となる事業者は、資本金10億円未満の中堅企業、中小企業、小規模事業者、個人事業者等です。給付要件は、令和２年５月～ 12月において下記のいずれかに該当する場合です。

①　令和２年５月～ 12月のうち、いずれか１か月の売上高が前年同月比で50％以上減少している

②　令和２年５月～12月のうち、連続する３か月の合計が前年同月比で30％以上減少している

持続化給付金は、令和２年１月以降の売上高を対象としているのに対し、家賃支援給付金は５月以降の売上高を対象としている点に注意が必要です。また、持続化給付金は売上高が50％以上減少していることが必要ですが、家賃支援給付金は売上高の30％以上減少が３か月連続する場合にも対象となるなど要件が広げられています。

手続きについては、持続化給付金と同様に、ホームページからの申請が予定されています。必要書類は、持続化給付金と同様に直近の確定申告書類などです。また、賃貸借契約書や直近３か月の賃料支払実績のわかる通帳の写しなどが必要となります。

専門家への相談先

どんな専門家に相談すればよいか

まず、顧問税理士に、今後も経営を継続できる状態であるか、資金的に無理はないか、財務会計の専門家としての立場から判断を仰いでみましょう。ただし、経営に行き詰まる中小企業の場合には、融資先との関係で粉飾決算をしているケースもあり、正面切って顧問税理士に相談することに躊躇することもあるでしょう。しかし、そのような場合でも、正直に実情を述べて顧問税理士の判断を仰ぐべきです。その上で、このまま放置できない状態だと判断した場合には、倒産処理に詳しい弁護士に相談しましょう。多くの場合、経営者は、銀行などの金融機関から融資が受けられないとなると、親族、友人、知人から借り、さらには親族、友人を連帯保証人にしてお金を借り、最後は違法金融業者からもお金を借り、完全に追い詰められた状態になってから弁護士のところに相談に来ます。しかし、できるだけ早く弁護士に相談する方が、その後の処理がスムーズにいきます。倒産処理に詳しい弁護士であれば、会計帳簿などを見れば、事業の再建が可能か不可能か、法的整理を選ぶべきか否かなど、適切に判断できます。その上で、弁護士のアドバイスに従い、倒産処理を進めるようにしましょう。なお、倒産処理に伴う税務会計は特殊な分野で、必ずしもすべての税理士、会計士が精通しているとは限りません。場合によっては、相談している弁護士に倒産処理に詳しい税理士を紹介してもらうのもよいでしょう。

弁護士会などの相談機関を利用する方法もある

法的整理などによる債務整理に関しては、破産法、民事再生法、会社更生法、貸金業法などをはじめとして、さまざまな法律の知識が要求されます。特に顧問弁護士などがいない経営者や、個人事業主以外の個人（一般消費者）の場合は、各種の相談先に行ってみるのがよいでしょう。債務整理に関する相談先は、通常は弁護士となります。最近は多くの法律事務所が充実したホームページなどを持っていますので、ネットで検索する方法もありますが、各都道府県にある弁護士会などの相談機関に行ってみる方法もあります。債務整理の手段についてはもちろん、自己破産を選択する場合のメリット・デメリットも相談できますし、弁護士を紹介してもらうこともできます。なお、法テラス（下図参照）に問い合わせ、相談窓口などを紹介してもらう方法もあります。

個人による自己破産（個人破産）は、自分で書類作成し、あるいは司法書士に頼んで書類を作成してもらうこともできます。

ただし、東京地裁などは事実上弁護士強制主義を採用し、本人が弁護士を頼まず申し立てることはほとんどなく、通常は弁護士に依頼します。弁護士費用は事務所により異なりますが、20 ～ 30万円が相場です。弁護士費用を支払えない人は、個人破産であれば法テラスが弁護士費用を立て替えてくれる場合があります。

これに対し、会社や個人事業主による自己破産の場合には、店舗や売掛金、在庫商品など一定の財産がある分だけ、弁護士費用は個人破産の場合よりも高くなっており、着手金、報酬共に50万円以上になるケースもあります。

■ 主な相談先

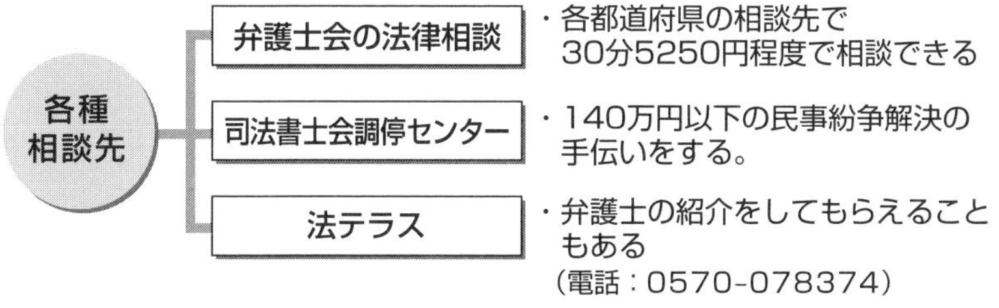

【監修者紹介】

森　公任（もり　こうにん）

昭和26年新潟県出身。中央大学法学部卒業。1980年弁護士登録（東京弁護士会）。1982年森法律事務所設立。おもな著作（監修書）に、『不動産契約基本法律用語辞典』『契約実務　基本法律用語辞典』『特定商取引法と消費者取引の法律問題トラブル解決法』『図解で早わかり 会社法のしくみと手続き』『図解で早わかり 会社法務の基本と実務』『図解で早わかり 改正対応！ 株主総会のしくみと手続き』など（小社刊）がある。

森元　みのり（もりもと　みのり）

弁護士。2003年東京大学法学部卒業。2006年弁護士登録（東京弁護士会）。同年森法律事務所 入所。おもな著作（監修書）に、『不動産契約基本法律用語辞典』『契約実務　基本法律用語辞典』『特定商取引法と消費者取引の法律問題トラブル解決法』『図解で早わかり 会社法のしくみと手続き』『図解で早わかり 会社法務の基本と実務』『図解で早わかり 改正対応！ 株主総会のしくみと手続き』など（小社刊）がある。

森法律事務所
弁護士16人体制。家事事件、不動産事件等が中心業務。
〒104-0033　東京都中央区新川２－15－３　森第二ビル
電話　03-3553-5916
http：//www.mori-law-office.com

図解で早わかり
最新　会社の倒産　しくみと手続き

2020年9月30日　第１刷発行

監修者　森公任《もりこうにん》　森元《もりもと》みのり
発行者　前田俊秀
発行所　株式会社三修社
〒150-0001　東京都渋谷区神宮前2-2-22
TEL　03-3405-4511　FAX　03-3405-4522
振替　00190-9-72758
http://www.sanshusha.co.jp
編集担当　北村英治
印刷所　萩原印刷株式会社
製本所　牧製本印刷株式会社

ISBN978-4-384-04850-6 C2032